»Die Spiegelung von Zeitgeschichte durch jeweils gegenwärtige Literatur setzt Autoren voraus, die sich als Zeitgenossen begreifen, denen selbst die trivialsten politischen Vorgänge kein außerästhetischer Störfaktor, vielmehr realer Widerstand sind, die nicht mit jedem geschriebenen Wort der Zeitlosigkeit einverleibt sein möchten und mangelnde Distanz zum augenblicklichen Geschehen durch erzählerische Einfälle auszugleichen vermögen; als bewußten Gegnern akademisch entschlackter Dichtkunst ist ihnen deshalb, solange es Literatur gibt, der Prozeß gemacht worden: von Staats wegen oder von Inquisitoren, denen bis heute die Aura literaturpäpstlicher Großkritik kleidsam ist. Dennoch will ich mich nicht in vorgefaßten Begriffen – dort Elfenbeinturm, hier engagierte Literatur – verlieren, vielmehr von meinen Schreib- und Leseerfahrungen berichten, die nie frei waren von zeitgeschichtlichen Belastungen und politischer Dreinrede; bis in meine Ausflüchte und Versteckspiele hinein war ich als Schriftsteller immer auch Zeitgenosse ...« Im Juni 1986 hat Günter Grass diese Rede auf dem Internationalen PEN-Kongreß in Hamburg gehalten. Sie ist eine von vielen Äußerungen des Autors aus den letzten drei Jahrzehnten, die hier versammelt wurden: Reden auf den verschiedensten Schriftstellerkongressen, Dankesreden bei Preisverleihungen, aber auch Interviews und Gedichte.

*Günter Grass* wurde am 16. Oktober 1927 in Danzig geboren und lebt in der Nähe von Lübeck. Er erhielt 1999 den Nobelpreis für Literatur.

# Günter Grass

# Der Schriftsteller als Zeitgenosse

Herausgegeben
von Daniela Hermes

Deutscher Taschenbuch Verlag

Originalausgabe
Dezember 1996
2. Auflage Dezember 1999
Deutscher Taschenbuch Verlag GmbH & Co. KG,
München
© 1996 Steidl Verlag, Göttingen
(Siehe auch Bibliographischer Nachweis S. 321 ff.)
Umschlagkonzept: Balk & Brumshagen
Umschlaggrafik: Günter Grass
Satz: Steidl, Göttingen
Gesetzt aus der Baskerville 10/12,25·
Druck und Bindung: C. H. Beck'sche Buchdruckerei,
Nördlingen
Gedruckt auf säurefreiem, chlorfrei gebleichtem Papier
Printed in Germany · ISBN 3-423-12296-x

# Inhalt

Rede über das Selbstverständliche .................... 7
Vom mangelnden Selbstvertrauen der
   schreibenden Hofnarren unter Berücksichtigung
   nicht vorhandener Höfe .......................... 28
Zorn Ärger Wut ....................................... 36
Päpste und Pröpste, Technokraten und Atheisten –
   ratlos in der Himmelskuppel ...................... 46
Was lesen die Soldaten? .............................. 55
Literatur und Revolution oder des Idyllikers
   schnaubendes Steckenpferd ........................ 65
Schriftsteller und Gewerkschaft ...................... 74
Ein Gegner der Hegelschen Geschichtsphilosophie . 81
Rede gegen die Gewöhnung ......................... 101
Die Meinungsfreiheit des Künstlers in unserer
   Gesellschaft ...................................... 112
Der lesende Arbeiter ................................ 125
Ein Schwangerenheim für Schriftsteller ............. 138
Die Erwartungen des Kritikers ...................... 142
Das Recht auf Mitbestimmung ...................... 144
Die Notwendigkeiten eines säkularisierten
   Berufsstandes .................................... 152
Im Ausland geschätzt – im Inland gehaßt ........... 156
Die deutschen Literaturen .......................... 169
Von morgens bis abends mit dem deutschen
   pädagogischen Wahn konfrontiert ................ 182
Literatur und Mythos ............................... 196
Sich ein Bild machen ................................ 202
Die Vernichtung der Menschheit hat begonnen ..... 208
Die Zauberlehrlinge ................................. 213

West-östliches Höllengelächter ....................... 221
Als Schriftsteller immer auch Zeitgenosse ........... 225
Verlegerrede ......................................... 239
Das geschändete Bild ................................ 242
Es gibt sie längst, die neue Mauer .................... 250
Mein Traum von Europa ............................. 263
Über das Sekundäre aus primärer Sicht ............. 278
Wir sind als Richter nicht tauglich ................... 287
Eine deutsche Biographie ........................... 294
Von der Überlebensfähigkeit der Ketzer ............. 297
Die Fremde als andauernde Erfahrung .............. 308

Bibliographischer Nachweis .......................... 321
Personenregister ..................................... 325

# Rede über das Selbstverständliche

*zur Verleihung des Georg-Büchner-Preises in Darmstadt*


Meine Damen und Herren!

Warum nicht heute und hier die Bilanz ziehen? Ich lade Sie ein, kritisch an den Nägeln zu kauen, Rechnungshof zu sein. Denn es gilt, offenbar zu machen: die nationale Pleite – das literarische Falschgeld – die sich als Person bestätigt fühlende Hybris – und das Sprüche klopfende Gewissen einer nicht existenten Nation.

Das also war es: Zweiundfünfzigmal in volle Säle gepustet, damit sich der Staub nicht legte. Die Landkarte abgesteckt und das Vaterland an die Brust genommen. Die Stimme beim Frühstück geschont und mit weichen Eiern gesalbt, damit sie, wenn's losging, selbst die letzte Stuhlreihe küßte. Worte zum Docht gedreht und jenem ins Ohr, der den Zwischenruf schon seit Anbeginn auf der Zunge zur Murmel rollte. Und rasch gelernt und gerochen, wo sich die Junge Union formierte: schlecht einstudierte Chöre, deren Mut dunklere Säle verlangte. Doch die Beleuchtung war auf des Wahlredners Seite. Meistens kämpfte er nur mit dem Mikrofon. Einmal schlug ihn sein Echo. Gelegentlich sang er wie gegen Watte an. War es in Marl, Hildesheim oder Bielefeld? War es in Scharbeutz, als ich ohne Mikrofon wem was beweisen wollte? Ochsengebrüll wider vierhundert mürrische Urlauber, die das Pensionsessen, die Ostsee und das Wetter haßten, denen der Überdruß Falten warf, die sich verbissen nach Erholung abstrampelten, die sie verdient hatten laut Vertrauensarzt. Erzählt dem Kummerspeck von der »Wiedervereinigung!« Kann man mittlere Beamte und Sekretärinnen, die sich um die lebensnotwendige Körperbräune in diesem Sommer betrogen fühlten, für den zähflüssigen Fortgang der Passierscheingespräche interessieren? – Doch Steffen meinte, da müssen wir hin: Eutin, Scharbeutz, Haffkrug, Timmendorf. Und abends, zur Belohnung, Lübeck, großes Haus, hanseatische Bildungsbürger, mit Siegfried Lenz zusammen, das zählt, da rappelt der Stimmkasten. – Und wenn es nun gießt? – Macht gar nichts, sagte Steffen. Schon mit dem Kurdirektor gesprochen. Der klagte: »Was, bloß zwanzig Minuten? Dann können Sie Ihre Rede auch im Koffer lassen! Verlängern Sie auf 'ne halbe Stunde, und ich stelle Ihnen fünfhundert Leute in den Kursaal, daß es nur so summt. Alles Stimmen – besonders bei Regenwetter. Mal scharf ins Gewissen reden, sonst reisen sie ab nach dem Süden. Immer feste drauf: Wiedervereinigung, Opfer bringen, Zonengrenze ganz nahe und deutlich, bei guter Sicht auszumachen. Das haben sie gerne, unsere Kurgäste, bei Regen so einen richtigen moralischen Katzenjammer. Man muß ihnen ab und zu mal die Schlagsahne vermiesen und laut und deutlich DDR sagen. Das geht in die Knochen für zehn Minuten. Und nah ran ans Mikrofon. Hinterher wird bißchen Gebäck serviert und Halbgefrorenes.« – Und so war es dann auch. Nur in Timmendorf – oder war es Scharbeutz? –, da machte die Sonne mit. Und die Jungs vom Fernsehen stellten mich in die offene Kurorchestermuschel, ehe ich die Strandrede sortiert hatte:

»Badende Bundesbürger!

... Wir sind in all den Jahren mit Ludwig Erhards CDU doch wirklich gut gefahren ... – so trumpft auf und so versucht zu beschwichtigen das Wahlkampflied der CDU.

Aber wagen wir das Exempel und singen wir unseren Landsleuten in der DDR diesen Choral des krassesten Egoismus mehrstimmig vor, und wir werden an den Reaktionen unserer Landsleute erkennen, was man heutzutage in Walter Ulbrichts Diktatur von uns hält: nämlich nichts! – Stumme Verachtung halten unsere Landsleute für jene bereit, die in all den Jahren mit Ludwig Erhards CDU so erschreckend gut gefahren sind...«

Und in dieser Stimmlage etwa zwanzig Minuten lang ohne Mikrofon. Einige junge Burschen räumten ihren Kaugummis satzlange Pausen ein. Die gezielte Passage »Denn wer mit Reichtum prahlen will, versteckt gern seine armen Verwandten!« wurde von einem Pensionär mit »Richtig! Richtig!« quittiert. Und als die Strandrede in Timmendorf, Haffkrug oder Scharbeutz etwa dergestalt ihrem Ende entgegeneilte: »Sollten die Bundestagswahlen am 19. September der Koalitionsregierung unter Ludwig Erhard abermals eine Mehrheit sichern, wird bewußt oder unbewußt der endgültige Verzicht auf die Wiedervereinigung beider Teile Deutschlands ausgesprochen!« – als also mit diesen Worten das tatsächliche Wahlergebnis an den blaßblauen bis verregneten Ostseehimmel gemalt worden war, klatschten die Kurgäste und freuten sich über Abwechslung.

Nachher hat mir ein kleines, aber nicht schüchternes Mädchen, die Tochter des SPD-Kandidaten, einen geräucherten Aal geschenkt. Womit bewiesen ist, daß sich die Sozialdemokraten selbst an der Ostseeküste und nahe der sogenannten Zonengrenze von mir und meiner Rede nicht distanziert haben.

Das also war es: Anekdoten, Anekdoten! Sollen etwa hübsch runde Geschichten, die sich von Jahr zu Jahr mehr abschleifen werden, die Beute des Wahlkampfes sein? Oder zehntausend Mal Filzschreiberspuren, weil ich, wie ein Affe, Plakate und Wahlreden signierte? Hatte am Ende, in Cloppenburg, Unterlängen wie ein Tiefseeforscher. Und möchte nun wissen, was dieser Sammlerfleiß sich gewählt hat. Und immerzu positiv ausgestrahlt, daß mir im Schlaf noch die Mundwinkel spannten: Klar doch, wir schaffen es! Und im Vorbeifahren Wahlkampftaktik gelernt. Und Zwischenrufe mit Rückhand aufgenommen. Nur manchmal Schwierigkeiten mit Dialekten. Überhaupt Ortswechsel. Immerfort über Seebohms Straßen und Umleitungen. Stundenlang links rechts Kühe, gefleckt, und selbst mit den besseren Argumenten nicht zu beeinflussen. Aber immer, bis auf Erlangen, pünktlich. Und jeweils, während Steffen die letzten zwanzig Kilometer abknabbert, rasch alle Konzepte und Reden durcheinandergeschüttelt: Solltest du nicht in Augsburg den ersten Teil streichen und die neun Punkte zur Wiedervereinigung an den Schluß setzen? Oder den Schwanengesang vorziehen? Gestern erst getippt, die Olivetti auf den Knien, und die Autobahn, kurz vor Ulm, zum Büro gemacht. Sollte die siebenstrophige Arie nicht schon in Mannheim über die Rampe? Denn Philip Rosenthals Sorge ums Porzellan und also sein Votum für die Sozialdemokraten sind noch taufrisch und müssen dreimal täglich serviert werden. »Man sagt, sterbende Schwäne können singen...« Also im Saal mit immer tieferer Stimme den wackligen Autobahntext aus der Taufe gehoben. Von der ersten bis zur letzten Strophe: »Bürger der Stadt Mannheim!« Da freuten sich die Mannheimer, und es rappelte im Stimmkasten. Überhaupt Beifall und das Spiel mit dem Beifall, solange er mitspielt und nicht durch Erbsen ersetzt werden muß. Den Beifall hinauszögern, ihn als Pause und Zwiegespräch nutzen mit toten und lebenden Freunden, ihn wegwischen und mit dem nächsten Satz verdoppeln. Aus zweitausend Gesichtern sieben wählen, die kein Händerühren zu erlösen vermag, bis auch sie sich im Beifall finden. Denn hier zählt, was ihm dient. Wie war es, Gustav? Kam die Stelle mit dem Puffreis auch auf der

Galerie an? Ich sollte sie kappen. Oder zwei Sätze mit Futter dazwischen? Zuerst den Puffreis, dann knapper Anlauf, und nun, in den verebbenden Beifall, die Pudelmütze ihm draufgestülpt: »Er ist so gemütlich, daß er schon unheimlich wirkt.« Denn zitiert, wenn überhaupt, wird zumeist der zweite Teil. Also nicht austauschen? Den Erfolg wiederholen! Oder Büchner anpumpen – den ›Landboten‹ variieren: »Im Jahr 1789 war das Volk in Frankreich müde, länger die Schindmähre seines Königs zu sein.« Müßte sich knapper fassen lassen, und den Höcherl, die Schwarzhaupt und den Lenz einbeziehen: »Kleine Geister tragen zu große Verantwortung!« Das begreift man in Coburg – dort steckte ein Direktmandat drinnen! – und in Wanne-Eickel, wo es mit dem Babysitter-Ring klappte. Meine Erfindung! Am heiligen Sonntagvormittag um elf. Junge Ehepaare konnten die Gören bei den Falken abgeben und sich in aller Gemütlichkeit meine Sächelchen anhören. War überhaupt ein gelungener Sonntag. Gleich darauf in Köln auf dem Neumarkt mit Wischnewski und Paul Schallück vor Fünftausend zwischen zwei Regengüssen. Danach rasch dem Jan Lebenstein die Ausstellung miteröffnet: »monströse kreaturen«. Und sogleich mit einem richtigen altmodischen einmotorigen Flieger neben Heinz Kühn und seiner Pfeife über Solingen und Hagen weg nach Dortmund, wo dreitausend ausgehungerte Wähler...

Anekdoten, Anekdoten! Soll das der Bodensatz sein? Und als ich in Regensburg... Und wie wir in Bad Aibling auf der Kurterrasse... Und in Bocholt, da war es besonders windig, weil sich die Junge Union... Nein!

Zweiundfünfzigmal habe ich zur Wahl gesprochen. Kein Wunder also, wenn vor und nach der Niederlage Neuwähler und Unentschlossene, Zwischenrufer und Fragesteller mit ihrem echogesättigten Brustton den Schlaf eines Wahlredners bevölkern und dem Schlafenden Antwort um Antwort abfordern: »Glauben Sie ... Ist Ihnen bekannt, daß ... Es wird behauptet, der Kanzlerkandidat der SPD habe als norwegischer Offizier mit der Waffe in der Hand ...« Nein! Morgens weiß der Wahlredner nicht, wie die Stadt heißt, in der er übernachtete und während zermürbendem Schlaf sieben Reden halten mußte und inquisitorische Diskussionen durchzustehen hatte, mit deren einzigem Thema die Köpfe sämtlicher Diskutanten vernagelt gewesen waren: »Darf in Deutschland ein Emigrant Bundeskanzler werden?«

Zwar sprach man während Wochen über Volksrente, Vermögensbildung, Gesundheitsschutz und bis nahe dem Überdruß zum Thema Sicherheit; aber in der Tat, und abgesehen von den Alpträumen eines privaten Wahlreisenden, ging es während des Wahlkampfes vor der Bundestagswahl 1965 um die Beantwortung dieser leitmotivischen Frage: Darf in Deutschland ein Emigrant Bundeskanzler werden? Und am 19. September hat die Mehrheit der Bevölkerung in der Bundesrepublik neben das unbewußte »Nein« zur Wiedervereinigung und den damit verbundenen Opfern ein bewußtes »Nein« gesetzt. Die Entscheidung gegen Willy Brandt, das heißt gegen den Emigranten Willy Brandt und also gegen die gesamte deutsche Emigration, schlägt zu Buche als ein »Ja« zum Opportunismus, als ein »Ja« zum unreflektierten Materialismus, als Bestätigung eines Ludwig Erhard: Unter der Schirmherrschaft sich christlich nennender Parteien darf der Tanz ums Goldene Kalb vier Jahre lang fortgesetzt werden.

Den Managern dieses fragwürdigen Sieges ist jedes Mittel, selbst das der Verleumdung, recht gewesen. Es kam ihnen darauf an, den Gegensatz zwischen zwei in der Tat konträren deutschen Politikern solange zu vereinfachen, bis das Schwarz-Weiß-Bildchen dem Wähler zwingend vor Augen stand, bis die Wahl leichtfiel. Wieder einmal hat sich das Wort »Emigrant«, auf deutsch ausgesprochen, als diffamierendes Schimpfwort bewährt. Was dem heimkehrenden Emigranten Thomas Mann nach dem Krieg an Demütigung zuteil wurde, was ihm, dem großen Toten, der immer noch nicht heimisch geworden ist, bis heutzutage am Tatort Universität Bonn zugemutet wird, widerfuhr in noch erschreckenderem Maße dem Regierenden Bürgermeister von Berlin, Willy Brandt; denn ein ungeschriebenes Gesetz lautet in Deutschland: Emigranten haben nicht heimzukehren! Sie mögen, wie Heinrich Heine oder Georg Büchner, in Paris oder Zürich ihr Grab finden. Andererseits wurde über ein Jahrzehnt lang der Bevölkerung der Bundesrepublik und also auch der heranwachsenden Nachkriegsgeneration der Kommentator der Nürnberger Rassengesetze, Hans Globke, als Staatssekretär zugemutet. Dem angeblichen politischen Genie Konrad Adenauers wurde von den sich christlich nennenden Parteien freie Hand gegeben: Das Verbrechen von Auschwitz verlängerte sich bis in unsere Tage, es wurden ihm Amt und Würden zuteil. So und nur so vermag man zu begreifen, daß die unvergängliche und immer wieder nachwachsende Familie der Mitläufer, Mittäter, Mitwisser und Mitschuldigen den Haß in sich wirken ließ, als ein Emigrant sich bereit erklärte, für das Amt des Bundeskanzlers in diesem Land zu kandidieren.

Wir wissen: Die Verbreitung der Diffamierung ist seuchenhaft. Wer wollte heute die Brutstätte ausfindig machen, die fündig genug war, unser Volk, zwanzig Jahre nach dem Ende der letzten Epidemie, erneut und bis in die Schulklassen hinein zu vergiften? Herr Kapfinger und Herr Strauß, Herr Adenauer und Herr Erhard werden sich gegenseitig und auf die üblich hartgesottene Art von diesem Vergehen an unserer Demokratie freisprechen; aber welcher wahrhafte Christ hatte am 19. September die Stirn, im Namen des Gekreuzigten den Verleumdern seine Stimme zu geben!

Gewiß, auch die Sozialdemokraten haben Erfolge erzielt, die uns nachsichtig stimmen möchten; aber ich will nicht vergessen oder Fünfe gerade sein lassen. Wer durch zweiundfünfzig deutsche Städte gereist ist und versucht hat, oft vergeblich versucht hat, in Bocholt und Regensburg, in Mühldorf am Inn und in Cloppenburg, dem pausenlos nachwachsenden Haß die Wurzel abzugraben, wer erleben mußte, wie milchgesichtige Schulbuben bereit sind, den Stab über einen deutschen Staatsmann zu brechen, der als Neunzehnjähriger mit aller Konsequenz gewußt hatte, wie sich die Feinde Deutschlands zu kleiden und zu verkleiden pflegen, wer also die Exposition einer sich anbahnenden und nur vom Datum her neuen nationalen Tragödie mit all ihrer Schmierentheater-Theatralik begriffen hat, der vermag nicht zu schweigen, der darf nicht schweigen.

Nein! Kein Wort mehr über Kapfinger, Strauß und Komplizen. Aber anklagend weise ich auf die deutsche Öffentlichkeit und alle, die ihr mit gesprochenem und geschriebenem Wort verpflichtet sind. Stillschweigend, gelegentlich mitunkend hat unsere angeblich unabhängige Presse wieder einmal Papier geduldig sein lassen. Und wer hörte von Theologen, die von der Kanzel herab die Verleumder beim Namen genannt haben? Welche faustisches Streben hielt unsere Professoren davon ab, die deutsche Emigration, vertreten durch den Kanzlerkandidaten Willy Brandt, mit mannhaften Worten zu schützen? Was muß in diesem Land Schlimmes geschehen, damit ein gelehrter Kopf für wenige Stunden von seinen Papieren abläßt und hier, heute und jetzt Partei ergreift?

Meine Damen und Herren!

Zweiundfünfzig Säle oder Marktplätze. Ich weiß, es ist zu spät, auch Ihnen das Notwendige nahezulegen und das Naheliegende anzuraten, zumal die Sozialdemokraten und Willy Brandt am 19. September Ihrer Stimme gewiß sein konnten. Ich spreche also in einen Saal hinein voller Besiegter oder – genauer gesagt – voller Geschlagener.

Denn diese unsere Niederlage läßt sich nicht schminken. Wir mögen sie streicheln, ihr mit Zucker schöntun: Sie gibt uns nicht Pfötchen. Wer der Katastrophe vom 19. September – und niemand glaube, sie beträfe nur und wie üblich die Sozialdemokraten –, wer dieser wahrlich gesamtdeutschen Misere die übliche Magermilch, also Trost, Läuterung und Katharsis, abmelken möchte, der lasse sich sagen: Diese Ziege ist trocken. Ihr Meckern ist Hohn und wiederholt die Prozente. Wer genau hinhört, dem lärmt sie die dürftigen Werte hinter dem Komma.

Zwar sollte von Georg Büchner hier, heute, die Rede sein, aber mein Papier – Sie verzeihen – ist fleckig vom Wahlkampf. Während fünf Wochen volontierte ich, ein Saisonreisender, und sammelte Stimmen, das Kleingeld der Demokratie. Wenig abgesichert, auf dem Seil, ohne Netz – es durfte sich jedermann von mir distanzieren –, war ich dennoch gewiß, das Selbstverständliche zu tun. Das alles nicht ohne Anstrengung. Wem fiele es leicht, jeden zweiten Konjunktiv zu vermeiden. So rief ich in volle Säle hinein und setzte auf Sieg. Doch zwischen fehlendem Schlaf und beginnender Heiserkeit vermehrten sich die Notizen. Während Eisenbahnfahrten, deren Schienengeräusche die Sprechchöre der Jungen Union persiflierten, oder beim Hotelfrühstück widerlegten sich kleine Hoffnung und immer fetter werdende Zweifel. Da, zwischen die ›Bild‹-Zeitung und die ›Frankfurter Allgemeine‹ gepflanzt, sitzt er, der stumme Wahlredner. Die groben und die gepflegten Lügen löffelt er mit den weichen Eiern im Glas. Dialektgefärbte Zwischenrufe von gestern bewohnen unkündbar sein Gehör. Schon greift die Unruhe von übermorgen nach der ersten Zigarette des soeben beginnenden Tages. Wird dieser Satz hinlangen? Ist er zu kurzarmig? Ist er beweglich genug, mit einer Versammlung spielen zu können? Ist das ein Rezept, was vorgestern wirkte: die Galerie bevorzugen, wegdenken, wieder entstehen lassen und mit dem Parkett im Beifall vereinen? Bleibt immer das Ungesagte als Bodensatz. Lege den Löffel fort! Nur nicht aufrühren! Es könnte der Zorn läufig werden. Er ist nicht stubenrein und pißt alle Ecken an. Es könnte zum Himmel stinken und weiträumige Gelehrtenrepubliken zu Rieselfeldern machen. – Sag nur die Hälfte, und packe die Andersen-Rede zwischen die Hemden und Socken. Was richtest du aus gegen tausend im Gespräch liebenswürdige, gelegentlich von Skrupeln zerfressene, aber hoffnungslos eingekaufte Journalisten. Sie stülpen deinem Wort den Magen um. Mit Andacht zitieren sie falsch. Morgen steht in der ›Welt‹: »Blechtrommler ist für Abtreibung.« Schau sie dir an, deine Generation! Bierernst und überernährt brütet sie hinter dem Steuer, sucht Parkplätze und folgt verbissen dem Kreisverkehr.

Unheiliger Büchner, steh mir bei! Ich soll eine Rede halten angesichts dieser Festversammlung. Frei schwimmend im zähflüssigen Ruhm, gepriesen, gehaßt und freundlich zum Kopfstand ermuntert, soll ich mit Deinem Namen Kerzen anzünden, damit es uns heimelig werde, damit die Tradition unter Übermalungen und der Firnisschicht schimmere: Büchner als Erbe, Verpflichtung und Dauerengagement? ›Der Hessische Landbote‹ und der Wahlkampf? Büchner, Weidig, Minnigerode und die Folgen? Das hüpft nur so von den Lippen und möchte Ostern feiern in den Aufsätzen all jener Primaner, die sich samt

Mamma und Pappa kurz vor den Wahlen mit einem erbärmlichen Schülertaschengeld allzu willig bestechen ließen.

Nein, kein Anlaß besteht, die Sprache anmutig tänzeln zu lassen. Diese Sauce ist mehlgebunden. Wem der Löffel zum Maul paßt, der mag sich mit solcher Pampe einig finden. Ich ergreife Partei. Und lobe und preise jenen geschundenen und ewig bedrückten SPD-Funktionär, der sich im Wahlkreis Bocholt gegen die siebzigprozentige Ignoranz mit wenig Erfolg anstemmt; und ich klage den Hochmut jener Professoren und Studenten an, denen die Politik bloßes Parteigezänk, denen die Realität Ekel und allein die Utopie süß ist.

Ich lobe und preise jenen Münsterländer Bauern, der zum ersten Mal, sich vorher und nachher bekreuzigend, die Sozis gewählt hat. Ihm ist etwas aufgegangen. Er hat, müde von den Rüben, den Rehwinkel in sich besiegt, hat es dreimal gegen den Wind gesprochen, fünfmal im voraus gebeichtet und dann getan. Um ihn zu ehren, klage ich an unsere Hohenpriester der knitterfreien Biographie, die sich das possierliche Vorrecht, Gewissen der Nation spielen zu dürfen, jeweils im Feuilleton irgendeiner halbliberalen Zeitung abverdienen. Wer kennt sie nicht, ihre feinziselierten Entrüstungsschreie? Wer genösse nicht, prompt jeden Donnerstag, ihre Einerseits-andererseits-Springprozession? Dem einen fällt zu jeder Affäre ein manierlich Bonmot ein. Dem anderen versagt geistreich und zeilenschindend die Sprache. »Peinlich, peinlich...«, murmelt erschüttert der dritte. So klopfen sie ihre tollkühnen Sprüche und besingen in windstillen Reservaten, jeweils nach Anfrage: die Freiheit des Geistes, die Unabhängigkeit der Intellektuellen und die Schwierigkeit beim Schreiben der Wahrheit. Gottähnlich tänzelnd über den Abgasen unserer Gesellschaft, ordnen sie ihren Seminarmarxismus gleich Schäfchenwolken und sorgen sich um Indochina und Persien, also um weitentlegenes Elend, das sie, dank ihrer geistigen Hochstände, mühelos einsehen können. Eher gelänge ihrer Tinte ein hymnisch langes Heldenepos auf Fidel Castro und die Zuckerrohrinsel, als daß ihnen einfiele, mit einem schlichten Plädoyer für Willy Brandt der Lüge im eigenen Land die Beine zu verkürzen. Wer wollte auch verlangen, daß sich diese kleidsam weltbürgerliche Elite mit unseren kleinbürgerlichen Sozialdemokraten und ihren mühseligen Reformbestrebungen einließe? Zwar meine ich, daß sich der »Große Hessenplan« des hessischen Ministerpräsidenten Georg August Zinn mit seiner volkswirtschaftlich begründeten Architektur von Büchners und Weidigs Flugblatt, dem ›Hessischen Landboten‹, also unserem ersten Zeugnis moderner politischer Agitation, herleiten läßt, aber was wiegt solch ein »Großer Hessenplan«, gewogen an dem utopischen Wurf eines Gesellschaftsbildes, in dem sich das reine Nordlicht und ein pfötchengebender Marxismus in kosmopolitischer Eleganz finden und hoch über Schaum und Kleinbürgertum, ohne Neckermanns Katalog und enthoben dem Straßenbahnmief, sein Elysium begründet?

Nein! Nicht mehr ernst, sondern mittels Gelächter Huckepack nehmen und schon zu Lebzeiten auf marmornen Sockeln abstellen. Seht, das Gewissen unserer Nation! Es kannte keine Kompromisse und ließ sich nicht mit dem Mittelmaß ein. Trotz aller Verlockungen stieg es nie zum Volk herab, sondern blieb immer hübsch säuberlich unter sich – und lobte den Frieden und verdammte die Atombombe. Und verabscheute den Kapitalismus einerseits und die Diktatur des Proletariats andererseits. Aber für die Sozialdemokraten, mit ihren abgeschliffenen Ecken und ihrem zum Hinken verurteilten Elan, vermochten wir dieser Elite kein freundliches Ja zu entlocken.

Ob unsere Feuilletonritter am 19. September bemerkt haben, daß auch ihnen die Quittung gereicht worden ist? – Denn diese Niederlage läßt sich nicht allein auf dem lastengewohnten Rücken der Sozialdemokratie abbuchen. Wer immer sich einerseits freischaffendem Geist verpflichtet fühlte und andererseits meinte, nicht Partei ergreifen zu dürfen: er ist abgewählt worden und fortan ohne Mandat.

Meine Damen und Herren.

Wie peinlich. Ich betrüge Sie in aller Öffentlichkeit um den Genuß einer Festrede und verschleppe den profanen Wahlkampf über den Termin hinaus bis in den Windschatten dieser Akademie. Ohne Abstand, ja, noch immer betroffen von den ruckenden Prozentzahlen auf dem Fernsehschirm, betrat ich diesen Saal und erteilte dem Zorn das Wort.

Seien Sie versichert: Vorsorglich und mit dem notwendigen Respekt hielt ich Rücksprache mit Georg Büchner. Er wußte, was das ist: Scheitern. Nachdem ihm die Flugblattaktion schiefgegangen war und die Bauern das schöne teure Papier zum nächsten Polizeiposten getragen hatten, nach Klemms Verrat und dem vergeblichen Versuch, den gefolterten Minnigerode zu befreien, blieben ihm: die Resignation in Straßburg, der subtile Selbstmord durch Arbeit, ätzender Spott für die damals schon in Dünkel und Kleinmut befangenen deutschen Liberalen und die grimmig ins Gelächter gekehrte Forderung seiner Wut, es möge Mißernte herrschen und nur der Hanf gedeihen. Georg Büchner gab mir den Freipaß: Sag es! Sei ein schlechter Verlierer! Scheue dich nicht, blind für vergilbte Verdienste zu sein! Wenn es geht, vermeide Zitate! Und tu es gleich, noch vor dem 19. – es geht um Stimmen. Also ruhig und gezielt den Preis in die Waage werfen. Später, das zählt nicht. Warum denn Rücksicht nehmen auf eine Akademie?

Dem folgt heute mein Lamento: Hätte ich doch dieses in Lübeck oder in Augsburg gesagt und nicht erst jetzt, in Darmstadt, zu spät. Denn stimmenfangend hätte ich so gesprochen, wenn ich Büchners Zwischenrufen gefolgt wäre:

»Bürger der Stadt Lübeck, Augsburg, Frankfurt oder Bayreuth!

Der Wahlkampf zwingt mich, gegen eine altehrwürdige Sitte zu verstoßen. Am 9. Oktober soll mir in Darmstadt der Georg-Büchner-Preis verliehen werden. Ich soll also drei Wochen nach der Bundestagswahl vor der Darmstädter Akademie für Sprache und Dichtung eine Preisrede halten, die einem deutschen Schriftsteller Reverenz erweisen soll, dessen schmales und immer noch feuergefährliches Werk, nicht zuletzt, meinen Entschluß, den Mund aufzumachen, gefördert und den Stil meiner Wahlreden beeinflußt hat. Darum hieße es, Büchner Hohn sprechen, wollte ich mit meinem Manuskript in der Tasche, um des einmal festgesetzten Termines wegen, diese angespannt politische, uns alle zur Entscheidung zwingende Zeit verstreichen lassen. Ich bitte das Präsidium der Darmstädter Akademie um Vergebung, denn schon heute will ich Georg Büchner ehren, indem ich, auf seinen Namen gestützt, zur bevorstehenden Bundestagswahl spreche.

Sollte es, wie Himmel und Hölle, einen Parnaß geben, auf dem sich die Dichter aller Zeiten zu versammeln haben, Georg Büchner, von oben herab, würde mir raten, ihn, den revolutionären Studenten der dreißiger Jahre des vergangenen Jahrhunderts, in unserem Wahlkampf mitstreiten zu lassen.

Schließlich ist heute noch unter den Decknamen Höcherl und Süsterhenn jener Geist quicklebendig, der vor über hundertdreißig Jahren Georg Büchner aus dem

Lande getrieben und mit Steckbriefen verfolgt hat. Sein Kampfruf ›Friede den Hütten, Krieg den Palästen‹ hat sich inzwischen zum revolutionären Slogan ›Wohlstand für alle‹ verflacht; aber beide Parolen, die des Revolutionärs Büchner und die gemäßigte Forderung der Sozialdemokraten, sind aus dem Sprachgebrauch und Pathos der deutschen Aufklärung und ihrer Tradition zu verstehen.

Genau vor zweihundert Jahren, zu Klopstocks, Herders und Lessings Zeiten, als parallel zum Siebenjährigen Krieg, über Frankreich und die Schweiz kommend, auch in unserem Land die Aufklärung in den freien Reichsstädten Fuß faßte – und diese Reservate hat sie, so möchte man glauben, bis heute nicht verlassen dürfen –, in einer Zeit also, die unser Land als einen von separatistischen Klein- und Großkriegen zerfetzten Flickteppich spiegelte, klagte der schwäbische Pietist Friedrich Karl Moser über den mangelnden Nationalgeist des gemeinen deutschen Mannes, der nur den Strich Erde, worauf er geboren und erzogen sei, für sein wahres und alleiniges Vaterland halte. Moser schrieb: ›... es ist vielleicht nie stark genug da gewesen oder doch schon allzulang erloschen, als daß man auch bei dem gemeinen Deutschen eine solche Nationaldenkungsart, eine allgemeine Vaterlandsliebe suchen sollte, wie man sie bei einem Briten, Eidgenossen, Niederländer oder Schweden usw. antrifft.‹ Seitdem hat sich in Sachen ›Nationaldenkungsart‹ in unserem Land nicht viel getan; es sei denn, daß sich heutzutage nicht nur ›der große Haufen des gemeinen deutschen Mannes‹, sondern auch unsere gehobenen Bildungsschichten mit jenem Strich Erde zufriedengeben, worauf jeder geboren und erzogen ist und sein Auskommen hat. Wie anders ließe sich sonst die von Jahr zu Jahr tiefer begründete Teilung Deutschlands erklären? Jede andere Nation hätte versucht, über die bestehenden politischen Gegensätze hinweg das Gemeinsame zu erhalten und auszubauen. Die Regierung unseres Teilstaates jedoch legte, getragen von den Wahlentscheidungen breiter Bevölkerungsschichten, Wert darauf, ohne jede Not Brücken abzubrechen, Kontakte, von denen wir nichts zu fürchten hatten, zu unterbinden und auf jenem Stück Erde, das uns geblieben ist, einem vordergründig ideologisierten Wohlstandsseparatismus zu leben.

Der aus seinem Land geflüchtete und resignierende Revolutionär Georg Büchner schrieb an den Schriftsteller Gutzkow im Jahre 1835: ›Mästen Sie die Bauern, und die Revolution bekommt die Apoplexie. Ein Huhn im Topfe jedes Bauern macht den gallischen Hahn verenden.‹

Dieses läßt sich nicht nur vom entschlafenen Revolutionswillen des biedermeierlichen Deutschland sagen, gleiches gilt für unser Neubiedermeier und den entschlafenen wie eingeschläferten Willen, sich unseren Landsleuten in der DDR wieder zu nähern, selbst wenn es Opfer kosten sollte. Herr Ludwig Erhard ist der Garant dieser in Egoismus begründeten Selbstzufriedenheit, die allenfalls mit Verdauungsschwierigkeiten zu kämpfen hat. Georg Büchners Huhn im Topf des Bauern hat sich zum überquellenden Eisschrank ausgewachsen. Schwerfällig und nicht ohne Herzbeschwerden umtanzen wir jenes Goldene Kalb, Wirtschaftswunder genannt, das, blasphemischerweise, unsere beiden christlichen Parteien zum Altarschmuck erhoben haben. Die Wiedervereinigung jedoch wird von Jahr zu Jahr verschoben. Geplante Ferien in Italien, die Anschaffung des sogenannten Zweitwagens und die Sorge der Koalitionsregierung, eine erfolgreiche Wiedervereinigungspolitik werde die Sozialdemokraten stärken, stehen jedem Versuch, dem Landsmann, ohne politische Auflage, helfen zu wollen, steifbeinig und doktrinär im Wege. Jene Nationaldenkungsart und allgemeine

Vaterlandsliebe, von der Friedrich Karl Moser sprach, vermag sich, von Herrn Erhards unwürdigen Wahlgeschenken belastet, nicht mehr zu rühren. Wir lügen von früh bis spät in den 17. Juni hinein. Jedermann will die Wiedervereinigung, wenn sie ihn nichts kostet. Zu wenige wollen sie im Ernst, selbst wenn sie uns Opfer abverlangen sollte. Wäre es anders, dann hätte im Herbst 1953, nach dem unglücklichen Arbeiteraufstand in der Zone, die Bevölkerung der Bundesrepublik den Sozialdemokraten die Regierungsverantwortung übertragen. Wäre es anders, dann hätte der Mauerbau des Jahres 1961 sich bei den Bundestagswahlen eindeutiger gespiegelt. Denn keine deutsche Partei hat wie die der Sozialdemokraten uns alle ermahnt, nicht nur den ›Strich Erde, worauf wir geboren und erzogen sind‹, als Maß aller Dinge zu sehen, niemand hat so dringlich wie die Sozialdemokraten davor gewarnt, ›das Huhn im Topfe‹ als Ersatz für die Lösung unserer nationalen Aufgabe zu werten. Aus dieser Sorge heraus und nicht, wie Herr Erhard meint, aus Unverantwortlichkeit, haben die Sozialdemokraten im Jahre 1955 gegen den Deutschlandvertrag gestimmt, weil sie wußten, daß die Bewaffnung der Bundesrepublik die Aufrüstung und Konsolidierung der DDR nach sich ziehen würde. Anklagend stellen wir heute fest: Nach zwölf Jahren angeblicher Politik der Stärke ist der Gegenstaat DDR existent. Unverbindliche Lippenbekenntnisse zur Wiedervereinigung und die törichte Spekulation, es wünsche sich die Bevölkerung der DDR nichts sehnlicher, als von Ludwig Erhards CDU regiert zu werden, diese Bilanz der jahrelangen Überheblichkeiten hat dazu beigetragen, daß unsere Landsleute in Rostock und Weimar, in Leipzig und Magdeburg sich enttäuscht und verbittert von uns abwenden. Tragen wir also alle dazu bei, daß sich der Tradition deutscher Aufklärung am 19. September ein neues

Kapitel eröffnet. Es möge uns die Vernunft Lichter aufstecken!«

So, meine Damen und Herren, hätte ich am 7. September in Passau sprechen sollen; so spreche ich heute, zu spät, in Darmstadt. Der Wähler hatte inzwischen das Wort. Die Gewichte sind verteilt. Eine Tür schlug zu, und einige Schriftsteller, ganz am Rande, hatten ihren Fingerspitzen zu wenig Sorge getragen. Nun schmerzen sie und verführen zum Wehgeschrei und altbekannten Lamento von den verpaßten Chancen: Hätten wir doch ... Wären wir doch ... Und warum wir und nicht andere? Wir, über lange, den Augenblick jagende Sätze gebeugt, wir, gewohnt, mit Geduld den Gegenstand zu beklopfen, bis er uns Antwort gibt, Tradition im Rücken und vor uns weißes Papier – wir schrecken zusammen, wenn die Gewalt ihr Nickerchen auf dem Sofa unterbricht, wenn der eben noch schlummernde Biedersinn erwachend zur Hybris sich auswächst. Er, der immerzu »Ich« sagt, hat die Kunst »entartet« genannt, er, der Auserwählte, hat das schreckliche, das »gesunde Volksempfinden« angesprochen, er, der abermals Bestätigte, hat schlimmen Worten aus Goebbels' Schatzkästlein zu neuem Glanz verholfen. Darauf Wehgeschrei und hilflose Proteste. Weinerliches Geplärre, als habe nicht der wohlbekannte Spießer, verkleidet als Bundeskanzler, die tausendjährigen Zähne gezeigt. Altjüngferliche Entrüstung im Feuilleton der Wochenzeitschrift ›Die Zeit‹, als habe ein Gärtnerbursche, mitten im Damenstift, einen skandalösen Wind streichen lassen. Warum die Aufregung? So ging man zu Lessings Zeiten, so ging man zu Büchners Zeiten und so geht man zu Heinrich Bölls Zeiten gefahrlos in Deutschland mit Schriftstellern um. Denn in der Regel entzündet sich die öffentliche Meinung eher an den erhöhten Telefongebühren als an den Wehwehchen irgendwelcher Intellektueller, die ihre Feuilletonidylle nicht verlassen wollen.

Wäre es nicht selbstverständlich gewesen, direkt und wie es Bürgerpflicht ist, in aller Deutlichkeit das Lager jener Partei aufzusuchen, die uns Gewähr gibt, daß die Haßtiraden der Goebbels und Streicher nicht abermals nach Taten verlangen? Wer wollte erwarten, daß ein Bauer im Westerwald die demokratischen Grundrechte richtig wahrnimmt, wenn es Professoren, Wissenschaftlern und Schriftstellern an der Einsicht gebricht, daß niemals der unverbindliche und über den Parteien schwebende Protest an die Wohlanständigkeit diesem Übel abhelfen kann?

Es muß sehr schwer sein, das Selbstverständliche zu tun. In diesem Lande schlüpft wahrlich eher das berühmte Wüstentier durch ein Nadelöhr, als daß ein Gelehrter seinen geistigen Hochstand verläßt und der stinkenden Realität seine Reverenz erweist.

Eine Wahl ging über unser Land dahin. Im Chor der Redner vermißte ich Stimmen. Wo sind die geblieben, denen vor Jahren noch das politische Dauerengagement einigen Nachtprogrammflair verliehen hatte? Wo, Alfred Andersch, hat Ihre beredte Entrüstung die Milch der Reaktionäre gesäuert? Wo, Heinrich Böll, hat Ihr hoher moralischer Anspruch die bigotten Christen erbleichen lassen?

Oh, schöne Fiktion des freien beziehungsweise vogelfreien, des unabhängigen beziehungsweise von der Unabhängigkeit abhängigen Schriftstellers beziehungsweise Dichters!

Wer hat ihm das rührende Sammetjäckchen des freien und unabhängigen Berufsstandes angemessen? Und wie viele Dichter sah ich, so äffisch gekleidet, ihre Freiheit und Unabhängigkeit gleich Schoßhunden spazierenführen? Wie selbstherrlich verstanden sie es, sich am eigenen, selbstgeflochtenen Zopf aus dem Sumpf, das heißt aus der

25

Realität, die immer geneigt ist, unfrei und abhängig zu machen, herauszuziehen? Wie kühn, gleich indianischen Wildpferden auf Breitwand in Eastman-Color, tummelten sie sich: geistreich, anmutig, geübt in Paradoxen und Allegorien. Die hohe Schule des Geistes vermag eben jede peinliche Alltäglichkeit just in eine Parabel zu verwandeln. Wer an den Katastrophen der Wirklichkeit nicht teilhat – denn teilhaben heißt oft genug schuldig werden –, liefert seinen im Eigenbau erfundenen Katastrophen jeweils im letzten Kapitel, zum Selbstkostenpreis, die Katharsis nach. Da bleibt keine Frage im Raum stehen. Jeden Topf beglückt ein Deckelchen. Die Utopie macht's möglich. Sie, der Aufklärung verwöhntes Kind – neben sechs anderen Kindern, die sich bis heute im Tagelohn abrackern müssen –, sie darf sich alles wünschen und findet am Ende wie Robinson sogar einen freundlichen Freitag.

Oh, Ihr schmalbrüstigen Radikalen, denen Reformen zu langsam und widersprüchlich verlaufen. Ihr redet Revolutionen das Wort, die längst stattgefunden und sich selbst umgebracht haben, während die viel verlachten Reformisten, soweit sie die Revolutionen von links und rechts überlebten, unverdrossen hier ein bißchen verbessern, dort bebend aber immerhin das Recht verteidigend ihr Programm den wechselnden Zeiten anpassen, also von Kompromissen gehemmt, unendlich langsam vom Fleck kommen und sich Sozialdemokraten nennen.

Ihnen gehört mein Respekt. Ihre Niederlage ist meine Niederlage. Und ihre Fehler suche ich bei mir. Wenn diese Rede zu trösten vermag, dann soll sie all den skeptischen, mit trockenem Witz begabten und ganz versteckt sentimentalen Altsozialdemokraten gewidmet sein, die mich von Flensburg bis Garmisch lehrten, was die Freiheit in Cloppenburg kostet, wie links Jesus Christus heute noch steht und wie jung ein achtzigjähriger Sozi sein kann zwischen lauter vergreisten Studenten.

Meine Damen und Herren! Anfangs versprach ich, Bilanz zu ziehen. Der Anlaß dieser Rede gab mir die Möglichkeit, mit Georg Büchner die deutsche Emigration zu ehren. Wenn unsere Jugend nicht lernt, sie als gewichtigen und oft besseren Teil unserer Geistesgeschichte zu werten, wenn, wie abermals zu befürchten ist, uns der Geist und die Künste, zum wievielten Male, emigrieren, dann wird es an der Zeit sein, unsere Nachbarn zu warnen: Gebt acht, ihr Tschechen, Polen, Holländer und Franzosen: Die Deutschen sind wieder zum Fürchten! – Soll so die Bilanz schließen? Es wollen noch einige Zahlen für sich sprechen. Doch wenn es in Georg Büchners ›Hessischem Landboten‹ darum geht, den getretenen Bauern vorzurechnen, wie im Großherzogtum Hessen mit ihren Steuergulden umgegangen wird, wenn Büchner die über sechs Millionen Gulden den »Blutzehnten« nennt, »der vom Leib des Volkes genommen wird«, dann fällt es mir schwer, die bemessenen Erfolge meiner zwei Wahlreisen auf Heller und Pfennig abzurechnen. Wir konnten nur Akzente setzen und – alles in allem – das Selbstverständliche tun. Ich danke den Schriftstellern Siegfried Lenz, Paul Schallück, Max von der Grün und dem Komponisten Hans Werner Henze, die »Selbstverständlich!« sagten, als ich sie bat, zur Wahl zu sprechen. Wenn diese Rede einen Titel haben soll, dann mag sie heißen: ›Rede über das Selbstverständliche‹. Den Mund aufmachen – der Vernunft das Wort reden – die Verleumder beim Namen nennen. Wird es morgen schon selbstverständlich werden, das Selbstverständliche und seinen Sieg vorzubereiten? Sieg! – Ausrufezeichen. Sieg? – Fragezeichen. Sieg: – Doppelpunkt.

# Vom mangelnden Selbstvertrauen der schreibenden Hofnarren unter Berücksichtigung nicht vorhandener Höfe

*Rede in Princeton*


Denn fremd und selten genug stehen sie sich gegenüber: die übermüdeten Politiker und die unsicheren Schriftsteller mit ihren rasch formulierten Forderungen, die immer schon morgen erfüllt sein wollen. Welcher Terminkalender erlaubte den Mächtigen auf Zeit, Hof zu halten, utopischen Rat einzuholen oder sich, närrischen Utopien lauschend, vom kompromißreichen Alltag zu erholen? Gewiß, es gab die schon legendäre Kennedy-Periode; ein Willy Brandt hört bis heutzutage erschöpft und angestrengt aufmerksam zu, wenn Schriftsteller ihm Fehler von einst aufrechnen oder düster von zukünftigen Niederlagen unken. Beide Beispiele sind mager und beweisen allenfalls, es gibt keine Höfe und also keine Berater und Narren. Doch, wie zum Spaß angenommen: es gibt ihn, den schreibenden Hofnarr, der gern bei Hofe oder in irgendeinem Außenministerium persönlicher Berater sein möchte; und angenommen, es gibt ihn nicht: der schreibende Hofnarr ist vielmehr die Erfindung eines seriösen und langsam arbeitenden Schriftstellers, der sich in Gesellschaft fürchtet, als schreibender Hofnarr verkannt zu werden, nur weil er seinem Bürgermeister ein paar Ratschläge gegeben hat, die nicht befolgt wurden; und beides angenommen: es gibt ihn und gibt ihn nicht, gibt ihn als Fiktion und also wirklich: ist er der Rede wert, der schreibende Hofnarr?

Shakespeares und Velásquez' närrisches Personal musternd, also das Barock und seine zwergenhafte Machtkomponente betrachtend – denn Narren haben ein Verhältnis zur Macht, Schriftsteller selten –, rückblickend also wünschte ich, es gäbe ihn, den schreibenden Hofnarr; und ich kenne eine Reihe Schriftsteller, die das Zeug hätten, diesen, wie die Geschichte beweist, politischen Hofdienst abzuleisten. Nur sind sie allzu genierlich. Wie etwa einer Raumpflegerin das Wort »Putzfrau« nicht paßt, paßt ihnen der Titel »Narr« nicht. Narr ist nicht genug. Simpel als Schriftsteller wollen sie steuerlich veranlagt werden; und selbst hoch hinaus will niemand greifen und »Dichter« genannt werden. Die selbstgewählte gutbürgerliche, also mittlere Position erlaubt, angesichts der unbürgerlichen Asozialen, also der Narren und Dichter, die Nase zu rümpfen. Wenn immer die Gesellschaft Narren und Dichter fordert – und die Gesellschaft weiß, was ihr fehlt und schmeckt –, wenn immer, in Deutschland zum Beispiel, ein Lyriker oder Erzähler anläßlich einer öffentlichen Diskussion von einer alten Dame oder von einem noch jungen Mann als »Dichter« angesprochen wird, beeilt sich der Lyriker oder Erzähler – der Vortragende eingeschlossen – bescheiden darauf hinzuweisen, daß er Wert darauf legt, Schriftsteller genannt zu werden. Kleine verlegene Sätze unterstreichen diese Demut: »Ich übe mein Handwerk aus, wie jeder Schuster es tut.« – »Sieben Stunden lang arbeite ich jeden Tag mit der Sprache, wie andere brave Leut' sieben Stunden lang Ziegel setzen.« – Und je nach Stimmlage und östlicher wie westlicher Ideologie verteilt: »Parteilich nehme ich meinen Platz ein in der sozialistischen Gesellschaft; ich bejahe die pluralistische Gesellschaft und zahle Steuern als Bürger unter Bürgern.«

Wahrscheinlich ist diese manierliche Haltung, dieser Gestus des Sichkleinmachens, zum Teil eine Reaktion auf den Geniekult des neunzehnten Jahrhunderts, der in Deutschland, bis in den Expressionismus hinein, seine streng riechenden Treibhauspflanzen hat gedeihen lassen. Wer will schon ein Stefan George sein und mit glutäugigen Jüngern herumlaufen? Wer schlägt die Ratschläge seines Arztes in den Wind und lebt wie Rimbaud heftig konzentriert und ohne Lebensversicherung dahin? Wer scheut nicht dieses allmorgendliche Treppensteigen hinauf zum Olymp, diese Gymnastik, der sich Gerhart Hauptmann noch unterwarf, diesen Kraftakt, den selbst Thomas Mann – und sei es, um ihn zu ironisieren – bis ins Greisenalter vollbrachte?

Modern angepaßt leben wir heute. Kein Rilke turnt mehr vor Spiegeln; Narziß hat die Soziologie entdeckt. Genie ist nicht, und Narr darf nicht sein, weil der Narr ein umgestülptes Genie ist und allzu genialisch. Da sitzt er also, der domestizierte Schriftsteller, und fürchtet sich bis zum Einschlafen vor Musen und Lorbeer. Seine Ängste sind Legion. Wiederholen wir: die Angst, Dichter genannt zu werden. Und die Angst, mißverstanden zu werden. Die Angst, zu unterhalten, das heißt, genossen zu werden: eine in Deutschland erfundene und mittlerweile auch in anderen Ländern wuchernde Angst, Lukullisches von sich gegeben zu haben. Denn wenn der Schriftsteller auch ängstlich bedacht ist, Teil der Gesellschaft zu sein, legt er doch Wert darauf, diese Gesellschaft nach seiner Fiktion zu formen, wobei er der Fiktion als etwas Dichterisch-Närrischem von vornherein mißtraut; vom »Nouveau roman« bis zum »sozialistischen Realismus« ist man, von Sekundärchören unterstützt, redlich strebend bemüht, mehr zu bieten als bloße Fiktion. Er, der Schriftsteller, der kein Dichter sein mag, mißtraut seinen eigenen Kunststücken. Und Narren, die ihren Zirkus verleugnen, sind wenig komisch.

Ist ein Schimmel mehr Schimmel, wenn wir ihn »weiß« nennen? Und ist ein Schriftsteller, der sich »engagiert«

nennt, ein weißer Schimmel? Wir haben es erlebt: Er, weit weg vom Dichter und vom Narren und mit der adjektivlosen Berufsbezeichnung nicht zufrieden, nennt und läßt sich »engagierter« Schriftsteller nennen, was mich immer – man verzeihe mir – an Hofkonditor oder katholischer Radfahrer erinnert. Von vornherein, und das heißt, bevor er den Bogen in die Maschine spannt, schreibt der engagierte Schriftsteller nicht Romane, Gedichte und Komödien, sondern »engagierte Literatur«. Kein Wunder, wenn es angesichts solch deutlich firmierter Literatur daneben, darunter und darüber nur noch nichtengagierte Literatur geben soll. Der nicht unerhebliche Rest wird als l'art pour l'art diffamiert. Falscher Beifall von rechts ködert falschen Beifall von links, und die Angst vor dem Beifall der jeweils falschen Seite läßt, gleich dreimal gestutzten Zimmerlinden, die Hoffnung grünen, es gäbe ihn, Vorhang auf Vorhang, den Beifall der richtigen Seite. Solch wirre und angstverquälte Berufsverhältnisse lassen die Manifeste sprießen und absorbieren, an Stelle von Angstschweiß, Bekenntnisse. Wenn, zum Beispiel, Peter Weiss, der doch immerhin das Buch ›Der Schatten des Körpers des Kutschers‹ geschrieben hat, plötzlich bekennt, er sei ein »humanistischer Schriftsteller«, wenn also ein mit allen Sprachwässerlein gewaschener Dichter und Poet dazu nicht bemerkt, daß dieses Adjektiv als Lückenbüßer schon zu Stalins Zeiten verhunzt worden ist, wird die Farce vom engagiert-humanistischen Schriftsteller bühnenwirksam. Wäre er doch lieber der Narr, der er ist.

Sie werden bemerken, daß ich mich ganz und gar provinziell an deutsche Verhältnisse klammere, also einen Mief bewege, an dem ich Anteil habe. Dennoch vertraue ich darauf, daß es auch in den Vereinigten Staaten von Amerika Dichter, Schriftsteller, engagierte und humanistische, und den rasch diffamierten Rest gibt, womöglich sogar schreibende Narren; denn dieses Thema wurde mir hierzulande gestellt: Persönlicher Berater oder Hofnarr.

Das »Oder« mag wohl bedeuten, daß der Hofnarr niemals persönlicher Berater sein kann und daß der persönliche Berater sich auf keinen Fall als Hofnarr fühlen sollte, wohl mehr als engagierter Schriftsteller. Er, der große Wissende, er, dem die Finanzreform kein böhmisches Dorf ist, er, dem Streit der Parteien und Fraktionen enthoben, er spricht jeweils das letzte beratende Wort. Nach jahrhundertelanger Feindschaft versöhnen sich die fiktiven Gegensätze. Geist und Macht wandeln Händchen in Händchen, etwa dergestalt: Nach vielen schlaflosen Nächten ruft der Bundeskanzler den Schriftsteller Heinrich Böll in seinen Kanzlerbungalow. Wortlos, vorerst, nimmt der engagierte Schriftsteller Anteil an den Sorgen des Kanzlers, um dann, sobald der Kanzler in seinen Sessel zurücksinkt, knapp und unwiderstehlich zu beraten. Nach der Beratung federt der Bundeskanzler erlöst aus seinem Sessel, schon bereit, den engagierten Schriftsteller zu umarmen; doch dieser gibt sich abweisend. Er will ja kein Hofnarr werden und ermahnt den Bundeskanzler, Schriftstellers Rat in Kanzlers Tat umzusetzen. Die verblüffte Welt erfährt am nächsten Tag, Bundeskanzler Erhard habe sich entschlossen, die Bundeswehr abzumustern, die DDR und die Oder-Neiße-Linie anzuerkennen und alle Kapitalisten zu enteignen.

Von solchem Erfolg ermuntert, reist der humanistische Schriftsteller Peter Weiss, von Schweden kommend, in die soeben anerkannte DDR ein und meldet seinen Besuch beim Staatsratsvorsitzenden Walter Ulbricht an. Dieser, wie Ludwig Erhard um guten Rat verlegen, empfängt den humanistischen Schriftsteller sogleich. Rat wird erteilt, Umarmung abgelehnt, Rat wird in Tat umgesetzt; und am nächsten Tag erfährt die verblüffte Welt, daß der Staatsratsvorsitzende den Schießbefehl an den Grenzen seines Staates annulliert und die politischen Abteilungen aller Gefängnisse und Zuchthäuser in volkseigene Kindergärten verwandelt habe. So beraten, entschuldigt sich der Staatsratsvorsitzende bei dem Dichter und Liedersänger Wolf Biermann und bittet ihn, mit lustigen und frechen Reimen, seine, des Staatsratsvorsitzenden stalinistische Vergangenheit zu zersingen.

Mit solch gewaltigen Leistungen können natürlich Hofnarren, sollte es sie geben, nicht konkurrieren. Habe ich übertrieben? Natürlich habe ich übertrieben. Doch wenn ich an die Wünsche und oft genug halblaut gemurmelten Wünsche engagierter und humanistischer Schriftsteller denke, habe ich gar nicht so sehr übertrieben. Auch fällt es mir leicht, mich in meinen schwächsten Momenten in ähnlich wohlgemeinter, also engagierter und humanistischer Weise agieren zu sehen: Nach verlorener Bundestagswahl ruft der Kanzlerkandidat der Opposition ratlos den hier vortragenden Schriftsteller zu sich. Dieser hört zu, erteilt Rat, läßt sich nicht umarmen; und am nächsten Tag erfährt die verblüffte Welt, daß die Sozialdemokraten das Godesberger Programm vom Tisch gefegt haben und an seine Stelle ein Manifest setzten, das scharf, funkelnd und endlich wieder revolutionär die Arbeiterklasse ermuntert, Ballonmützen aufzusetzen. Nein, es kommt nicht zur Revolution, denn bei aller Schärfe ist dieses Manifest so sachlich, daß weder Kirche noch Kapital sich den Argumenten verschließen können. Kampflos wird den Sozialdemokraten die Regierung übertragen usw. usw. Ähnliche Wünsche und Leistungen, nehme ich an, ließen sich auch in den Vereinigten Staaten von Amerika realisieren, wenn zum Beispiel Präsident Johnson meinen Vorredner, Allen Ginsberg, zu Rate zöge.

Diese kurzatmigen Utopien finden nicht statt, die Realität spricht anders. Es gibt keine persönlichen Berater, es gibt keine Hofnarren. Ich sehe nur – und mich eingeschlossen – verwirrte, am eigenen Handwerk zweifelnde Schriftsteller und Dichter, welche die winzigen Möglichkeiten, zwar nicht beratend, aber handelnd auf die uns anvertraute Gegenwart einzuwirken, wahrnehmen oder nicht wahrnehmen oder halbwegs wahrnehmen. Dieser in sich gemusterten, von Ehrgeiz, Neurosen und Ehekrisen geschüttelten Vielgestalt gegenüber hat es keinen Sinn, pauschal vom Verhalten der Schriftsteller in der Gesellschaft zu sprechen. Hofnarr oder persönlicher Berater, beide sind Strichmännchen, wie sie auf den Notizblöcken gelangweilter Diskussionsredner entstehen. Dennoch wird mit ihnen ein Kult betrieben, der zumal in Deutschland beinahe sakral anmutet. Studenten, Gewerkschaftsjugend, Evangelische Jugend, Oberschüler und Pfadfinder, schlagende und nichtschlagende Verbindungen, sie alle werden nicht müde, zu Diskussionen aufzurufen, in denen es um die vielvariierte Frage geht: »Soll sich der Schriftsteller engagieren?« – »Wie weit darf sich ein Schriftsteller engagieren?« – »Ist der Schriftsteller das Gewissen der Nation?« Sogar erklärte Literaturliebhaber und leidenschaftliche Kritiker wie Marcel Reich-Ranicki, den wir heute noch hören dürfen, werden nicht müde, die Schriftsteller zu Protesten, Erklärungen und Bekenntnissen aufzurufen. Nicht etwa, daß man von ihnen verlangt, sie sollten angesichts Parteien Partei ergreifen, etwa für oder gegen die Sozialdemokraten sein, nein, aus Schriftstellers Sicht, gewissermaßen als verschämte Elite, soll protestiert, der Krieg verdammt, der Frieden gelobt und edle Gesinnung gezeigt werden. Dabei lehrt einige Branchenkenntnis, daß Schriftsteller exzentrische Einzelwesen sind, auch wenn sie sich auf Tagungen zusammenrotten. Zwar kenne ich viele, die mit rührender Anhänglichkeit die revolutionären Erbstücke hüten und also den Kommunismus, dieses weinrote Plüschsofa mit seinen durchgesessenen Sprungfedern, für nachmittägliche Träumereien benutzen, aber auch sie, die Progressiv-Konservativen, sind aufgespalten in Ein-Mann-Fraktionen, und jeder liest seinen eigenen Marx. Andere hinwiederum mobilisiert kurzfristig der tägliche Blick in die Zeitung und das Entsetzen beim Frühstück: »Man müßte was tun, man müßte was tun!« Wenn es der Ohnmacht an Witz mangelt, wird sie wehleidig. Dabei gibt es die Menge zu tun und mehr, als sich in Manifesten und Protesten ausdrücken läßt. Und es gibt auch die Menge Schriftsteller, bekannte und unbekannte, die weit entfernt von der Anmaßung, »Gewissen der Nation« sein zu wollen, gelegentlich ihren Schreibtisch umwerfen – und demokratischen Kleinkram betreiben. Das aber heißt: Kompromisse anstreben. Seien wir uns dessen bewußt: Das Gedicht kennt keine Kompromisse; wir aber leben von Kompromissen. Wer diese Spannung tätig aushält, ist ein Narr und ändert die Welt.

# Zorn Ärger Wut

*In Ohnmacht gefallen*

Wir lesen Napalm und stellen Napalm uns vor.
Da wir uns Napalm nicht vorstellen können,
lesen wir über Napalm, bis wir uns mehr
unter Napalm vorstellen können.
Jetzt protestieren wir gegen Napalm.
    Nach dem Frühstück, stumm,
        auf Fotos sehen wir, was Napalm vermag.
    Wir zeigen uns grobe Raster
    und sagen: Siehst du, Napalm.
    Das machen sie mit Napalm.
Bald wird es preiswerte Bildbände
mit besseren Fotos geben,
auf denen deutlicher wird,
was Napalm vermag.
Wir kauen Nägel und schreiben Proteste.
    Aber es gibt, so lesen wir,
    Schlimmeres als Napalm.
    Schnell protestieren wir gegen Schlimmeres.
    Unsere berechtigten Proteste, die wir jederzeit
    verfassen falten frankieren dürfen, schlagen zu Buch.
Ohnmacht, an Gummifassaden erprobt.
Ohnmacht legt Platten auf: ohnmächtige Songs.
Ohne Macht mit Guitarre. –
Aber feinmaschig und gelassen
wirkt sich draußen die Macht aus.

*Irgendwas machen*

Da können wir doch nicht zusehen.
Wenn wir auch nichts verhindern,
wir müssen uns deutlich machen.
(Mach doch was. Mach doch was.
Irgendwas. Mach doch was.)
Zorn, Ärger und Wut suchten sich ihre Adjektive.
Der Zorn nannte sich gerecht.
Bald sprach man vom alltäglichen Ärger.
Die Wut fiel in Ohnmacht: ohnmächtige Wut.
Ich spreche vom Protestgedicht
und gegen das Protestgedicht.
(Einmal sah ich Rekruten beim Eid
mit Kreuzfingern hinterrücks abschwören.)
Ohnmächtig protestiere ich gegen ohnmächtige Proteste.
Es handelt sich um Oster-, Schweige- und Friedens-
                                                  märsche.
Es handelt sich um die hundert guten Namen
unter sieben richtigen Sätzen.
Es handelt sich um Guitarren und ähnliche
die Schallplatte fördernde Protestinstrumente.
Ich rede vom hölzernen Schwert und vom fehlenden
                                                  Zahn,
vom Protestgedicht.

Wie Stahl seine Konjunktur hat, hat Lyrik ihre
                                                  Konjunktur.
Aufrüstung öffnet Märkte für Antikriegsgedichte.
Die Herstellungskosten sind gering.
Man nehme: ein Achtel gerechten Zorn,
zwei Achtel alltäglichen Ärger
und fünf Achtel, damit sie vorschmeckt, ohnmächtige
                                                  Wut.

Denn mittelgroße Gefühle gegen den Krieg
sind billig zu haben
und seit Troja schon Ladenhüter.
(Mach doch was. Mach doch was.
Irgendwas. Mach doch was.)
Man macht sich Luft: schon verraucht der gerechte Zorn.
Der kleine alltägliche Ärger läßt die Ventile zischen.
Ohnmächtige Wut entlädt sich, füllt einen Luftballon,
der steigt und steigt, wird kleiner und kleiner, ist weg.
Sind Gedichte Atemübungen?
Wenn sie diesen Zweck erfüllen – und ich frage,
prosaisch wie mein Großvater, nach dem Zweck –,
dann ist Lyrik Therapie.
Ist das Gedicht eine Waffe?
Manche, überarmiert, können kaum laufen.
Sie müssen das Unbehagen an Zuständen
als Vehikel benutzen:
sie kommen ans Ziel, sie kommen ans Ziel:
zuerst ins Feuilleton und dann in die Anthologie:
Die Napalm-Metapher und ihre Abwandlungen
im Protestgedicht der sechziger Jahre.
Es handelt sich um Traktatgedichte.
Gerechter Zorn zählt Elend und Terror auf.
Alltäglicher Ärger findet den Reim auf fehlendes Brot.
Ohnmächtige Wut macht atemlos von sich reden.
(Mach doch was. Mach doch was...)
Dabei gibt es Hebelgesetze.
Sie aber kreiden ihm an, dem Stein,
er wolle sich nicht bewegen.
Tags drauf ködert der hilflose Stil berechtigter Proteste
den treffsicheren Stil glatter Dementis.
Weil sie in der Sache zwar jeweils recht haben,
sich im Detail aber allzu leicht irren,
distanzieren sich die Unterzeichner

halblaut von den Verfassern und ihren Protesten.
(Nicht nur Diebe kaufen sich Handschuhe.)
Was übrig bleibt: zählebige Mißverständnisse
zitieren einander. Fehlerhafte Berichtigungen
lernen vom Meerschweinchen
und vermehren sich unübersichtlich.

Da erbarmt sich der Stein und tut so,
als habe man ihn verrückt:
während Zorn, Ärger und Wut einander ins Wort fallen,
treten die Spezialisten der Macht
lächelnd vor Publikum auf. Sie halten fundierte Vorträge
über den Preis, den die Freiheit fordert;
über Napalm und seine abschreckende Wirkung;
über berechtigte Proteste und die erklärliche Wut.
Das alles ist erlaubt.
Da die Macht nur die Macht achtet,
darf solange ohnmächtig protestiert werden,
bis nicht mehr, weil der Lärm stört,
protestiert werden darf. –
Wir aber verachten die Macht.
Wir sind nicht mächtig, beteuern wir uns.
Ohne Macht gefallen wir uns in Ohnmacht.
Wir wollen die Macht nicht; sie aber hat uns. –
Nun fühlt sich der gerechte Zorn mißverstanden.
Der alltägliche Ärger mündet in Schweigemärsche,
die zuvor angemeldet und genehmigt wurden.
Im Kreis läuft die ohnmächtige Wut.
Das fördert den gleichfalls gerechten Zorn
verärgerter Polizisten:
ohnmächtige Wut wird handgreiflich.
Die Faust wächst sich zum Kopf aus
und denkt in Tiefschlägen Leberhaken knöchelhart.
(Mach doch was. Mach doch was ...)

Das alles macht Schule und wird von der Macht
gestreichelt geschlagen subventioniert.
Schon setzt der Stein, der bewegt werden wollte,
unbewegt Moos an.
Geht das so weiter? – Im Kreis schon.
Was sollen wir machen? – Nicht irgendwas.
Wohin mit der Wut? – Ich weiß ein Rezept:

Schlagt in die Schallmauer Nägel.
Köpft Pusteblumen und Kerzen.
Setzt auf dem Sofa euch durch.
    Wir haben immer noch Wut.
    Schon sind wir überall heiser.
    Wir sind gegen alles umsonst.
    Was sollen wir jetzt noch machen?
    Wo sollen wir hin mit der Wut?
Mach doch was. Mach doch was.
Wir müssen irgendwas,
mach doch was, machen.
    Los, protestieren wir schnell.
    Der will nicht mitprotestieren.
    Los, unterschreib schon und schnell.
    Du warst doch immer dagegen.
    Wer nicht unterschreibt, ist dafür.
Schön ist die Wut im Gehege,
bevor sie gefüttert wird.
Lang lief die Ohnmacht im Regen,
die Strümpfe trocknet sie jetzt.
Wut und Ventile, darüber Gesang;
Ohnmacht, dein Nadelöhr ist der Gesang:
    Weil ich nichts machen kann,
    weil ich nichts machen kann,
    hab ich die Wut, hab ich die Wut.
    Mach doch was. Mach doch was.

    Irgendwas. Mach doch was.
    Wir müssen irgendwas,
    hilft doch nix, hilft doch nix,
    wir müssen irgendwas,
    mach doch was, machen.
Lauf schweigend Protest.
Lief ich schon. Lief ich schon.
Schreib ein Gedicht.
Hab ich schon. Hab ich schon.
Koch eine Sülze. Schweinekopfsülze:
die Ohnmacht geliere, die Wut zittre nach.
Ich weiß ein Rezept; wer kocht es mir nach?

*Die Schweinekopfsülze*

Man nehme: einen halben Schweinekopf
samt Ohr und Fettbacke,
lasse die halbierte Schnauze, den Ohransatz,
die Hirnschale und das Jochbein anhacken,
lege alles mit zwei gespaltenen Spitzbeinen,
denen zuvor die blaue Schlachthofmarkierung
entfernt werden sollte,
mit nelkengespickter Zwiebel, großem Lorbeerblatt,
mit einer Kinderhand Senfkörner
und einem gestrichenen Suppenlöffel mittlere Wut
in kochendes Salzwasser,
wobei darauf zu achten ist,
daß in geräumigem Topf alle Teile
knapp mit Wasser bedeckt sind
und der Ohrlappen, weil er sonst ansetzt,
nicht flach auf den Topfboden gedrückt wird.
    Fünf viertel Stunden lasse man kochen,

wobei es ratsam ist, nach dem ersten Aufkochen
mit der Schaumkelle
die sämigen, braungrauen Absonderungen
der inneren Schnauzenteile sowie der Ohrmuschel
und der halbierten leeren Hirnschale
abzuschöpfen, damit wir zu einer klaren,
wenn auch geschmacksärmeren Sülze kommen,
zumal sich die rasch zum Protest gerinnende Wut,
wie jede ohnmächtige, also eiweißhaltige Leidenschaft,
wenn sie nicht rasch gleichmäßig unterrührt wird,
gern in weißen Partikeln dem Schaum mitteilt.
Inzwischen wiege man vier Zwiebeln
und zwei geschälte
und vom Gehäuse befreite Äpfel
möglichst klein,
schneide zwei Salzgurken –
niemals Dill-, Senf- oder Delikateßgurken –
zu winzigen Würfeln,
zerstoße in Gedanken wie im Mörser
eine gefüllte Schlüsselbeinkuhle schwarzen Pfeffer
und lasse die restliche Wut
mit beigelegter Ingwerwurzel
und wenig geriebener Zitronenschale
auf kleiner Flamme ohnmächtig ziehen.
  Sobald – nach einer Stichprobe in die Fettbacke –
das Kopffleisch weich ist,
die Backenzähne im Zahnbett gelockert sind,
aber noch haften,
und sich die besonders geleespendenden Hautteile
vom Ohr und an den Spalträndern
der beigelegten Spitzbeine zu lösen beginnen,
nehme man alle Teile
sowie die nelkengespickte Zwiebel
und das Lorbeerblatt aus dem Topf,

suche mit der Schaumkelle den Topfboden
nach Knochensplittern
und den sich leicht lösenden Vorderzähnen
sowie nach dem kiesig knirschenden Sand
der Ohrmuschel ab und lasse, während der Sud
auf kleingestelltem Feuer weiter ziehen sollte,
alles auf einer Platte,
möglichst bei offenem Küchenfenster
und verengten Pupillen, abkühlen.
Jetzt gilt es, die Weichteile der Schnauze,
die Fettbacke samt eingebettetem Auge
und das darunter gelagerte Fleisch
von den Knochen zu lösen.
  Es sei angeraten, auf weiche
bis schnittfeste Knorpelteile
sowie auf den gallertartigen Ohrbelag,
der sich mit dem Messerrücken leichthin
vom eigentlichen Ohrlappen schaben läßt,
nicht zu verzichten,
weil gerade diese Teile,
desgleichen das lamellenförmige Zahnfleisch
und der hornige,
zur Speise- und Luftröhre leitende Zungenansatz,
unserer Sülze den speziellen
und leidenschaftlichen Sülzgeschmack geben.
Auch scheue man sich nicht,
die während der Arbeit immer wieder rasch
von einem Geleefilm überzogenen Hände
über dem dampfenden Sud abtropfen zu lassen,
weil so der Prozeß des natürlichen Gelierens
abermals unterstützt wird;
denn unsere Schweinekopfsülze
soll ganz aus sich und mitgeteilter Wut,
also ohne Macht und Gelantinepapier steif werden.

Alsdann würfle man das
von den Knochen gelöste Fett und Fleisch,
desgleichen die Knorpel und Weichteile,
lege sie mit den gewiegten Zwiebeln und Äpfeln,
den winziggewürfelten Gurken,
dem gestoßenen Schwarzpfeffer
und einem satten Griff Kapern in den Sud.
Mit – nach Geschmack –
löffelweis unterrührtem Estragonessig –
es wird empfohlen, kräftig zu säuern,
weil Essig kalt gerne nachgibt –
lasse man alles noch einmal aufkochen,
gebe jetzt erst,
nach wenig Bedenken,
die mittlerweile
auf kleiner Flamme
schön eingedickte Wut
ohne die ausgelaugte Ingwerwurzel bei
und fülle alsdann eine zuvor
mit kaltem Wasser geschwenkte Steingutschüssel.
   Diese stelle man an einen kühlen,
   wenn möglich zugigen Ort
   und lade sich für den nächsten Abend
   freundliche Gäste ins Haus,
   die eine hausgemachte Schweinekopfsülze
   zu schätzen wissen.
Sparsamer Nachsatz: Wer ungern etwas verkommen läßt,
der lasse Großknorpel und Knochen
sowie die gespaltenen Spitzbeine
noch einmal auskochen,
verfeinere mit Majoran, Mohrrüben, Sellerie,
gebe, falls immer noch restliche Wut im Hause,
eine Messerspitze dazu
und gewinne so eine schmackhafte Suppe,

die, wenn man Wruken, Graupen, sonstige Kümmernisse
oder geschälte Erbsen beilegt,
kinderreichen Familien ein zwar einfaches,
aber nahrhaftes Essen zu ersetzen vermag.


*Der Epilog*

Schon hat gerechter Zorn seinen Schneider gefunden.
Sonntag glättet alltäglichen Ärger.
Ach, mit der Suppe, ohnmächtig, verkochte die Wut.
    Erschöpft und gezähmt sitzen wir sanft um den Tisch.
    Kleine Gewinne erfreuen den Vater; Sorge will kürzen,
    denn abgestimmt, Punkt für Punkt, wird unser Haushalt.
So läßt uns Fallsucht in Ohnmacht fallen.
Immer noch werden Proteste zur Kenntnis genommen
und – auf Verlangen – im Protokoll erwähnt.
    Es liegt ein Antrag auf Unterlassung vor:
    Nie mehr soll ohne Macht protestiert werden.
Stimmlos, weil nicht beschlußfähig,
vertagen wir uns auf morgen.

# Päpste und Pröpste, Technokraten und Atheisten – ratlos in der Himmelskuppel

*Rede vor der Katholischen Akademie in Bayern, München*


Meine Damen und Herren,

ich erlaube mir, den Filmtitel meines Kollegen Alexander Kluge zu variieren. Denn manchmal, nach einem Fünf-Stunden-Gespräch, gegen Ende einer zerredeten Nacht, werden die Gesprächspartner leiser. Leer werden sie und genau. Sie sind ratlos, duldsam auf einmal und falten ihre Ideologien zusammen. Sie sparen die ausschließlichen Ansprüche für später, das heißt für den nächsten Anlaß auf. Schon zwinkern sie einander zu: der gläubige Christ. Der gläubige Atheist. Der gläubige Kommunist und der gläubige Technokrat. Plötzlich, leergeplaudert und zerstritten, erkennen sie, wie pleite sie allesamt sind und daß immerhin dieses sie einigt: die gemeinsame Pleite. Sie sind erschöpft und deshalb tolerant.

Im Zustand der Stärke und im Besitz der vollen und einzigen Wahrheit, etwa morgens früh um sieben, wenn die Welt noch in Ordnung ist, fällt ihnen die Toleranz schwerer, schlimmer noch: Sie pfeifen auf Toleranz und nennen sie die Schwäche der Revisionisten, Zweifelnden, kompromißbereiten Pragmatiker, der, wie es häufig auf studentischen Vollversammlungen heißt, Scheißliberalen.

Doch jetzt, nachdem die Aschenbecher überfüllt sind und jeder tiefsinnig den Bodensatz im Weinglas betrachtet, beginnt die halbe Stunde der Brüderlichkeit; man ist sich nahezu einig.

Der Christ versucht nicht mehr, mit den Sakramenten zu jonglieren und die Gnade gegen die Vernunft zu setzen; der Kommunist hat den Klassenkampf auf die Zeit nach den Sommerferien verschoben; dem Atheisten ist der Spaß am nichtenden Nichts vergangen; allenfalls pocht der Technokrat noch einmal auf die vorgerillten Strukturen; dann behaucht er seinen Knöchel und sagt: Also was nun? Ein neuer Mythos?

Ich will diesen Bankrott eines leergesprochenen Tabak- und Rotweinkollegiums nun aus der gemütlichen Enge des Clubraums befreien und auf politische Verhältnisse übertragen. Ein wesentlicher Unterschied sei gleich zu Anfang vermerkt: Während im kleinen Kreis, nur mit dem Sprechwerkzeug anwesend, Erschöpfung Frieden eintreten läßt, sind auf politisch-militärischem Feld die streitenden Partner noch lange nicht erschöpft; zielstrebig schließen sie einander aus und arbeiten dennoch zusammen, indem sie gemeinsam die Leidensfähigkeit des nichtsahnenden und duldsamen Volkes mit modernen, zynischerweise konventionell genannten Kampfmitteln erproben.

Ich spreche vom Bürgerkrieg in Nigeria. Und wenn ich von der Katholischen Akademie in Bayern gebeten worden bin, zum Thema »Zäune und Lager – zur Auseinandersetzung der Schriftsteller und Christen« zu sprechen, dann sei mir, dem unverbesserlichen Realisten, erlaubt, das Christentum dort zu suchen, wo es heute in Frage gestellt ist.

Die Zahl der Toten, das heißt der Verhungerten, in Nigeria soll, nach Angaben der UNESCO, 1,5 Millionen betragen. Solche Zahl läßt erschrecken, falls sie erschrecken läßt. Zum ersten Mal seit allzu langer Zeit engagieren sich die christlichen Kirchen. Sie senden Hilfe; sie klagen an; sie sammeln und protestieren; sie nehmen Partei. Warum auf einmal und warum nicht vor wenigen Jahren, als in Indonesien 300 000 Kommunisten oder Indonesier, die man für Kommunisten hielt, hingemordet wurden?

Die Antwort ist eindeutig und entspricht dem landläufigen Zweckdenken: Weil in Biafra christliche Neger verhungern und ausgehungert werden. Ähnliches ließe sich vom Südsudan sagen, wo die Regierungstruppen des mohammedanischen Nordens die christliche Negerbevölkerung systematisch dezimiert haben.

Ich will die Hilfe der christlichen Kirchen nicht geringschätzen, zumal das Internationale Rote Kreuz allein der Lage in Nigeria nicht gewachsen wäre. Doch merkt denn niemand, wie unproportioniert, nur dem eigenen Glaubenslager zugewendet, christliche Nächstenliebe tätig wird? Wer mag heute noch bezweifeln, daß die christlichen Kirchen, bis auf die einzelnen, die oft genug mit ihrem Leben dafür bezahlt haben, in Deutschland versagten, als der Nationalsozialismus die Endlösung der Judenfrage vorbereitete und, wie es hieß, durchzuführen begann. Kann es sein, daß das schlechte Gewissen der Kirchen seit Auschwitz nun in Biafra erleichtert werden soll? Oder sind es – wie ich anfangs fragte – in der Tat nur die eigenen Interessen, die wahrgenommen werden, so wie die Kriegführenden und Waffenlieferanten nur die eigenen Interessen wahrnehmen? Auf afrikanischem Boden erklären zur Zeit alle Gesellschaftssysteme und Ideologien, das Christentum eingeschlossen, ihren Bankrott.

Wir wissen, daß die Hauptwaffenlieferanten in Krisengebiete die Vereinigten Staaten und die Sowjetunion sind. Den Giganten folgen Frankreich, Großbritannien und nach wie vor die Tschechoslowakei, obgleich die Tschechoslowakei und Belgien vor einem Jahr die Waffenlieferungen nach Nigeria eingestellt haben.

Kein Wort über den Verrat der Sowjetunion an ihrer eigenen Ideologie und kein Wort über die chinesische Volksrepublik, die nun ihrerseits, um der Sowjetunion zu schaden, Waffen nach Biafra schickt. Bleiben wir im eigenen Bereich, ja, sparen wir sogar die Vereinigten Staaten aus, deren Politik das Verbrechen in Vietnam nicht gescheut hat. Es wäre sinnlos, hier, als Gast der Katholischen Akademie in Bayern, gratis das Verbrechen weitab zu suchen und zu benennen. Hier im Westen, im freien Westen, im demokratischen Westen, im christlichen Abendland beginnt ein Verbrechen, das in Biafra die Todesrate klettern läßt.

Sehen Sie noch Alternativen? Sind die Waffenlieferungen des freien Westens heilsamer, womöglich demokratischer oder gar christlicher als die des unfreien, totalitären und atheistischen Ostens?

Wer vermag innerhalb dieser zynischen Koexistenz aller Waffensysteme – und selbst die Schweiz trägt dazu bei, daß mit Oerlikon-Geschützen auf die Transportmaschinen des Internationalen Roten Kreuzes geschossen werden kann – noch einen Ansatz zu finden, es sei denn, er enthält sich aller politischen Argumente und flüchtet sich in die Caritas.

Nun kann leicht gesagt werden, die Kirche habe unpolitisch zu sein, sich der Politik zu enthalten. Doch die Kirche ist politisch; sie ist es zumeist zuallererst, bevor sie christlich ist. Dieses Wort in Bayern ausgesprochen heißt einen Allgemeinplatz verkünden.

Wer erinnert sich nicht der Hirtenbriefe, die von den Kanzeln katholischer Kirchen verlesen wurden, jeweils, bevor der christliche Wähler seinen Gang zur Wahlurne antreten konnte. Jedermann möge sich der Fleißaufgabe unterziehen und die katholische Tagespresse einerseits auf ihre Nähe zum Christentum und andererseits auf ihre Nähe zur ›National-Zeitung‹ untersuchen. Handfeste rechtsreaktionäre Politik, die vor Verleumdungen und Diffamierungen nicht zurückscheut, wird dort betrieben. Die Bergpredigt – und sie allein bedeutet für mich Christentum – findet in den Spalten der genannten Presse allenfalls als Farce statt.

Mit anderen Worten: Die katholische Kirche wird sich, da sie so vulgär in die Tagespolitik eingreift, kaum in politische Unverantwortlichkeit hinein retten können, wenn ihr die Frage nach Schuld und politischer Mitverantwortung gestellt wird.

Nun bin ich selber zu sehr heidnischer Katholik, um dem Katholizismus puritanische Enthaltsamkeit anzuempfehlen, zumal der Puritanismus christlicher Spielart zu den Kirchenvätern des Kapitalismus gehört, ein Schuldbuch mehr – und wo bleibt das Positive?

Schriftsteller und Christen heißt eigentlich der Untertitel des mir gestellten Themas, und schon fallen mir einige Schriftsteller ein, die gleich nach der Kapitulation des Großdeutschen Reiches zwischen Trümmern und schön projektierten Hoffnungen den Katholizismus sozial verstehen wollten; ich meine die Linkskatholiken der ersten Stunden: Heinrich Böll, Carl Amery, Walter Dirks und Eugen Kogon, ich meine Gerd Hirschauers katholische ›Werkhefte‹. Wenn also heute die starren und streng konservativen Fronten des Katholizismus zu bröckeln beginnen, wenn immer dort, wo sich junge Katholiken treffen, Sozialpolitik und Mitbestimmung den Kongressen und Arbeitstagungen Akzente setzen, dann ist es nicht zuletzt das Verdienst der genannten Schriftsteller gewesen, die früh begonnen haben, rasch verleumdet wurden und heute zum Teil resignieren. Ich kann nur ahnen, wieviel Bitterkeit sich in Heinrich Böll gesammelt hat; ich kann nur hoffen, daß die jungen Linkskatholiken sein Verdienst wahrnehmen und einen ähnlich langen Atem haben werden wie Heinrich Böll auf der Durststrecke von Köln nach Köln und wieder zurück. Und selbst konservative Schriftsteller wie Reinhold Schneider und Gertrud von Le Fort vermochten nichts zu bewegen. Die katholische Kirche – oder vielmehr das Zentralkomitee der deutschen Katholiken hatte seinen Pakt mit der CDU/CSU geschlossen; niemand wagte, das anführende C beider Parteien als Blasphemie auszulegen.

1963 erschien von Carl Amery ›Die Kapitulation oder Deutscher Katholizismus heute‹. Im Nachwort sagte Heinrich Böll: »Ein Versuch über den deutschen Katholizismus, von jemandem verfaßt, der nicht gerade als Beauftragter des Zentralkomitees deutscher Katholiken gelten kann, ist von vornherein in Gefahr, in einem bestimmten Fach abgelegt zu werden. Der Titel: Die Kapitulation, dazu ein Nachwort von mir, der ich in diesem Buch einige Male zitiert werde, schon hört man die offiziösen Nachtigallen ihr Lied anstimmen von den bösen Buben, die einander die Stange halten. Nun, sie haben recht: Ich halte Carl Amery die Stange.

Die Grundstimmung dieses kleinen Buches ist Melancholie, noch nicht Resignation, und es steht fast allein gegen einen aufgeblähten publizistischen Apparat, wie er dem deutschen Katholizismus zur Verfügung steht: Amerys Buch ist unerbittlich, genau in seiner historischen Analyse, aber nicht unversöhnlich, es ist fair – und steht einem Apparat gegenüber, dem Fairneß nicht die vertrauteste aller Vokabeln ist.«

Dennoch fragen wir uns: Warum vermochten sich Heinrich Böll und Walter Dirks nicht während der ersten Nachkriegsjahre innerhalb der Kirche mehr Gehör zu verschaffen? Beide, geprägt vom Krieg und den damit verbundenen Verbrechen, hatten vor, das Christentum wörtlich zu nehmen, sein verfilztes, tiefschwarzes, konservatives Milieu zu lüften. Sie hatten nicht vor, moderne Theorien zum Begriff der Dreifaltigkeit oder zum Sakrament der Gnade abzuliefern; ihr Heiliger, wenn sie sich jemals auf Heilige berufen haben, hieß Franz von Assisi. In ihm erkannten sie – so möchte ich vermuten – christlich sozialverpflichtende Tradition. Scheitern mußten sie, weil der Katholizismus in Deutschland den Prozeß europäischer Aufklärung nicht hat aushalten müssen – im Gegensatz zum aufgeklärten französischen Katholizismus, der schon bald nach Kriegsende durch das Reformwerk der Arbeiterpriester auf soziale Forderungen eine realistische Antwort zu geben versuchte.

Ungewandelt, nahezu unberührt, gab sich die katholische Kirche in den Jahrzehnten nach Kriegsende; und wer wie ich als Sozialdemokrat gelegentlich (und während der kommenden Monate des öfteren) in Wahlkreise kommt, in denen der Prozentsatz der katholischen Bevölkerung gleich hoch ist wie der Stimmenanteil der CDU oder CSU, der weiß, wie zäh, unnachgiebig, oft archaisch vom Mittelalter verformt, der Milieukatholizismus heute immer noch ist: deformiert und konservativ-politisiert von katholischen Laienverbänden, ein Netz von Beziehungen und gegenseitigen Verpflichtungen; ein Wall von Vorurteilen sperrt jedem den Weg, der, aufklärend und nichts als Toleranz fordernd, zumindest angehört werden möchte. Dabei könnte der Katholizismus weit eher als der Protestantismus Triebkraft der notwendigen Reformen in diesem Land sein; denn im Gegensatz zum Protestantismus hat der Katholizismus, bei aller konservativen Beharrlichkeit, nicht den Ballast des Nationalismus mit sich zu schleppen. Er, viel weniger hörig weltlicher Obrigkeit, könnte sich leichter emanzipieren und Vorurteile, zum Beispiel der Sozialdemokratie gegenüber, überwinden, die die Sozialdemokraten der katholischen Kirche gegenüber im gleichen Maße überwunden haben, wie sie den ideologischen Ballast des neunzehnten Jahrhunderts loszuwerden bemüht waren.

Schriftsteller und Christentum? Ich vermag nur für mich zu sprechen. Die christlichen Lehren sind dort, wo sie dogmatisch vertreten werden, für mich zuallererst Ideologien, vergleichbar anderen Ideologien, die gleichfalls dogmatisch vertreten werden. Wer wollte den ethischen Wert und Gehalt der christlichen Lehren leugnen? Wer wollte den ethischen Gehalt im wissenschaftlichen Marxismus leugnen? Bergpredigt und Kommunistisches Manifest: lesenswert, beherzigenswert, zum Widerspruch reizend wie jede große ethische Lehre. Gleiches ließe sich von atheistischen Papieren sagen. Vergleichbare ethische Ansprüche erheben heute die Verkünder technokratischer Utopien. Vom Gottesstaat des Augustinus bis zum befriedeten Dasein eines Herbert Marcuse – es mangelt nicht an Entwürfen und Heilslehren. Und doch sitzen, wie ich anfangs sagte, die Vertreter jedwelcher Heilslehre nach erschöpfendem Gespräch langsam verstummend um den Tisch, ermüdet, weil sie sich gegenseitig die Opfer vorgezählt haben, die im Namen jeweils der anderen Heilslehre gebracht werden mußten, und weil sie am Ende nicht mehr einsehen können, daß diese Opfer wirklich gebracht werden mußten, ja, weil sie begreifen, daß der Vielfalt ihrer Existenz nichts im Wege stehen müßte, wenn sie nur fähig wären, dieses Moment der Toleranz auf den nächsten und übernächsten Tag zu übertragen; wenn sie bereit wären, die Widersprüche in sich und zwischen den einzelnen Positionen ohne absoluten Anspruch und vielmehr in Toleranz auszutragen.

Denn die Ethik jeglicher Lehre, also auch der christlichen, wird hinfällig, sobald sie die Ethik einer anderen, angeblich entgegengesetzten Lehre verneint oder deren Anhänger gar verfolgt. Jesu Fleisch und Blut: Der Streit über das »ist« und das »bedeutet« hat Millionen Menschen das Leben gekostet.

Heute wird hierzulande nicht mehr verfolgt; es ist nicht mehr lebensgefährlich, der einen und nicht der anderen Lehre anzugehören. Doch die Vorurteile sind geblieben; Intoleranz spricht sich weiterhin aus. Und wenn diese Veranstaltung einen Sinn haben soll, dann möge sie sich als Einübung der Toleranz verstehen, selbst wenn das Ergebnis am Ende, das heißt nach längerer Diskussion, nur bedeuten kann: Sie sind erschöpft, die Kontrahenten. Sie haben sich leerdiskutiert und sind deshalb, auch weil es schon spät ist, ein wenig toleranter.

# Was lesen die Soldaten?

*Rede auf einer Jahrestagung von Bibliothekaren in Bremen*


Meine Damen und Herren,
 nichts sollte einem Schriftsteller selbstverständlicher sein als sein Interesse am Zustand der Bundeswehrbibliotheken. Zwar gibt es kaum Kontakte zwischen der Bundeswehr einerseits und den Schriftstellern andererseits, aber Ansätze gibt es, die Ansätze geblieben sind. Als ich vor eineinhalb Jahren eine Garnison in Aurich/Ostfriesland besuchte, meinten einige meiner Kollegen, den Pazifismus gepachtet zu haben und in mir einen militärischen NATO-Söldling wittern zu dürfen. Ignoranz ist weitverbreitet. Oft trägt sie den Uniformrock, und nicht selten kleidet sie sich zivil. Selbstverständlich, so sagte ich, sollten sich Schriftsteller um den Zustand der Bundeswehrbibliotheken kümmern, denn die Bundeswehr ist Teil der Gesellschaft, in die hinein sie ihre Bücher veröffentlichen. Deshalb heißt meine kurze Rede: ›Was lesen die Soldaten?‹

Sie lesen, wenn sie lesen, kunterbunt durcheinander. Keine ausgebildeten Bibliothekare haben jemals Gelegenheit gefunden, Truppenbüchereien aufzubauen, die dem Anspruch des »Bürgers in Uniform« genügen können. Ein Dr. Kopelke sitzt unnahbar im Bundesverteidigungsministerium und läßt unbehindert die Ideologie der Walter Flex und Beumelburg, der Dwinger und Grimm nachwachsen und Band für Band in den Truppenbüchereien Urstände feiern. Nichts Überraschendes, denn der Fall Kopelke ist nur ein Pendant zum Fall Grashey, und der Zustand der Truppenbüchereien in der Bundeswehr ist, wie die weitverbreitete Mentalität Kopelke plus Grashey, eine Erklärung mehr für die zunehmende Anfälligkeit in der Bundeswehr, sich der NPD zu nähern oder sie gar zu wählen.

Graf Baudissin hat im April dieses Jahres in der ›Neuen Ruhr-Zeitung‹ eindringlich auf die Gefahren des Falles Grashey und die Auswucherung einer neomilitaristischen Mentalität in der Bundeswehr hingewiesen. Und wenn wir Graf Baudissin als ersten Sprecher für das Konzept der Inneren Führung werten wollen, das heißt, wenn wir bereit sind, Baudissins Maßstäbe einer demokratischen Bundeswehr zu übernehmen, dann sollte unsere Kritik am Zustand der Truppenbüchereien verstanden werden als ein Votum für das Baudissinsche Konzept und gegen den Versuch, die Bundeswehr mehr und mehr zum Staat im Staate zu deformieren.

Mit anderen Worten: Nicht etwa die vorsichtige Philologensorge, ob es in den Truppenbüchereien auch genug Klassikerausgaben gäbe, ließ mich dieses Thema wählen, vielmehr werte ich die Truppenbüchereien und ihren Zustand als einen Prüfstein für den Zustand der Bundeswehr und für ihren Stellenwert innerhalb der demokratischen Gesellschaft.

Es gab gute und immer noch richtige Gründe, in den Jahren 54 und 55 gegen die Wiederbewaffnung und Zementierung der deutschen Teilung zu votieren; doch die Opposition wurde überstimmt – und heute ist die Bundeswehr Tatsache; umstritten blieb einzig ihr demokratisches Selbstverständnis.

Nur wenig Material gibt uns Auskunft über das Bibliothekswesen in der Bundeswehr. Ein Vortrag, den Bibliotheksrat Olof Wendt zu diesem Thema am 10. Juni 1965 in Nürnberg, anläßlich des 55. Deutschen Bibliothekstages, gehalten hat, breitet in trockener Akribie Verwaltungs-,

Beschaffungs-, Kompetenz- und Organisationsumstände aus. Unter der Zwischenüberschrift »Fachdienstweg« erfahren wir:

»Im Nachfolgenden soll nun etwas genauer verfolgt werden, wie der militärische Fachdienstweg arbeitet: Zum Kriegführen gehören nach Marschall Trivulzio und Graf Montecuccoli drei Dinge: Geld, Geld und nochmals Geld. – Dies trifft ohne Einschränkung auch auf das Bibliothekführen zu.«

Im folgenden wird dann abgehandelt, wie die Etatmittel verteilt werden, wie viele Bibliothekstypen es gibt. Ich will Sie mit diesem Wust nützlicher wie zum Thema nichtssagender Details nicht bekanntmachen, denn zuallererst handelt es sich bei Herrn Wendt um militärwissenschaftliche Bibliotheken; den Truppenbüchereien widmet er einen Satz. Er sei hier zitiert: »Dem Bibliotheksleiter untersteht hier vielfach dienstaufsichtlich die Kartenstelle und Vorschriftenverwaltung mit eigenem Personal sowie die Truppenbücherei mit einigen tausend Bänden Unterhaltungsliteratur und ein bis zwei Soldaten als Helfern.«

Der Journalist Bernd Juds liefert uns mehr Material. Im Auftrag des Westdeutschen Rundfunks schrieb er ein Feature unter dem Titel ›Schießt sich's mit Dwinger leichter...?‹

Wir erfahren, daß es über tausend Truppenbüchereien gibt, die sich bei Bataillonen, bei selbständigen Einheiten von mindestens Kompaniestärke, in den Schulen der Bundeswehr, in Lazaretten und bei Truppenübungsplatz-Kommandanturen im Ausland befinden. In der vom Führungsstab der Bundeswehr herausgegebenen Zeitschrift ›Information für die Truppe‹ schrieb der Fregattenkapitän a. D. Heye selbstkritisch: »In irgendeinem Winkel des Kasernements, etwa im fünften Stockwerk, hängt in einer Tür das Pappschild ›Bücherei‹. Im Raum dahinter stapeln sich auf Lagerregalen, wie man sie in der Kleiderkammer findet, die Bücher. Viel zu schwache Lampen quälen sich, wenigstens Dämmerlicht zu verbreiten. Es reicht nicht, den Text auf dem Buchrücken in den unteren Regalreihen zu entziffern. Freudlos wie diese Bücherei ist auch der Büchereiwart. Nach eigenem Ermessen drückt er dem Lesehungrigen irgendeinen Band in die Hand.«

Nun wissen wir, daß sich solch düstere Bilder durch zwei Handvoll Gegenbeispiele widerlegen lassen: Selbstverständlich gibt es eine Reihe von Truppenbüchereien, in denen es nicht am elektrischen Licht mangelt, in denen der Büchereiwart sachkundiger seinen Aufgaben nachgeht, und auch das Pappschild an der Tür wird sich durch Gegenbeispiele relativieren lassen. Fest steht jedoch, daß die Qualität und sachgerechte Betreuung der Truppenbüchereien von Zufällen abhängt. Diese Zufälle ergeben sich aus der soldatischen Selbstverwaltung der Truppenbüchereien. Mit anderen Worten: Die Qualität der Bundeswehrtruppenbüchereien hängt ab vom mehr oder minder großen literarischen Interesse der Bataillonskommandeure, denn diese ernennen die Büchereioffiziere, und die Büchereioffiziere ernennen nach eigenem Ermessen und jeweils wieder nach zufällig bemessenem literarischen Fachwissen einen Bücherwart, der sie entlasten soll.

Der für Truppenbetreuung allgemein zuständige Oberstleutnant Hedde – Chef des Dr. Kopelke im Verteidigungsministerium – befindet kurzum: »Der Bundesminister der Verteidigung traut den Kommandeuren soviel Verantwortungsbewußtsein zu, daß sie die für ihre Soldaten geeigneten Bücher einkaufen lassen.«

Einer der profiliertesten Ratgeber für die Truppenbüchereien ist die Scharnhorst-Buchkameradschaft. Dieser in einem rechtsgerichteten Verlag erscheinende ›Schriftweiser‹ empfiehlt den Bundeswehroffizieren runde zweitausend Titel als Grundstock einer Soldatenbücherei. »Probleme des Deutschtums« sieht man in den Vordergrund gerückt, »unsoldatische Bücher« sind ausgeschlossen. Schon 1959 kritisierte die ›Frankfurter Allgemeine‹ diese Spielart von rechtsradikaler Truppenbetreuung. Sie nannte die angebotenen Autoren eine »Stammriege der ehemaligen Reichsschrifttumskammer«.

Hat es Sinn, die Rudel und Raeder, Beumelburg und Euringer, Hans Grimm und Heinz Steguweit nochmals und immer wieder aufzuzählen? Sollen wir uns trösten lassen von beschwichtigenden Hinweisen etwa dieser Art, es seien allenfalls zehn Prozent Kriegserlebnisliteratur in den Truppenbüchereien zu finden? Und ist die Frage – Was lesen die Soldaten? – durch das übliche Ausschaukeln der Proportionen zu beantworten, etwa mit Nachweisen: Auch die deutsche Nachkriegsliteratur ist vertreten; Böll wird viel und gern gelesen, und selbst der hier Vortragende kommt nicht zu kurz: sogar ›Katz und Maus‹ findet sich in Truppenbüchereien?

Ich meine, das Zusammenstellen und langfristige Erarbeiten von Bibliotheken – gleich, ob es sich um Stadtbibliotheken oder Truppenbüchereien handelt – darf nicht dem Zufall oder Gutdünken bemühter Laien überlassen bleiben; denn wenn das Bundesverteidigungsministerium sich hier liberal zu geben meint, räumt die gleiche Behörde zum gegenwärtigen Zeitpunkt der Mentalität Kopelke plus Grashey den notwendigen Spielraum ein, in dem die NPD innerhalb der Bundeswehr zusätzlich Stützpunkte errichten kann.

Selbst im »Beirat für Innere Führung« findet sich kein einziger geschulter Volksbibliothekar; der Hilfsreferent Dr. Kopelke im Bundesverteidigungsministerium meint dazu: »Ausgebuffte Bibliothekare halten wir nicht für unbedingt notwendig.«

Wer ist Dr. Wolfdietrich Kopelke? Im Dritten Reich nahm er das Amt eines Unterabteilungsleiters der Deutschen Arbeitsfront wahr und schrieb Bücher, die den Krieg im Sinne des Nationalsozialismus verherrlichten; heute betreut er im Referat Truppenbetreuung der Bundeswehr die Truppenbüchereien. Und schon nähert sich auf leisen Sohlen der unermüdlich mildtätige Freispruch: Es kann ja sein, daß sich Dr. Kopelke wie der Staatssekretär Globke und wie unser jetziger Bundeskanzler Kurt Georg Kiesinger zum Demokraten gewandelt hat.

Gehen wir dem Fall Kopelke nach: Seine Nachkriegsbücher erscheinen in dem NPD-freundlichen Klosterhaus-Verlag, der der Familie Hans Grimms gehört. In den Prospekten des Klosterhaus-Verlages geben sich die einstigen literarischen Größen des Nationalsozialismus ein produktives Stelldichein. Noch im Jahre 1967 hat Dr. Wolfdietrich Kopelke bei den »Lippoldsberger Dichtertagen« aus seinen Büchern vorgelesen. Das tat er im nationalsozialistischen Kollegenkreis: Autoren wie Gerhard Schumann, Erich Kernmayr, Will Vesper und Hans Grimm lauschten seinen Ausführungen.

Als Kostprobe ein Aphorismus des Dr. Kopelke: »Sagt ihr, ich predige den Krieg? Nicht den Krieg, aber die Tapferkeit, die die Fäulnis vertilgt!« Nun wird mancher geneigt sein, das Fäulnisvertilgen wertfrei als nützliches Tun an sich gutzuheißen. Sei's drum. Am 8. Dezember sprach man im Deutschen Bundestag zu diesem Thema. Der sozialdemokratische Bundestagsabgeordnete Rudolf Kaffka fragte: »Was ist der Bundesregierung über die neonazistische Literatur in den Bundeswehrbibliotheken bekannt? Welchen Einfluß nimmt die Bundesregierung auf die Auswahl der Bücher für die Truppenbibliotheken?«

An Stelle des Verteidigungsministers Gerhard Schröder antwortete Staatssekretär Carstens: »Ich beabsichtige, den verantwortlichen Kommandeuren in Zukunft eine Hilfe an die Hand zu geben, die ihnen die Buchauswahl erleichtern soll...«

Darauf Kaffka, der sich auf einen Artikel im Nachrichtenmagazin ›Der Spiegel‹ beruft: »Herr Staatssekretär, welche Maßnahmen gedenkt das Verteidigungsministerium zu treffen, falls das, was in dem Nachrichtenmagazin dargestellt ist, dem wahren Sachverhalt entspricht?«

Darauf der Staatssekretär: »Herr Abgeordneter, ich meine, ich habe diese Frage beantwortet. Es sind Richtlinien in Vorbereitung, die den Kommandeuren der einzelnen in Frage kommenden Einheiten Hilfen für die Beschaffung von Büchern für die Truppenbüchereien an die Hand geben sollen.«

Der Abgeordnete Kaffka stellt eine Zusatzfrage: »Sind Sie der Ansicht, daß ein Mann wie der Referent für die Truppenbüchereien im Ministerium für die Streitkräfte eines demokratischen Staates tragbar ist?«

Der Staatssekretär Carstens führt des längeren aus, daß Dr. Kopelkes Zugehörigkeit zu einer nationalsozialistischen Organisation geprüft worden sei. Er sagt: »Ich gehe davon aus, daß dieses Kapitel abgeschlossen ist.«

Jetzt löst der sozialdemokratische Bundestagsabgeordnete Josef Felder seinen Kollegen Kaffka ab: »Sie haben eben gesagt, daß keine Beanstandungen bei der Arbeit des Herrn Kopelke bestehen. Ist es aber nicht so, wie behauptet wird, daß der Herr Kopelke zu den Teilnehmern der Lippoldsberger Dichtertagungen gehört oder sogar zuweilen Referent dieser Tagungen im NS-Hause Grimm ist?«

Darauf der Staatssekretär: »Herr Abgeordneter, ich kann diese Frage nicht beantworten. Ich weiß nicht, ob die Behauptung zutrifft.«

Die Behauptung ist wahr. Sie trifft zu. Und wahr und zutreffend ist gleichfalls, daß Dr. Wolfdietrich Kopelke nach wie vor die Truppenbüchereien der Bundeswehr betreut. Gleichfalls ist zutreffend, daß die NPD in der Bundeswehr mehr und mehr an Boden gewinnt. Und sollte ein Staatssekretär im Bundesverteidigungsministerium an Stelle des verantwortlichen Ministers der Meinung sein, er sehe, wie im Fall Grashey so auch im Fall Kopelke, keinen Zusammenhang mit dem Erstarken der NPD innerhalb der Bundeswehr, so bewiese diese Unschuldsgeste ähnliche Fahrlässigkeit, wie sie im Fall der Spanienreise des Bundeskanzlers Kurt Georg Kiesinger deutlich wurde: Wenn sich ein deutscher Bundeskanzler, der von 1933 bis 1945 Mitglied der NSDAP gewesen ist, im faschistischen Spanien von dem faschistischen Diktator Franco öffentlich dekorieren läßt, trägt dieser auf allen Fernsehschirmen ablesbare Skandal zur Erstarkung der NPD insgesamt und besonders in der Bundeswehr bei.

So beredt sich der Bundesverteidigungsminister in den Fällen Kopelke und Grashey ausgeschwiegen hat, so rührend unbeholfen versuchte der Bundesinnenminister Ernst Benda gegen die Widerstände der eigenen Partei – als kenne er seine CDU nicht – das Verbot der NPD zu betreiben. Minister Benda hat Material gesammelt. War ihm auch der Fall Kopelke bekannt? Und hat nach seiner Ansicht das eine mit dem anderen nichts zu tun? Wenn man bei der Bundespräsidentenwahl am 5. März in Berlin von seiten der CDU/CSU die zweiundzwanzig NPD-Stimmen wie ein Harzburger Wahlgeschenk süß-sauer lächelnd in Kauf nahm, wenn der Fall Grashey nach Ansicht der CDU/CSU ein Bagatellfall neben Bagatellfällen ist, wenn deutlich rechtsprofilierte CSU-Politiker wie Marcel Hepp und Walter Becher bei Herrn Goldwater, dem rechtsgerichteten Gesinnungsgenossen, vorsprechen, um die Unterzeichnung des Atomsperrvertrages, ohne Wissen der Bundesregierung, zu verhindern, wenn die NPD, vor allem in der Bundeswehr, wächst und wächst und wächst, wenn der Fall Kopelke und alle anderen genannten Fälle unausgetragen zu den Akten gelegt werden, dann mag sich der Bundesinnenminister Ernst Benda nicht wundern, daß seine Fleißarbeit in Sachen NPD-Verbot umsonst gewesen ist; dann mag er sich nicht wundern, wenn die genannten Fälle ihren Zusammenhang bei Wahlergebnissen beweisen werden. Wer die NPD politisch bekämpfen will – und ich nehme an, daß Sie als Bibliothekare an öffentlichen Büchereien solches vorhaben –, dem sollte der Fall Kopelke und also der Fall der Truppenbüchereien nicht gleichgültig oder gar unerheblich sein.

Die Bundeswehr und ihr nach wie vor richtiges Konzept der Inneren Führung verdient, daß ihr von außen geholfen wird, bevor der NPD-Geist sie ausgehöhlt hat, bevor sie nach fatalem Reichswehrbeispiel zum gemeingefährlichen Staat im Staat wird.

Seit Jahr und Tag liegen Reformvorschläge des Diplombibliothekars Guido Geyer vor, die er in der Schule der Inneren Führung, Koblenz-Pfaffendorf, entwickelt hat.

Guido Geyer hält im Falle der Truppenbücherei die soldatische Selbstverwaltung für unzureichend. Er schlägt vor, daß Truppenbüchereien Filialen der zuständigen Stadtbüchereien sein sollen. Er schlägt weiterhin vor, daß ein Volksbibliothekar in den Beirat für Innere Führung berufen wird.

Es wäre wünschenswert, wenn sich die hier versammelten Bibliothekare die genannten Reformvorschläge zu eigen machen würden, mehr noch, wenn sich diese Versammlung entschließen könnte, mit einer entsprechend abgefaßten Resolution an den Bundestag heranzutreten. Wir werden die Bundeswehr haben, die wir verdienen. Mit anderen Worten: Die Verantwortung der hier versammelten Bibliothekare darf nicht am Kasernentor ihr Ende finden.

Vor vier Jahren, im Herbst 1965, habe ich fünf Bibliotheken für die Bundeswehr und eine Bibliothek für das Ersatzdienstlager der Wehrdienstverweigerer in Heidelberg gestiftet. Wahlreisen für die SPD erbrachten damals einen Überschuß von rund 27 000 Mark. Der Schriftsteller Uwe Johnson stellte, wie ich heute noch meine, eine mustergültige Bücherliste zusammen. Jede Bücherei umfaßte etwa 350 Titel. Nicht etwa nur Belletristik, auch wissenschaftliche Handbücher und Bücher für die berufliche Fortbildung finden sich in diesen Büchereien. Es sollte hier angemerkt werden, daß sich die einzelnen Bataillonskommandeure für die in Münster beim Generalkommando übergebenen Büchereien bedankt haben. Der Kommandeur des Raketenartilleriebataillons 72 Warendorf schrieb mir am 8. September 1965: »Sowohl die Vielzahl der Bücher als auch die mit dem Wissen um die geistige Beschaffenheit unserer Jugend ausgewählten Werke, die alle Ansprüche erfüllen und jeder Anforderung gerecht werden, werden dazu beitragen, daß über die Truppenbücherei dem Buch mancher Freund neu gewonnen werden wird.«

Vor vier Jahren versuchte ich, mit beschränkten Mitteln ein nützliches Beispiel zu geben. Nach wie vor meine ich, die Bundeswehr bedarf der Hilfe von außen, damit sie sich nicht selbst und verhängnisvollen Traditionen überlassen bleibt. Als Schriftsteller, also als jemand, der Ihnen im besten Sinne des Wortes ausgeliefert ist, möchte ich Sie zum Schluß darum bitten, die Truppenbücherei, dieses Stiefkind unserer an Stiefkindern reichen Gesellschaft, zu adoptieren, bevor die Kopelke und Grashey Schule machen.

# Literatur und Revolution oder des Idyllikers schnaubendes Steckenpferd

*Rede auf dem Schriftstellerkongreß in Belgrad*

Meine Damen und Herren,

um es vornweg zu sagen: Ich bin ein Gegner der Revolution. Ich scheue Opfer, die jeweils in ihrem Namen gebracht werden müssen. Ich scheue ihre übermenschlichen Zielsetzungen, ihre absoluten Ansprüche, ihre inhumane Intoleranz. Ich fürchte den Mechanismus der Revolution, die sich als Elixier für ihre Anstrengungen die permanente Konterrevolution erfinden mußte: Von Kronstadt bis Prag scheiterte die Oktoberrevolution militärisch erfolgreich, indem sie die überlieferten Herrschaftsstrukturen restaurierte. Revolutionen ersetzten Abhängigkeit durch Abhängigkeit, lösten den Zwang durch den Zwang ab.

Mit anderen Worten: Unter erklärten Anhängern der Revolution bin ich allenfalls ein geduldeter Gast: ein Revisionist oder schlimmer noch – ein Sozialdemokrat.

Da die westeuropäischen Länder in jüngster Zeit die Revolution als Gesprächsthema und Anschauungsmaterial halb erschreckt und halb fasziniert konsumiert haben und da von der großen revolutionären, überdies telegenen Geste nichts geblieben ist als die Stärkung der Reaktion – zum Beispiel in Frankreich –, als eine Überfülle revolutionärer Sekundärliteratur, als einige Nachwirkungen auf die Damen- und Herrenoberbekleidung, stellt sich die Frage, ob sich die jüngsten so basis- wie hoffnungslosen revolutionären Spekulationen nicht letztlich auf das Ungenügen literarischer Idylliker zurückführen lassen, denen die

Revolution einige spektakuläre Auftritte zu versprechen schien. In Deutschland jedenfalls war es zuallererst das literarische Mittelmaß, das dem Studentenprotest in Hukkepack-Manier aufzusitzen versuchte. So könnte eine Seminararbeit lauten: Die Rolle literarischer Epigonen bei der Verkündigung angelesener Revolutionsmodelle.

Wenn es zu Beginn dieses Jahrhunderts hieß, in Deutschland finde die Revolution allenfalls in der Musik statt, so hatte sich jetzt – kurz vor Beginn der siebziger Jahre – revolutionäres Verhalten eine weit besser subventionierte Spielwiese ausgesucht: Selbst stockkonservative Zeitungen gaben sich im Feuilleton zähneknirschend und rigoros. Literatur und Revolution – oder des Idyllikers schnaubendes Steckenpferd.

Sie werden bemerken, daß unser so seriös klingendes Thema mir seitenlang Spott nahezulegen versucht. Denn beinahe könnte man meinen, daß die wortgewaltigen Vertreter der revolutionären Mode entweder Trotzkis Ausführungen zu diesem Thema nicht gelesen haben oder, entgegen besserer Kenntnis, zumindest zeitweilig und vom Studentenprotest mitgerissen, zum lächerlichen Beleg der These wurden, die Literatur habe die Magd der Revolution zu sein.

Ich möchte Ihnen und mir längere Ausführungen über die Quintessenz dieses Unsinns, also über den sozialistischen Realismus, ersparen. Wir alle wissen, daß die Literatur zu dieser Zeit das willfährigste, weil naivste Opfer der Revolution gewesen ist. Am Beispiel der russischen und italienischen Futuristen läßt sich leicht belegen, wie rasch sich eine radikal-antibürgerliche literarische Strömung, revolutionärer Bewegung vertrauend, in totalitäres Fahrwasser begab. 1924 schreibt Trotzki: »Ist denn nicht schließlich der italienische Faschismus mit revolutionären Methoden zur Macht gekommen, indem er die Massen, die Menge, die Millionen in Bewegung setzte, sie stählte und bewaffnete? Es ist kein Zufall und kein Mißverständnis, sondern völlig gesetzmäßig, daß der italienische Futurismus im Strom des Faschismus aufgegangen ist.« (Ähnlich gefräßig erwies sich später der Stalinismus dem russischen Futurismus gegenüber.) Allzuoft haben sich die Ausrufer der Revolution zu unkritischen Nachbetern ihres Terrors gewandelt.

Seit August dieses Jahres schmückt sich Paris mit einer Ausstellung zu Ehren Napoleons, dessen zweihundertsten Geburtstag zu feiern Europa sich mit zwiespältigen Gefühlen anschickt. Wenn wir davon ausgehen, daß, wie die Pariser Ausstellung zeigt, Napoleon niemals Mangel gelitten hat an literarischen Lobrednern, ja, daß Napoleon ein Produkt der Französischen Revolution gewesen ist, und wenn wir gleichfalls davon ausgehen, daß Josef Stalin als ein Produkt der Oktoberrevolution zu begreifen ist – denn weder Napoleon noch Stalin sind vom Himmel gefallen –, dann dürfen wir uns ausmalen, wie farbenprächtig und mit welch illustren literarischen Elogen eines Tages Josef Stalins zweihundertster Geburtstag gefeiert werden wird. Auch sei darauf hingewiesen, daß die zwangsläufig kommenden zweihundertsten Geburtstage der Diktatoren Mussolini und Hitler Anlaß für überdimensionale Ausstellungen und exquisite literarische Zeugnisse von Marinetti bis Gottfried Benn sein können.

Es hat zu allen Zeiten und aus jedem System heraus Schriftsteller gegeben, deren antibürgerliche Überreiztheit sich bei revolutionärem Anlaß entladen durfte. Wir verdanken solch produktiven Mißverständnissen schöne und bleibende Gedichte von Klopstock und Schiller bis Jessenin und Majakowski. Schriftsteller lieben es, reinigende Gewitter metaphernreich auf weißem Papier zu entfesseln; doch sobald wir versuchen, eine Halbzeile Rimbauds oder ein frühexpressionistisches Sprachbild an der Wirklichkeit zu messen, beginnt uns der puritanische Fleiß der Guillotine zu ermüden oder versanden wir in scholastischen Diskussionen über die These: Hat Stalins Agrarreform den millionenfachen Kulakenmord gerechtfertigt?

Unüberlesbar hat der deutsche Schriftsteller Georg Büchner die tödlichen Mechanismen der Revolution dargestellt: ›Dantons Tod‹ ließe sich bei einigen Änderungen im Lokalkolorit auf kubanische und chinesische Verhältnisse übertragen. Der Allgemeinplatz – Die Revolution frißt ihre Kinder – ist bis heute nicht widerlegt worden. Schon höre ich die Frage: Soll damit gesagt werden, daß die Französische Revolution und die Oktoberrevolution nicht notwendig gewesen seien?

Wir haben keine Gelegenheit zu untersuchen, wie und mit welchen Folgen, bei Aussparung der bekannten Opfer, sich die europäische Aufklärung in Frankreich ohne Revolution hätte weiterentwickeln können. Wir wissen nicht und können kaum vermuten, ob und in welchem Maße die Regierung Kerenski das zaristische Rußland hätte demokratisieren können. Wer an Revolution und ihre Folgerichtigkeit glaubt, wird sich weder vom englischen noch vom schwedischen Beispiel belehren lassen. Eines jedoch sollte gewiß sein: So sehr uns immer noch der Eisenstein-Film ›Panzerkreuzer Potemkin‹ gefällt, der Preis, Stalin und die Folgen, müßte selbst dem unverbesserlichsten Revolutionsästheten zu hoch sein.

Ich komme aus einem Land, dessen revolutionäre Vergangenheit tragikomisch anmutet. Von 1848 über 1918 bis zu unseren jüngsten Buchmessenrevolutionen, bei uns zu Haus haben sich linke Revolutionen über kurz oder lang zumeist der Lächerlichkeit preisgegeben; teuer zu stehen kommt uns bis heute die einzige, wenn man so sagen darf, geglückte deutsche Revolution, die des Jahres 1933: die Machtergreifung durch den Nationalsozialismus.

Man macht es sich allzu leicht, wenn man Mussolinis Marsch auf Rom und Hitlers 30. Januar als rechten Putsch abtut, als wollte man das Wort »Revolution«, gleich einem Ehrentitel, nur linken Machtergreifungen zugute halten.

Weit davon entfernt, die Zielsetzungen und Motive linker und rechter Revolutionen gleichzusetzen, bin ich dennoch der Meinung, daß die Mechanismen einer Revolution unabhängig davon funktionieren, ob sie von linken oder rechten Ideologien gefüttert worden sind, ob in ihrem Verlauf links- oder rechtsbewußte Aggressionsbedürfnisse freigesetzt werden. Selbst das Verhältnis rechter Literatur zur rechtsgerichteten Revolution ist dem Verhältnis linker Literatur zur linksgerichteten Revolution nicht unähnlich. Brechts Stalin-Hymnen rangieren nicht vor Heideggers Verbeugungen angesichts des Nationalsozialismus. Anna Seghers und Ilja Ehrenburg fänden ihren Platz neben Gottfried Benn und Ezra Pound, gäbe es endlich ein Wachsfigurenkabinett, in dem literarische Größen das Verhältnis der Literatur zur Revolution zu personifizieren hätten.

Héraults Forderung in Büchners ›Danton‹: »Die Revolution muß aufhören, und die Republik muß anfangen« gilt bis heute. Wie schwer es jedoch der Republik mit ihrem Beginnen gemacht wird, weil die Revolution nicht aufhören kann, das hat die Okkupation der Tschechoslowakei bewiesen. Um so mehr besteht Anlaß, das Thema ›Die Literatur und die Revolution‹ zu vernachlässigen und dem weit weniger zündenden, weil kaum spektakulären Thema ›Die Literatur und die Republik‹ einige Überlegungen zu schenken.

In meinem Land hat vor wenigen Wochen eine Runde um das Wohl und Wehe der Republik ihren Abschluß gefunden. Ein knapper Sieg der Sozialdemokraten läßt immerhin erkennen, daß die wechselhafte, zwielichte und insgesamt mehr unglückliche als kontinuierliche Geschichte deutscher parlamentarischer Demokratie einige Chancen hat. Die Zeit vor dem 28. September und mehr noch die Zeit unmittelbar vor dem Wahlkampf schmückte sich zwar mit dem Reizwort »Revolution«, doch als der Protest in Aktionismus endete und als die überlieferten Machtgruppierungen – hier Konservative mit nationalistischem Überbau, dort Reformkräfte mit sozialliberaler Tendenz – immer deutlicher gegeneinander zu stehen begannen, fand das Wort Revolution allenfalls noch Verwendung innerhalb der Konsumwerbung. Der nüchterne Bürgersinn wollte sich weder am verbalen Radikalismus noch am vulgären Antikommunismus der fünfziger Jahre orientieren. Mittelfristige Reformziele, denen Finanzierungspläne beigelegt waren, gaben den Ausschlag: Die Vernunft konnte ihre Basis um einige Fußbreit erweitern.

Amüsant und aufschlußreich war es, zu beobachten, wie der soeben skizzierte Ernüchterungsprozeß im politischen wie im Wirtschaftsteil der Zeitungen um sich griff, während die Literatur – oder besser gesagt: der das Feuilleton bestimmende Teil der Literatur – in dem soeben genannten Freigehege lustig und gratis weiterhin revolutionäre Sandkastenspiele betrieb. Verlagslektoren und, dem Trend folgend, einige aus verschiedenen Gründen vergrämte Autoren begannen, sich an der revolutionsunlustigen Gesellschaft zu rächen, indem sie systematisch versuchten, einige Verlage, denen man nachsagte, sie stünden links, zu zerstören. Das konnte nicht überraschen, denn die literarische Spielart der Revolution war und ist zuallererst gegen das eigene Lager gerichtet. Während der vergangenen drei Jahre sind die Wortführer revolutionärer Veränderungen nie auf die Idee gekommen, zum Beispiel die Industriemesse in Hannover zu sprengen, wohl aber die Frankfurter Buchmesse zur Bastille zu erklären.

Ich will mich nicht an Details aufhalten und etwa untersuchen, ob die Erstürmung eines kalten Büfetts geeignet ist, die Massen auf die Machtkonzentration des Spätkapitalismus aufmerksam zu machen. Auch die betrübliche Feststellung, daß die überlieferte, vormals rechtsgerichtete deutsche Studentenlust, ein paar flotte Jahre lang den Spießer ärgern zu wollen, nun in linke Kostüme geschlüpft ist, ist nur ein Symptom mehr für den pseudorevolutionären Charakter einer modischen Bewegung, die am Ende nur eins offenbar gemacht hat: wie zerstritten die radikale Linke insgesamt ist und wie blind sie sich der Alternative stellt: dem mühsam langfristigen Versuch, die Republik endlich beginnen zu lassen.

Damit wir uns recht verstehen: Ich spreche nicht vom Studentenprotest, der in Mehrheit auf Reformen drängte und radikal-demokratisch die Diskussion, zum Beispiel über die längst überfällige Hochschulreform, erzwungen hat. Ich spreche vom literarisch fahrlässigen Umgang mit dem Reizwort »Revolution« und von einer Gruppe schnell schreibender, zündend formulierender, überdurchschnittlich ehrgeiziger Leute, die nach wie vor nicht müde werden, das Mai-Desaster der französischen Linken wie eine revolutionäre Großtat zu besingen und in Anthologien zu sammeln. Nach wie vor läßt man sich von der Illusion tragen, es habe in Frankreich eine Solidarisierung zwischen Arbeitern einerseits und Studenten wie Intellektuellen andererseits stattgefunden.

Als während der letzten Wahlkampfphase zu langfristig angesetzte Tarifverträge und die verhinderte Aufwertung der D-Mark zu spontanen Arbeitsniederlegungen in mehreren Betrieben führten, versuchten Gruppen der radikalen Linken, sich treuherzig und wohl meinend, die Arbeiter hätten vor, Revolutionäres zu beginnen, den Streikenden zu nähern. Gutmütig und nachdrücklich wurde ihnen die Schulter geklopft, wurden sie nach Hause geschickt.

Wird dieses »Basiserlebnis« belehrende Wirkung zeitigen? Sind die Widersprüche des republikanischen Alltags stark und ernüchternd genug, um der Freizeitbeschäftigung revolutionärer Bastelkurse auch auf literarischem Feld ein Ende zu setzen?

Ein Zyniker könnte antworten: Der literarische Markt wird die Nachfrage regeln. Zur Zeit ist der Bedarf an geschmackvoll aufgemachter Revolutionsliteratur mehr als gedeckt. Selbst die letzte höhere Tochter beginnt zu begreifen, daß die Zerstörung der konsumfördernden Produktionsmittel auf Widerstände erheblicher Art stoßen könnte, daß die Industrienationen insgesamt, also die des Ostens wie des Westens, ihre Produktionskraft steigern müssen, wenn den schon vorgezeichneten Katastrophen innerhalb der Dritten Welt wirksam begegnet werden soll, und daß die Beschlüsse, ob, wann und aus welchen Gründen in Südamerika Revolutionen stattzufinden haben, nicht in deutschen Germanistikseminaren gefaßt werden.

Um einen Ausblick zu wagen: Die Literatur wird sich, so weit sie ernstgenommen werden will, in Zukunft nicht mehr durch das Reizwort »Revolution« stimulieren können. Schon gibt es Anzeichen dafür, daß sich besonders in Skandinavien (allen anderen europäischen Staaten voraus) mehr und mehr Schriftsteller für die Möglichkeiten und Grenzen der Entwicklungspolitik als Teil der Friedenspolitik zu interessieren beginnen. Das Wort »Friedensforschung« – noch vor wenigen Jahren mit dem Vorurteil bedacht, es handele sich um schwärmerischen Pazifismus – beginnt, erstmals ernsthaft, das heißt bei Haushaltsdebatten, Gewicht zu bekommen; der Frieden, bislang Ausnahmezustand, verlangt als Dauerzustand nach wissenschaftlich erforschten Möglichkeiten, Konflikte, die normalerweise den Kriegsfall produziert hätten, nun mit friedlichen Mitteln zu lösen.

Wird die Literatur das gern beschriebene Milieu der Barrikaden verlassen können? Oder wird sie esoterisch, interessant und irrlichtend, bei verdrehten Wegweisern, die Flucht vermeintlich nach vorne in die Romantik einschlagen?

›Literatur und Revolution‹ – eine Prachtausgabe aus Leo Trotzkis beredtem Nachlaß. Marxistische Scholastiker im treuherzigen Gespräch mit jesuitischen Linksabweichlern. Das Exklusive wird bleiben und sich zu feiern verstehen, doch die Literatur verlangt nach Wirklichkeiten; denn es gibt mehrere. Ihre, die jugoslawische, möchte ich kennenlernen; von meiner, der deutschen, gebe ich gerne Bericht. Ich gehe davon aus, daß Ihre und meine Wirklichkeit einander nicht ausschließen müssen. Die Revolutionen haben schon stattgefunden.

# Schriftsteller und Gewerkschaft

*Rede auf dem ersten Kongreß*
*des Verbandes deutscher Schriftsteller in Stuttgart*

Liebe Kolleginnen und Kollegen,

meine Anrede weist darauf hin, daß Schriftsteller und Gewerkschafter zumindest dieses gemeinsam haben: Sie berufen sich aufs Kollegiale. Etwas Zunftmäßiges überwinterte und findet auch in strenger Anwendung Gebrauch. Unkollegiales Verhalten wird gerügt.

Im übrigen stehen sich beide Gruppen, die kleine Individualistenvereinigung der Schriftsteller und die Massenorganisation des Deutschen Gewerkschaftsbundes, zwiespältig gegenüber. Man achtet sich per Distanz und mißtraut einander nahe besehen.

Als vor hundertundzwanzig Jahren die Arbeiterbewegung und mit ihr die Gewerkschaften am Anfang standen, war die Wechselbeziehung zwischen Schriftstellern und proletarischen Organisationen größer. Heine, Freiligrath und Herwegh sind nicht nur Kästchenbewohner im Kästchengehäuse der Literatur. Sie hatten Anteil an der Geschichte des Sozialismus und waren selbst dort, wo sie scheiterten, Schrittmacher einer so erfolgreichen wie permanent vom Schisma gehemmten Entwicklung. Doch schon Mitte des letzten Jahrhunderts, als Karl Marx für die ›Neue Rheinische Zeitung‹ als Chefredakteur zeichnete, sind es nur wenige Schriftsteller gewesen, die sich der proletarischen Klasse zugehörig fühlten. Die Mehrzahl verstand sich bürgerlich.

Und siebzig Jahre später: Lenins Einschätzung des Zürcher Dadaismus und Trotzkis Definition des russischen und italienischen Futurismus zeigen an, daß die Versuche einiger Schriftsteller, der bürgerlichen Fixierung zu entkommen und sich radikal abzuwenden, bei den revolutionären Anführern des Proletariats ablehnend bis skeptisch gewertet wurden. Und wenn wir bedenken, daß die italienische Spielart des literarischen Futurismus ohne Umschweife in den Faschismus mündete, gewinnen Lenins und Trotzkis Skepsis Gewicht.

Die Arbeiter in ihrer Abhängigkeit hatten und haben oft Grund, Schriftsteller als schlecht organisierbar, elitär hochfahrend und dort, wo sie dem Staatskommunismus verbündet sind, als käuflich einzuschätzen. Unverbindliche gute Absicht, gelegentlicher Wille, in Grußtelegrammen Solidarität anzudeuten, die unter kühl-wissenschaftlicher Folie oft nur sentimentale Einschätzung des Arbeiters sind Beweise für das traditionell gebrochene und widersprüchliche Verhältnis zwischen Schriftstellern und Gewerkschaftern. Umgekehrt nistet bei den Gewerkschaften ein mittlerweile irrational zu nennendes Mißtrauen den Intellektuellen gegenüber. Minderwertigkeitsgefühle werden durch Hemdsärmeligkeit kompensiert. Die Angst vor zu straffer Organisation begegnet der Angst vor allzu beliebigen Einfällen, vor allzu verstiegener Sprache, vor allzu besserem Wissen.

Einer Vielzahl linksbürgerlicher Schriftsteller und Theoretiker wollte es bisher nicht gelingen, diese Schwelle zu überspringen und sich außerhalb des aufgeklärten Bürgertums als Lohnabhängiger, als Arbeitnehmer, als jemand zu verstehen, der des Schutzes der Gewerkschaften bedarf. Neuerdings spricht man von einem abermaligen Versuch. In beiden Bereichen beginnt zu dämmern, es könne Zusammenarbeit zwischen Schriftstellern und Gewerkschaftern zumindest erwägenswert sein.

Zögernd kommen gebrannte Kinder sich näher. Indem man miteinander spricht und sich, wie ich es oft erlebt habe, spöttisch Kollege nennt, beginnt ein Versuch, dessen Ergebnis vorerst nicht abzuschätzen ist.

Während der letzten zwanzig Jahre wurden den Schriftstellern viele Fragen gestellt, die ihre Existenzberechtigung in Zweifel zogen. Es ging um Geist und Macht. Es ging darum, ob man nach Auschwitz noch schreiben dürfe. Es ging um die Schwierigkeiten beim Schreiben der Wahrheit. Nützliche Fragen, Nachtstudiofragen, Fragen und Antworten, die gedruckt und anthologisiert vorliegen.

Jetzt werden wir auf andere Weise in Frage gestellt. Erste Verhandlungen mit dem DGB zeigen an, wie fragwürdig wir sind, sobald uns die Gewerkschaften in Frage stellen. Sind wir tariffähig? Und sind wir tarifwillig? Und falls wir tarifwillig sind, werden wir auch streikwillig sein? Sind wir als Schriftsteller bereit, das geltende Tarif- und Schlichtungsrecht anzuerkennen? Und können wir auf eine Gegenseite verweisen, die als Arbeitgeberverband in der Lage wäre, mit uns in Tarifverhandlungen einzutreten? Was sind wir, wenn wir weder Arbeitgeber noch Arbeitnehmer sind?

Auf Befragen antworten die Gewerkschaften, indem sie uns kühl und nicht unfreundlich einschätzen, wir seien arbeitnehmerähnliche Personen, vergleichbar den Heimarbeitern. Und da das Bundesarbeitsgericht die Heimarbeiter als tariffähig anerkannt hat, besteht immerhin Aussicht, daß auch uns dieser Segen zuteil werden könnte. Es wird nicht schwierig sein, als Schriftsteller den Grundgesetzartikel 9 Absatz 3 im Sinne der Koalitionsfreiheit zu beanspruchen. Dort heißt es im ersten Satz, das Recht, zur Wahrung und Förderung der Arbeits- und Wirtschaftsbedingungen Vereinigungen zu bilden, ist für jedermann und für alle Berufe gewährleistet. Wir werden also, wenn wir nur wollen, in absehbarer Zeit tariffähig und als VS entweder innerhalb der Gewerkschaft Kunst oder innerhalb der IG Druck und Papier gewerkschaftlich organisiert sein können.

Aber wollen wir auch? Ist Schriftstellern jenes Mindestmaß an Solidarität geläufig, das den Gewerkschaften selbstverständliche Basis ist? Werden Schriftsteller, diese notorischen Einzelgänger, nicht kopfscheu werden, sobald ihnen eine gewerkschaftliche Massenorganisation den Stallgeruch der Solidarität bietet? Werden, wie gehabt, unsere bürgerlichen Sonderinteressen das letzte Wort haben? Sind wir, wie wir reden? Handeln wir, wie wir zu schreiben oft kühn genug sind? Kann man uns ernst nehmen, wenn wir aus sicherer Distanz die Situation am Arbeitsplatz – und ich spreche jetzt von Walzstraßen und Fließbändern – Ausbeutung nennen? Sind wir willens, diese sichere und eingeübte Distanz, und sei es versuchsweise, aufzugeben und uns von Abhängigen abhängig zu machen?

Keine Scherzfragen. Nicht wir, die Gewerkschaften gehen das größere Risiko ein, wenn sie uns bei sich aufnehmen. Allzuoft hat sich Schriftstellern nach kurzatmiger Begeisterung der Absprung ins Unverbindliche angeboten. Beredter Hochmut und detailbesessene Besserwisserei waren schon immer gastliche Gehäuse, wenn es darum ging, aus laut verkündetem gesellschaftlichem Engagement klammheimlich den Rückzug anzutreten.

So sehr ich aus tarifrechtlichen wie gesellschaftlichen Gründen für die Aufnahme des VS in die Industriegewerkschaft Druck und Papier plädiere, so eindringlich und notwendigerweise überspitzt müssen die Gewerkschaften vor uns gewarnt werden. Wir sollten uns bewußt sein, welche Zumutung Schriftsteller für den Arbeitnehmer am Arbeitsplatz bedeuten, falls wir nur Nutznießer sein wollen.

Also Gegenleistungen? Und schon könnte Verdacht aufkommen, dem Schriftsteller werde Unziemliches abverlangt, Handlangerdienste, Schönschreiberdienst.

Auch auf Gewerkschaftsseite könnte das überalterte Mißtrauen Jugendfrische gewinnen: Die wollen sich ja bloß aufspielen, die meinen nur sich und bringen nur Unruhe, sonst nichts.

Ich will versuchen, ein nüchternes Angebot zu skizzieren, auch wenn mir bewußt ist, daß dieses Angebot beiderseits nur zögernd Interesse finden kann.

Wenn Schriftsteller sich gewerkschaftlich organisieren wollen, was bringen sie, was bringen wir mit?

Ich meine unsere Talente, unser Schreibvermögen, unsere Akribie, unsere Lust am Erzählen, unser genaues Erinnerungsvermögen. Auch unseren unvermeidbaren, weil notwendigen Hang zur Esoterik, unser Lustprinzip Kritik, unseren Spaß am zutreffenden Wort, unsere Gabe, betriebsamem Leerlauf gegenüber naiv zu sein, unsere beharrliche Unruhe, unser existentielles Verhältnis zu Druck und Papier.

Wo könnten Schriftsteller wirksam werden? Überall dort, wo in den Gewerkschaftszeitungen Sprachlosigkeit Zeilen schindet, wo heillose Verkrustung die Gewerkschaften hindert, öffentlich zu wirken. Überall dort, wo die stumme Wut am Arbeitsplatz nach genauem Ausdruck verlangt.

Wo können Schriftsteller helfen? Überall dort, wo ihr Wissen und ihre Fähigkeit gefragt sind: in den Gewerkschaftsschulen, beim Sinnlichmachen des immer noch papiernen Begriffes Mitbestimmung. Dringlicherweise, wenn es darum geht, die Vielzahl isolierter, sich selbst genügender Reformen in ihrem Zusammenhang, in ihrer epischen Breite darzustellen. Aus eigener Erfahrung weiß ich, wie hilfreich es ist, wenn Schriftsteller, ohne Schaden an Gesinnung und Stil zu nehmen, jeweils am 1. Mai sprechen, entgegengesetzt unverbindlicher Feierlichkeit.

Ist das viel? Ist das wenig? Seitdem Gustav Heinemann Bundespräsident ist und seitdem Willy Brandt, ein Mann des Widerstandes gegen den Nationalsozialismus, Bundeskanzler ist, finden wir Schriftsteller zum erstenmal Gelegenheit, aus teils anerzogenen, teils überlieferten Rollen herauszufinden und inmitten, nicht außerhalb der Gesellschaft als verändernde Kraft zu wirken.

Wenn der Terminus »organisierte Schriftsteller« keinen erschreckenden Nebenhall haben soll, werden wir mehr sein müssen als nur ein Interessenverband. Denn wie sich die Gewerkschaften über die Tarifpolitik hinaus neuerdings endlich als eine Kraft begreifen, die von der Bildungspolitik bis zur Entwicklungspolitik in den Staaten der Dritten Welt wirksam zu sein hat, so beginnen sich neuerdings Schriftsteller Konflikten zu nähern, die nicht mehr überlastig der Kriegs- und Nachkriegszeit entwachsen sind.

Der Frieden, ein immer noch unerforschtes Gelände, stellt ungewohnte Aufgaben im demokratisch verfilzten Alltag. Keine geschichtsträchtigen Zerreißproben mehr, keine Götterdämmerungen und Endzielberufungen, kein Weltgeist zu Roß unterwegs. Vielmehr sind Phasenverschiebungen oder der Neoirrationalismus technologischer Mystik, von Massenmedien gegängelte Aggressionen, der Terror, die Leistung und der wachsende Dreck bei wachsendem Wohlstand – allesamt Themen, die ihre Autoren zu finden beginnen.

Wer wird den langsamen Tod des Bodensees erzählen? Umweltverlust und Umweltschutz, Bildungsnotstand und Leistungsgesellschaft, Überdruß aus Überfluß heißen die

Schlagworte. Welche Schriftsteller werden ihnen abseits vom gängigen Jargon und ohne vorgefaßte dogmatische Diktion geformten Inhalt geben?

Und welche Leser, welche neuen Leser werden sie finden? Welche Literatur wird den Begriff Eigentum aus doppelt puritanischer Hörigkeit lösen und ihm zwischen westlichem Privatkapitalismus und kommunistischem Staatskapitalismus zwangfreien Raum schaffen?

Solange die Bundesrepublik besteht, spricht der Grundgesetzartikel 14 den Auftrag »Eigentum verpflichtet« vor sich her. Wir wissen, wie gelenkt zwanzig Jahre lang an diesem Auftrag vorbeiregiert worden ist. Wir kennen die Winkelzüge, mit denen das materielle Großeigentum der sozialen Verpflichtung enthoben worden ist. Anderen Umgang erfährt das geistige Eigentum. Dem Bundeskanzler, der Bundesregierung, dem Parlament bietet sich als Modell für soziales Verhalten das Verhältnis der Schriftsteller zum Eigentum an. Es ist nicht einzusehen, warum sich Großgrundbesitz und Großvermögen von Generation zu Generation vererben dürfen, wenn geistiges Eigentum nach angemessener Frist zu Recht freigesetzt und dem Wohle der Allgemeinheit verpflichtet wird.

Ich sage, das Urheberrecht ist, indem es sich sozial verpflichtend versteht, zur Zeit das einzige Recht, das dem Grundgesetzartikel 14 und seinem Auftrag »Eigentum verpflichtet« entspricht. Wenn Schriftsteller und Gewerkschaften demnächst mit ihrem Gespräch beginnen, wüßte ich keinen besseren Einstand.

# Ein Gegner der
# Hegelschen Geschichtsphilosophie

GERTRUDE CEPL-KAUFMANN: 1961 gaben Sie zum ersten Mal ein öffentliches Votum für die SPD. 1965 begannen Sie mit konkretem Wahlkampfeinsatz. Zwischen diesen beiden Daten ist auch die stärkste Veränderung in Ihrem literarischen Werk feststellbar. Gründe bieten sich an: zeitliche und örtliche Distanz zu Danzig und der Kriegs- und Nachkriegszeit, Abschluß des Danzig-Stoffes und Suche nach neuen Stoffen, Einfluß Berlins... Wie beurteilen Sie selbst diese Veränderung?

GÜNTER GRASS: Ja, das kommt alles drei oder vier in Frage. Zuerst einmal der Danzig-Stoff – soweit er überhaupt als abgeschlossen bezeichnet werden kann, was ich von mir aus nie täte –, die Arbeit war abgeschlossen in der ersten Phase mit ›Hundejahre‹, das war 63, und unmittelbar danach habe ich Lyrik und ein Theaterstück geschrieben, ›Die Plebejer proben den Aufstand‹, das natürlich auch schon beeinflußt war durch den Ortswechsel nach Berlin, allerdings auch durch die politische Arbeit. Der letzte Roman dieser drei Bücher, die mit Danzig zu tun haben, ›Hundejahre‹, ist ja wohl auch der politischste. Die direkte Konfrontation mit der Bundesrepublik nach vierjähriger Abwesenheit war auch eine politische.

G. C.-K.: Ihr Gesamtwerk hat stark retrospektive Züge, entweder durch Aufarbeitung bestimmter historischer Zeiträume oder auch durch Problematisierung der Vergangenheitsbewältigung. Zur Begründung Ihres politischen Handelns taucht als wichtiges Argument immer wieder der eigene Erlebens- und Erfahrensbereich auf, der zum Widerstand geworden ist. Inwieweit würden Sie der Literatur überhaupt die Funktion zubilligen, neue Erfahrensräume zu entdecken?

G. G.: Für mich hat Schreiben, Beschreiben natürlich und Darstellen in erster Linie mit Vergangenem zu tun oder auch mit dem, was gegenwärtig passiert, aber in dem Augenblick, in dem es passiert, schon Vergangenheit wird – das Festhalten des Augenblicks. Alle Bücher, die ich geschrieben habe, halten immer jeweils ihren Erzählstandort in der Jetzt-Zeit, auch die ›Blechtrommel‹, auch ›Hundejahre‹, auch ›Katz und Maus‹.

G. C.-K.: Es fällt auf, daß Ihre Erzähler in der Regel zurückgreifen auf Erlebnisse oder auf Konflikte, die sich aus einer bestimmten Zeit ihres Lebens, der Jugendzeit ergeben. Glauben Sie, daß die Jugendzeit eine Priorität hat, und sind Früherfahrungen determinierend?

G. G.: Ja, das glaube ich sehr stark, daß also Jugendzeit, Jugenderlebnisse, prägende Erlebnisse in diesem Zeitraum sehr lange nachwirken, auch wenn ihre Wirkung zeitweilig verschüttet ist, und dann zu sehr späten Ausbrüchen kommen – Geschichten, die quasi nicht aufhören. Es gibt Unterbrüche, wie weg, und dann eine bestimmte Gelegenheit aus der Gegenwart heraus, und dann wird es plötzlich wieder virulent, ein nahezu komplexhaftes Verhalten... So einschneidende Erlebnisse und Prägungen gibt es wahrscheinlich nur in der Jugendzeit, vor allen Dingen, weil sie sich natürlich in unbestelltem Feld abspielen, und das ist bei älteren Menschen in dem Maße nicht der Fall. Man kann natürlich nicht sagen, daß die Leute nichts Entscheidendes erleben, spürbar erleben können. Aber sie sind natürlich gefestigter, sind auch Erlebnissen gegenüber voreingenommener durch schon gehabte Erlebnisse, das Überraschungsmoment ist nicht so stark, das Material ist nicht weich genug, um es prägen zu können, und auch die Zeit, um eine solche späte Prägung ausleben zu können, ist eine jeweils begrenzte.

G.C.-K.: Können Sie das auch von sich sagen, daß bestimmte Erlebnisse und Erfahrungen früher Phasen für Sie heute noch stark nachwirken?

G.G.: Bei mir wird's eigentlich immer stärker, nicht wahr, weil meine Generation ja mittlerweile die mittlere Generation ist und sich wie zu allen Zeiten Generationenkonflikte abspielen. In Deutschland besonders stark, weil wir diese abrupten Unterbrüche gehabt haben und Halbgenerationen haben, die ganz anders geprägt sind als die andere Hälfte einer Generation...

G.C.-K.: ...die Sie aber insgesamt als eine Generation begreifen wollen?

G.G.: ...jahrgangsmäßig! – Nehmen wir den Unterschied zwischen den heute Dreißigjährigen und den heute Zwanzigjährigen, es liegt mehr dazwischen als zwischen den Dreißig- und Vierzigjährigen. Es ist bei uns mit Generationen sehr wenig getan, weil einschneidende Geschichten, historische Geschichten gewesen sind, die Nazizeit, die Kriegszeit, die unmittelbare Nachkriegszeit – wer das noch miterlebt hat, ist davon natürlich geprägt, während heute doch schon eine Generation zu Wort kommt, die bewußt zu leben begonnen hat zur Zeit des Wirtschaftswunders und für die die fünfziger Jahre schon graue Historie sind.

G.C.-K.: Würden Sie diese prägende Funktion auch den Studentenunruhen zubilligen?

G.G.: Ich glaube nicht, daß der Studentenprotest symptomatisch war für einen Generationenprotest, dafür war es ja nur ein zu geringer Teil dieser Generation, der an Protesten teilgenommen hat, und die Bedingung für die Teilnahme hat mit der Generationenfrage nichts zu tun.

Die Studenten sind in unserer Gesellschaft bei dem ungerechten Bildungssystem, das wir haben, privilegierter, und sie kamen zumeist aus bürgerlichem bis großbürgerlichem Haus...

G. C.-K.: ...und waren von daher determiniert...

G. G.: Ja, ja, nicht wahr, sie haben sich oftmals verstanden als ein Protest der jungen Generation, und viele haben daran geglaubt. Aber ich halte das für einen Trugschluß. Selbst unter den Studenten ist es ja oft nur eine Minderheit gewesen, die sich politisch artikuliert hat.

G. C.-K.: Die Frage nach der Mitteilbarkeit von Erfahrung ist meines Erachtens für Ihr Werk von fundamentaler Bedeutung. In der Beantwortung unterscheiden sich literarisches und politisches Werk. Können Sie generell die Frage nach der Mitteilbarkeit von Erfahrung beantworten?

G. G.: Ich habe meine berechtigten Zweifel; daß ich es trotzdem versuche, ist kein Widerspruch. Ich sehe keine andere Möglichkeit, als so viel wie möglich an Erfahrung auf die jeweils herangewachsene Generation zu übertragen, denn sonst, wenn wir das nicht tun, unterliegen wir einem Mechanismus, der zerstörerisch ist: daß jede Generation von sich aus nahezu manisch darauf besteht, die gleichen Fehler in genauso schrecklicher oder noch schrecklicherer Form noch einmal zu machen, die schon andere Generationen vorher gemacht haben. Was ich in der ›Jungbürgerrede‹ und an anderen Stellen aufzeige, ist eine Tendenz bei der jüngeren Generation zur Geschichtslosigkeit oder zur Flucht aus der Geschichte heraus. Diese Tendenz ist natürlich in dem Sinn eine gefährliche, als sie die Bereitschaft, Erfahrungen nicht zu übernehmen – das kann man ja nicht –, aber zur Kenntnis zu nehmen, noch verringert, noch mehr verringert.

G. C.-K.: Die Fähigkeit, Erfahrungen zu verwerten und anzunehmen, ist ebenfalls eine entscheidende Kategorie in Ihrem Werk, weil sie als Kriterium für Erwachsensein gilt.

G. G.: Ja! Ganz gewiß! Nicht wahr, das infantile Verharren ist allerdings in unserer Gesellschaft nicht auf eine bestimmte Altersgruppe beschränkt, das wird ja oft bis in den Status des Erwachsenseins hineinverschleppt...

G. C.-K.: So daß hier die Bezeichnung »Erwachsener« nicht zutreffen würde...

G. G.: ...nein, nicht zutreffen würde, denn es gibt junge Leute, die sehr früh, entweder gezwungenermaßen oder aus Veranlagung heraus oder willentlich erwachsen sind und erwachsen denken, während es Leute gibt in meiner Generation und auch selbst Ältere, die sich gelegentlich nahezu infantil benehmen und diese Verweigerungsgeste, diese Trotzgeste haben, nichts zur Kenntnis nehmen zu wollen. Das gehört natürlich in diesen infantilen Bereich hinein, etwas nicht zur Kenntnis nehmen wollen – doch es gibt auch Spätwirkungen. Mir ist es jedenfalls so aus Erfahrung gegangen, daß manches, was ich im Alter von zwanzig Jahren nicht habe annehmen wollen, mir zehn Jahre später bewußt wurde. Es gibt Spätwirkungen, die sich dann natürlich dem entziehen, der diese Aufklärung gewollt hat.

G. C.-K.: Dazu fällt mir übrigens die verspätete Wirkung Ihres Auftritts in Cloppenburg ein!

G. G.: Ja, Ja! – Aber das sind zum Beispiel auch Wirkungen, die der Literatur gegeben sind. Die Literatur wirkt in den allerseltensten Fällen momentan, und dort, wo sie momentan ansetzt, ist es oft eine sehr zweifelhafte Wirkung, während man eine späte, eine verzögerte, eine phasenhaft verschobene Wirkung der Literatur nicht absprechen kann. Da spielt allerdings das Leseerlebnis eine Rolle, in welchem Alter jemand das Buch gelesen hat und wer es ihm empfohlen hat, ob er es nur angelesen hat, weggelegt, später wieder aufgegriffen und dann durchgelesen hat, ob er es zum zweiten Mal gelesen hat, welche Bücher er gleichzeitig gelesen hat... das sind alles so Dinge, die mitwirken.

G. C.-K.: An Ihrer Bemerkung »wer es ihm empfohlen hat« möchte ich anknüpfen: Sie greifen selber zurück auf einzelne Vorbilder, die Sie für Ihre politische und literarische Arbeit gehabt haben. Andererseits etwa kritisieren Sie die Vorbildwahl linker Gruppen, die etwa Marx, Mao oder Lenin nennen. Ergibt sich daraus nicht ein Widerspruch?

G. G.: Bei mir liegt die Vorbildwahl nicht in Personen, sondern in Handlungsweisen...

G. C.-K.: Aber sind Sie nicht doch oft stark gebunden an Personen?

G. G.: Das läßt sich durchaus verbinden. Doch da ist als Person nicht irgend jemand, der unübersehbar ist...

G. C.-K.: Willy Brandt!

G. G.: Brandt eher, aber für mich ist von der politischen Theorie Bernstein sehr prägend gewesen. Der Mann, der den Revisionismusstreit aushalten mußte, der hieß Eduard Bernstein. Nur kommt es bei mir darauf an, daß ich mir das, was für mich vom Denken her, von der Argumentation her, von der Beharrlichkeit und Ausdauer, wie jemand etwas, auch von der Standfestigkeit her, vorträgt, aus unserem unmittelbaren Bereich heraussuche. Ich käme nicht auf die Idee, vorbildliches Verhalten aus exotischen Bereichen zu übertragen. Nicht wahr, weil das losgelöst von den Bedingungen dann leicht irrational wird. Dann ist also von Che Guevaras Leistung in Kuba oder Bolivien die Rede, aber da bleibt nur noch ein Gestus übrig. – Ich habe, ob es in der Literatur ist oder in der Politik, Leute, deren Verhalten für mich belehrend gewesen ist. Das gilt für Döblin in der Literatur oder für Jean Paul oder in der Lyrik in der frühen Phase Apollinaire, und in der Politik sind sie innerhalb der europäischen Arbeiterbewegung zu suchen, auch der eine oder andere Liberale, dessen Verhalten mir gefallen hat.

G. C.-K.: Durchgängig in den drei Danzig-Büchern, auch noch hineinspielend in ›örtlich betäubt‹, taucht das Schuldproblem auf. Mein Interesse richtet sich auf den Grund für diese Schuld.

G. G.: Ja, das Schuldthema ist natürlich das Thema einer Epoche. Das schlägt sich dann in den Personen, jedenfalls bei mir, nieder. Es ist die Frage nach der Schuld oder nach der Mitschuld oder der eingebildeten Schuld, des Spiels mit der Schuld, Schuldbedürfnis ... der gesamte Komplex wird jetzt abgeschritten ...

G. C.-K.: Die Provokation von Schuld ist dabei sehr stark gebunden an Personenkonstellationen. Etwa die provokative Überlegenheit Amsels in der Beziehung Amsel-Matern.

G. G.: Das ist natürlich das, was einen Großteil zu diesem gesamten Komplex beigetragen hat, daß man die Überlegenheit – oder die angebliche Überlegenheit – der Juden nicht ertragen konnte und darauf auf die bekannte Art und Weise reagiert hat. Es kommen noch andere Gründe hinzu, aber man hat sich natürlich nicht Gedanken gemacht darüber, daß durch langes Ghettodasein, durch lange Diffamierung, Verfolgung und Behinderung der Juden in der Zerstreuung sie sich mit Vorzug haben Berufe suchen müssen, die ihre geistigen und intellektuellen Qualitäten förderten, weil sie überleben mußten.

G. C.-K.: Aber auch da, wo sich diese Erklärung nicht anbieten, etwa im Überlegensein Mahlkes und Pilenz' Abhängigkeit, zeigt sich die Bedeutung einzelner Charaktere, bei Pilenz etwa das starke Interesse und Hingezogensein, das ja gleichzeitig umschlägt in einen Haß...

G. G.: Es ist schon eine Haßliebe, eine Faszination, die davon ausgeht, Mahlke in seiner irrationalen Selbstsicherheit, Fixiertheit auf seinen Komplex und die Egozentrik dieser Person, die dem eher blassen Pilenz als schillernd vorkommen muß, abstoßend wie anziehend. – Ich arbeite sehr viel mit Kontrastpaaren, das sind auch Tulla und Harry, auch Jenny und Tulla...

G. C.-K.: ...das setzt sich dann fort in Starusch-Linde und Starusch-Vero...

G. G.: Ja, das ist in diesen Büchern sehr stark der Fall, in denen Freundschaften eine Rolle spielen. Bei Oskar Matzerath ist das weniger der Fall. Weil der völlig isoliert für sich dasteht, die Nebenfiguren entweder in absolutem Gegensatz zu ihm stehen oder aber Möglichkeiten seiner selbst weiterentwickeln, ob das Bebra ist oder Schugger Leo, also Randfiguren als Fußnoten zu der Randfigur Oskar Matzerath.

G. C.-K.: Diese Personenkonflikte provozieren starke Emotionen, die sich etwa als Wut, Haß, Rache zeigen oder aber sich in realer Aggression äußern. Im literarischen Werk wird damit meines Erachtens eine Erfahrung mitgeteilt, die zur Warnung vor jeglicher Emotion in Ihren politischen Äußerungen führt. Kann man literarisches und politisches Werk so komplementär sehen?

G. G.: Ich schildere, ich stelle dar, was Wirklichkeit ist oder Wirklichkeiten sind – die ja unter Umständen im Wechsel begriffen sind –, während die politische Rede und politische Argumentation die einer Parteinahme ist, Schlüsse aus Erfahrung zieht. Und so kommt es natürlich nicht zu einer Ablehnung der Emotionen, denn sie sind ja da, man kann sie nicht einfach ablehnen, aber zum Hinweis, wohin Emotionen führen. Nicht wahr, ein Zurkenntnisnehmen dieser Verhaltensweise und der Versuch, sie auch historisch zu klären, damit also als Erfahrenswert greifbar zu machen.

G. C.-K.: Sie betrachten Phantasie als einen Teil der Realität. Welchen Ort und welche Funktion hat sie in dieser Wirklichkeit?

G. G.: Das ist die andere Seite der Wirklichkeit. Es ist die Vorstellungswelt, die ja eine sehr reale ist, mit wechselnden Bildern, zwar keine greifbare, aber dennoch eine reale. Sie ist da bei jedem, auch dort, wo sie geleugnet wird. Auch wo sie nur schwach entwickelt ist, ist sie da, und in dem Moment, in dem sie geleugnet wird, beginnt sie sich zu rächen, dann beginnt sie komplex zu werden und sich unterdrückt zu verhalten, aber in dem Augenblick, in dem wir Wirklichkeit erweitern und Phantasie und Einbildung und Vorstellungskraft miteinbeziehen in den Kanon von Möglichkeiten, ist sie legitimiert. Sie ist präsent und kann sich natürlich auch viel freier entfalten, es kommt dann nicht zu den Stauungen, es kommt dann nicht zu diesen plötzlichen Ausbrüchen von Irrationalismus, die wir erlebt haben. Es gibt ja genauso gut Leute, die sich spiegelverkehrt dazu verhalten, aus der Wirklichkeitsflucht heraus, aus der realen Wirklichkeit, faßbaren Wirklichkeit sich nur noch in Traumwelt, in Einbildungswelt begeben, was aber, wie gesagt, nur ein spiegelverkehrtes Verhalten ist.

G. C.-K.: Dann wäre Literatur für Sie die Möglichkeit, Ihr Phantasiepotential auszunutzen?

G. G.: Ja, eine Möglichkeit. Alle Künste tun das und schaffen, indem sie dem Form geben, der Phantasie, Einbildungskraft; und sie konfrontieren mit der nur enggefaßten, faßbaren Wirklichkeit eine neue Wirklichkeit, eine literarische, eine bildhafte, eine musikalische, eine theatermäßige, die aber dann auch als eine solche begriffen werden muß. Wenn wir beginnen, die Wirklichkeit des Theaters auf der Straße zu suchen oder sie auf die Straße zu tragen, dann kommt es zum Kollaps der Bühnenwirklichkeit.

G. C.-K.: Sie betonen, daß Politik und Moral keine Widersprüche sind...

G. G.: ...und auch nicht sein sollten!

G. C.-K.: ...und für Sie notwendig nicht sein können. In Ihrem Werk spielen moralische Kategorien wie Schuld, Scham etc. eine wichtige Rolle. Sind Politik und Literatur dabei über moralische Kategorien verbunden, etwa so, daß beide nur von moralischen Kategorien ausgehen können?

G. G.: Nein, die sind gegeben, die moralischen Kategorien. Literatur geht ja genauso stark von ästhetischen Kategorien aus, die aber auch in dem Sinne moralische sind.

G. C.-K.: Sie begegnen kritisch dem »Labordichter«, der ja hauptsächlich diese ästhetischen Kategorien in den Vordergrund schiebt, eine Position, die Sie nicht akzeptieren würden.

G. G.: Da sind wir wieder in der leidigen Inhalt-Form-Diskussion. Das Vortragen von Inhalten interessiert mich genauso wenig wie das Zurschaustellen von interessanten Formen. Das kann durch, wie ich es nenne, Labordichtung leicht entstehen. Das kann natürlich auf der anderen Seite auch durch Traktatdichtung leicht entstehen, nicht wahr, daß nur noch der moralische Protest oder die Entrüstung oder das moralische Postulat Form zu ersetzen hat.

G. C.-K.: Inwieweit besteht der Vorwurf, Sie seien Moralist, zu Recht, und inwieweit würden Sie diese Bezeichnung als negativ empfinden?

G. G.: Also wenn er besteht, dann als Vorwurf und als Kategorie für beide Bereiche, denn ich sehe keinen Gegensatz bei mir zwischen dem, was ich literarisch mache, und dem, was ich politisch mache, das sind nur verschiedene Äußerungsformen, aber es ist die gleiche Person. Moralist ... ja, das ist ein Wort, der eine benutzt es als Ehrentitel, der andere als Schimpfwort, ich käme nie auf die Idee, das für mich zu beanspruchen, weil Moral, wie sie sich in dem Wort Moralist ausspricht, für mich ein zu enger Begriff ist, um damit arbeiten zu können.

G. C.-K.: Welches Verhältnis sehen Sie zwischen dem individuellen Schicksal Ihrer Gestalten und der Zeit, in der sich dieses Schicksal abspielt?

G. G.: Alle Figuren, die ich beschrieben habe, so individuell sie sich geben, sind Produkte ihrer Zeit, ihrer Umgebung oder ihrer Gesellschaftsschicht, zum Beispiel des Kleinbürgertums, oder bedingt durch ihr Milieu, zum Beispiel das Schul-, das Gymnasialmilieu. Sie sind natürlich in literarisch hervorgehobener Position, sie personifizieren sich, gewisse Konflikte, Konfliktsituationen in einzelnen Personen, aber Konfliktsituationen, die aus der Zeit heraus allgemeiner sind.

G. C.-K.: Würden Sie Ihr Werk als politisch bezeichnen?

G. G.: Das habe ich nicht getan, mein Werk, mein literarisches Werk als politisch bezeichnet. Ich habe gesagt, daß von den drei Büchern ›Hundejahre‹ das politischste ist. Aber sie haben alle mit Gesellschaft zu tun, in dem Sinn sind sie natürlich in weiten Bereichen auch politische Bücher. Und die Politik ist nur ein Teil unserer Wirklichkeit, zur Zeit mehrere Jahrzehnte schon ein sehr ausschlaggebender Teil. Das wäre eine viel zu starke Einengung, daß mein Werk ein politisches ist. In beiden Bereichen, wenn ich politisch arbeite, also direkt tagespolitisch, auf Parteipolitik bezogen, auf die Politik der Bundesrepublik, der angrenzenden Länder, sobald das Wort Politik wirklich einen Sachzusammenhang aufzeigt, habe ich natürlich mit Gesellschaft zu tun, und mit der gleichen Gesellschaft habe ich in der Literatur zu tun. Da sind die Verbindungen, aber die Mittel sind grundsätzlich verschieden. Das eine gehorcht ja so vorrangig ästhetischen Kategorien, daß es sich mit dem anderen gar nicht vergleichen läßt.

G. C.-K.: Sie haben sehr viel historische Studien betrieben, und in allen Werkteilen taucht Geschichte als wichtiger Faktor auf. Dabei fällt die besondere Behandlung der Geschichte, eine besondere Aktualisierung auf. Man wirft Ihnen vor, unvergleichbare historische Ereignisse und Personen, etwa Stalin-Hitler, Konstantin-Lenin, zu vergleichen. Wie begegnen Sie diesem Vorwurf?

G. G.: Das ist die beliebte These, daß man den Kommunismus nicht mit dem Nationalsozialismus vergleichen dürfe. Selbstverständlich sind das zwei verschiedene Ideologien, Ideologien mit totalitärem Ausgang, aber in der Praxis dann, in der Ausübung der Macht oft deckungsgleich, was die betroffenen Opfer angeht in letzter Konsequenz. Darauf lasse ich mich gar nicht ein, nicht wahr, eine aus der Hegelschen Geschichtsphilosophie heraus abgeleitete Art von Auswahl zu treffen – das, was der einen Ideologie erlaubt, ist der anderen noch lange nicht erlaubt – und daß dann der Zweck die Mittel heiligt... Damit habe ich sehr wenig gemein!

G. C.-K.: In Ihren politischen Äußerungen werden oft historische Vergleiche gefunden, wobei dann die Zeit, die zum Vergleich herangezogen wird, wohl oder übel reduziert ist, eben auf den Anteil, den sie als verwertbar enthält.

G. G.: Das wird ja als Vergleich gekennzeichnet, nicht wahr. Wenn ich die Zeit der Weimarer Republik, bestimmte Verfallssymptome der Weimarer Republik zitiere und darauf hinweise, daß Gefahr besteht, ähnliches könnte bei uns passieren, dann ist das ein erlaubter Vergleich, ein für uns naheliegender Vergleich, der es auch erlaubt, die Geschichte nur so reduziert auf die Symptome zu verstehen. Es ist natürlich weder Raum noch Zeit, noch Anlaß in einer solchen Passage, der Weimarer Republik insgesamt Rechnung zu tragen – oder der Weltwirtschaftskrise, die mit ein Moment des Zerfalls gewesen ist. Ich zitiere den Bereich, der heute noch bei uns virulent ist. Der Streit, das feindschaftliche Verhalten der rechten Reaktion – in diesem Fall also vom rechten Flügel der CDU bis in die NPD hinein – auf der einen Seite und der Kommunismus Stalinscher Prägung auf der anderen Seite sind eine aus der Weimarer Republik überlieferte Kampfhaltung den Sozialdemokraten gegenüber, die immer wieder neu auflebt.

G. C.-K.: Sie stehen vor allem Hegel sehr kritisch gegenüber...

G. G.: Das heißt nicht, daß ich Hegel völlig abgeneigt bin. Ich bin ein Gegner der Hegelschen Geschichtsphilosophie, und wenn man das erweitern will, auch seiner Staatslehre, die ich für ein geeignetes Instrumentarium für Diktaturen halte. Absolutsetzen des Staates... Das sind für mich die Gründe, Hegel abzulehnen. Seine Ästhetik verstehe ich überhaupt nicht, sie ist mir auch vom Geschriebenen her nicht faßbar. – Es hat ja verschiedene Hegel-Auslegungen gegeben, es gibt Links- und Rechtshegelianer, aber interessanterweise haben beide, Links- wie Rechtshegelianer, sich die Hegelsche Staatsphilosophie zum Vorspann genommen und die Absolutsetzung des Staates und der staatlichen Macht in beiden Bereichen, im rechten wie im linken, bis ins Totalitäre hinein gesteigert.

G. C.-K.: Sie wehren sich dagegen, daß die Schuld für bestimmte gesellschaftliche Zustände und geschichtliche Vorgänge vom Menschen abgelenkt werden soll.

G. G.: Diese geschichtlichen Gegebenheiten sind ja auch wieder vom Menschen geschaffen...

G. C.-K.: ...aber erscheinen ihnen nicht als solche...

G. G.: Es kommt darauf an, hinzuweisen, daß sie von Menschen gemacht worden sind, für oder gegen Menschen, nicht wahr, auch dort, wo sie sich zu einer völlig abstrakten Institution verdichtet haben, sei es zum Bürokratismus, zu einem bestimmten Terrorsystem, zu einem System undurchsichtiger Machenschaften, all das ist vom Menschen geschaffen worden. Genau wie Geschichte auch von Personen gemacht wird, selbst wenn es Abläufe gibt, wenn es Prozesse gibt, die von Massen getragen werden, sind es doch immer wieder Einzelpersonen, die entweder mithandeln oder mitlaufen oder in Mitleidenschaft gezogen werden.

G. C.-K.: Aber überfordern Sie damit den Menschen nicht, wenn Sie diese Einsicht als erreichbar ansehen?

G. G.: Wenn ich das unterlasse, den Hinweis auf das simple Faktum, daß Geschichte vom Menschen gemacht wird und alles vom Menschen gemacht wird, wenn ich dieses Alibi gelten lasse: Die Verhältnisse, die sind so, der Mensch kann wenig dagegen ausrichten, er ist Opfer der Verhältnisse, das Produkt der Verhältnisse...wenn dieses Alibi wirksam bleiben soll – denn es ist ja sehr wirksam –, dann ist die Veränderbarkeit der Verhältnisse auch in Frage gestellt. Denn dann sind Verhältnisse in der Tat so, wie sie sind. Dann bekommen sie auch schon wieder diesen irrationellen Appeal, dann sind sie verhängte Verhältnisse, schicksalhafte, nicht erklärbare...

G. C.-K.: Man hat Ihnen immer wieder Theoriefeindlichkeit vorgeworfen. Wie reagieren Sie auf diesen Vorwurf?

G. G.: Ich bin sehr marxistisch – in der Beziehung –, für mich sind Theorie und Praxis eine Einheit, und in dem Sinne bin ich auch wieder Bernsteinianer, der sich strikt dagegen wehrt – etwa auf dem Erfurter Parteitag und danach –, daß man das Sozialdemokratische Programm hübsch in zwei Kästen einpackt: Das eine war das Theoretische, das andere das Praktische. Und das ist natürlich auch eine Grundeinstellung zur Wissenschaft, daß bei mir Erkenntnis aus der Anschauung herauswächst und nicht umgekehrt, eine Erkenntnis theoretisch fixiert wird und dann hinterher noch etwas Anschauung nachgeliefert wird zur Bestätigung des vorher Gefaßten, nicht wahr, das ist zum Beispiel der Hegelsche Denkansatz weitgehend, das in sich stimmige System, dem dann hinterher so etwas wie Wirklichkeit und wie Anschauung drapiert wird. – Theorie denkt Praxis weiter, aber jeweils aus der Erfahrung heraus, aber immer wieder natürlich. Da Theorie aus Praxis kommt, wird bei weitergedachter Theorie aus der Praxis heraus immer die Möglichkeit offenbleiben, daß diese weitergedachte Theorie jeweils durch Praxis korrigiert werden kann, das heißt also durch neugewonnene Erfahrung aus neuer Praxis. – Wenn sie sich löst von der Praxis, besteht die Gefahr, daß sie sich zur Ideologie erhebt und in einer zweiten Stufe zum Dogma verhärtet, und dann ist sie fern aller Wissenschaft, fern aller Praxis und wird dann in letzter Konsequenz gelegentlich unmenschlich.

G. C.-K.: Ich gehe aus von Ihrer Äußerung »Jeder hat seinen eigenen Marx, Hegel oder Kant gelesen« und sehe darin eine unbegründete Ablehnung der Existenz eines theoretischen Entwurfs.

G. G.: Was ich damit sagen will? Daß diese Marxismus-Diskussion bei uns gelegentlich auch etwas Sektiererhaftes hat. Das soll einfach heißen – was sich ja jeden Tag beweisen läßt –, daß die Vielzahl der Marxisten Marx so oder so interpretieren, aber nicht nur interpretieren, sondern auch Schlüsse daraus ziehen, die oft für Nichtgläubige der einen oder anderen marxistischen Richtung verhängnisvolle Folgen haben können. Und im übrigen haben wir das im Christentum genauso durchgemacht, da hat auch jeder seine eigene Bibel gelesen und die entsprechenden Schlüsse daraus gezogen. – Der Grundirrtum liegt meines Erachtens darin, aus Schriften, aus festgelegten Schriften, die aus ihrer Zeit heraus verständlich sind, die sicher auch noch Nachwirkung haben auf spätere Zeit, Glaubensartikel abzuleiten und sie der Wirklichkeit aufzupflanzen. Werden Verhaltensweisen aus einer Theorie abgeleitet in die Praxis, in die Wirklichkeit, dann kommt es zu diesen schrecklichen Übergriffen und Ausschließlichkeiten und alternativlosen Zuständen innerhalb einer Gesellschaft. Das ist das, was ich kritisiere und auch ablehne.

G. C.-K.: Ihre Handlungskriterien scheinen eine Summe aus der europäischen Tradition, viel aus der christlichen Ethik, aus der Aufklärung, auf die Sie sich immer wieder berufen...

G. G.: Ganz gewiß, ja, das ist bei mir ein europäisches Mixtum, eigentlich das alles, was aus dem christlichen Bereich herausgenommen ist, als auch alles durch die Erfahrung der europäischen Aufklärung gefiltert und versachlicht. Das ist nicht vom Glauben getragen, sondern von Einsicht, Skepsis, Zweifel...

G. C.-K.: Haben Sie nie versucht, daraus ein Lehrgebäude für sich selbst zu errichten?

G. G.: Ich bin kein Systematiker. Ich käme gar nicht auf

die Idee, aus Erfahrungen, die ich für beständig der Korrektur bedürftig erachte, ein System gewinnen zu wollen, das mich nur dann hinterher einengt und hindert, neue Erfahrung zu sammeln und mit neuer Erfahrung schon gewonnene in Frage zu stellen. – Das ist ja kein System, zum Beispiel im politischen Bereich ein Parteiergreifen, ein Parteiergreifen für Sozialismus plus Demokratie, weil ich die demokratische Form des Zusammenlebens von Menschen nicht nur für die narrensicherste halte, sondern auch für die humanste. Solche Demokratie sagt mir nichts, wenn sie sich nur formal versteht, dann bestimmte Freiheitsrechte garantiert, während soziale Ungerechtigkeit herrscht, also muß sie gleichzeitig eine soziale sein. Aber mir reicht auch umgekehrt eine soziale Welt nicht, die soziale Gerechtigkeit oder Gleichheit schafft, wenn es sich gleichzeitig um einen von oben nach unten verordneten Sozialismus wie im Kommunismus handelt, wo die demokratischen Grundrechte nicht garantiert sind. Das ist eine Entscheidung für eine Gesellschaftsform, nicht für ein System, denn die Sozialdemokratie ist in dem Moment überholt und erledigt, in dem sie zu einem System wird. Immer dort, wo sie sich systematisiert, wird sie aus sich heraus wieder systemüberwindende oder systemverändernde Reformen kreieren müssen, oder sie ist tot und dogmatisiert sich dann.

G. C.-K.: Also etwa die Erfüllung des Godesberger Programms...

G. G.: ...ist für mich kein Endziel...

G. C.-K.: ...fordert ein Weiterschreiben...

G. G.: Ja, nicht wahr, im Grunde können wir von unserem Grundgesetz ausgehen und das weiter verwandeln und neuen Gegebenheiten anpassen, die auf uns zukommen. Etwa der ganze Bereich Umweltschutz, das ist ein Problem, das vor zwanzig Jahren oder vor fünfzehn Jahren noch nicht so akut war. Vor zehn Jahren sah es schon anders aus.

G. C.-K.: Haben Sie konkrete Pläne in dieser Richtung? Sie empfehlen Herrn Walser, »das langsame Absterben des Bodensees« zu beschreiben...

G. G.: Tja, der kennt die Gegend! Ich finde das ein großes Thema! Wie sich überhaupt in der Literatur bei hoffentlich lang anhaltender Friedensperiode zum ersten Mal in Deutschland in diesem Jahrhundert Konflikte, auch literarisch zu bewältigende Konflikte, darbieten, die aus dem Frieden hervorgegangen sind, also eine ganz andere Problematik in sich haben und eine ganz andere Literatur kreieren werden.

G. C.-K.: Noch mal die Frage: Haben Sie konkrete Pläne, etwa zum Thema Umweltschutz?

G. G.: Nein, habe ich nicht.

G. C.-K.: Sie sprechen immer wieder vom Widerstand als Schaffensmotor, als Initialzündung. Nach welchen Kriterien geschieht dann die Auswahl dessen, was Sie weiterführt zur konkreten literarischen Betätigung?

G. G.: Das liegt wohl daran, daß ich zumeist über Dinge schreibe, im literarischen Bereich, über die ich mir nicht im klaren bin, die sich mir als ein Problem darstellen und über etwas, was im Verlauf des Schreibens geklärt wird. Und diesen Prozeß versuche ich erzählend zu vermitteln.

G. C.-K.: ...wobei die Identität mit dem, was an gesellschaftlichen Problemen zur Zeit da ist, wahrscheinlich aber nicht notwendig ist.

G. G.: Ich könnte mir eine Problematik, die mich betrifft, nicht vorstellen, die nicht gleichzeitig eine gesellschaftliche ist. Ich käme nicht auf die Idee – oder vielleicht habe ich diese Probleme nicht in dem Ausmaß, daß sie für mich romanfüllend wären –, etwas zum Mittelpunkt einer Erzählung oder eines Romans zu machen, was ausschließlich mich als Person betrifft. Selbst wenn es der Fall wäre, fände ich es nur der Darstellung wert und interessant, wenn es sich gleichzeitig als ein gesellschaftliches Problem darstellen ließe.

G. C.-K.: Welchen Unterschied sehen Sie in der Zielsetzung von literarischem und politischem Werk?

G. G.: Wissen Sie, ich bin bei der Arbeit an diesem Buch zum ersten Mal auf eine für mich akzeptable Formulierung des Schriftstellers gekommen. Ein Schriftsteller ist jemand, der gegen verstreichende Zeit schreibt; das reicht mir eigentlich als Erklärung. Wissen Sie, Politik, bei mir als Schriftsteller, ist der Versuch, demnächst verstreichende Zeit vorwegzunehmen, sie zu nützen oder zu prägen, bevor sie verstrichen ist.

G. C.-K.: Meines Erachtens besteht ein Unterschied im Ergebnis: Im literarischen Werk ist das Ergebnis oder der Endzustand resignativ, im Gegensatz dazu existiert eine progressive Zielrichtung in Ihren politischen Arbeiten.

G. G.: Ja, aber im politischen Bereich gibt es natürlich auch Resignation, einbezogen ins Kalkül, als etwas, das gegeben ist. Es wird erklärt, wie rasch Resignation entstehen kann, wenn der Ansatz ein zu begeisterter gewesen ist. Resignation ist natürlich in unserer Zeit etwas Angemessenes, denn ich habe auch in der politischen Arbeit Phasen von Resignation kennengelernt, die andauerten, die mich aber wohl bis jetzt nicht gehindert haben weiterzumachen, obgleich manchmal viele Argumente dagegensprachen weiterzumachen...

G. C.-K.: Etwa bei Bildung der Großen Koalition...

G. G.: Ja, ich wollte das nicht mal als eine Anfechtung hinstellen. Nicht, daß Resignation etwas Verbotenes ist oder etwas, das man verbieten sollte. Ich halte das für durchaus erlaubt, für angemessen. Wissen Sie, bei dieser Arbeit über die Utopie und über die Melancholie, in Wechselbeziehung zueinander gesetzt, bin ich zu dem Schluß gekommen, daß eigentlich nur jemand Fortschritt ermessen kann, der mehrmals aufgegeben hat und dann weitergemacht hat.

# Rede gegen die Gewöhnung

*in Athen*


Meine Damen und Herren,

die Gesellschaft für das Studium der Griechischen Probleme hat mich eingeladen, als Schriftsteller und Sozialdemokrat zu Ihnen zu sprechen. Ich danke für diese Einladung und werde zu Beginn andeuten, worüber ich sprechen möchte, aber nicht sprechen kann, worüber ich sprechen könnte, aber nicht sprechen will, was ich aussparen muß und mit Ihrem Einverständnis verschweige.

Wenn hier von Demokratie die Rede sein wird, weiß jeder griechische Demokrat, welche gemeint ist, wie sie verlorenging, wer sie, bevor sie verlorenging, zum Gespött gemacht hat und was der Verlust demokratischer Rechte bedeutet.

Sie sind vertraut mit der Geschichte Ihres Landes. Kein Gast muß Ihnen erläutern, wie sich die Diktatur ab August 1936 zu erneuern verstanden hat, welche Chargen heute begabt genug sind, um die Rolle Metaxas' zu spielen, und warum die Geschichte, sobald sie sich wiederholt, ihre Tragödien als Farce einstudiert.

Hier kann nicht die Rede sein von ökonomischen Hintergründen, denn Ihnen sind alle Interessengruppen bekannt, die sich in Griechenland während der dreißiger Jahre und während der sechziger Jahre gegen die Demokratie gestellt haben. Auch kann es nicht meine Aufgabe sein, mit jenen demokratischen Parteien ins Gericht zu gehen, deren Opportunismus oder ideologische Verblendung die Demokratie unglaubwürdig gemacht haben und die mitverantwortlich sind an ihrem Konkurs. Gleichfalls sinnlos wäre es, hier Namen und militärische Ränge aufzurufen, zumal solche Namen samt ihrem militärischen Rang austauschbar und nur Staffage eines in ganz Europa gefährlich latenten Willens sind: des Willens zur Restauration totalitärer Verhältnisse. Er hat sich am griechischen Beispiel geschult.

Ich möchte auch nicht in Parabeln flüchten oder mich gar historisch kostümieren. Deshalb nichts über Hölderlin und jünglinghafte Griechenlandbegeisterung, nichts über Lord Byron, kein Versuch, das Land der Griechen mit der Seele zu suchen. Nur so viel: Die Griechen und die Deutschen haben ein leidvolles, immer wieder gebrochenes, kein – wie in England – kontinuierlich gewachsenes, ein eher unglückliches Verhältnis zur Demokratie. Deshalb stünde es einem Deutschen schlecht an, Ihnen demokratische Lektionen erteilen zu wollen, zumal die Demokratie als bis heute zündender Gedanke in Griechenland ihren Ursprung gehabt hat. Hier wurde sie als Begriff geprägt. Hier ging sie unter und wurde sie ausgegraben. Hier hat sich bewiesen, welche Kraft von der Herrschaft des Volkes ausgehen kann. Und hier wurde bildhaft deutlich, wie gespreizt die totale Staatsmacht auftritt, nachdem sie das Volk entmündigt und ihm seine demokratischen Rechte genommen hat.

Griechenland ist Europa. Sobald die Freiheit in Griechenland verkümmert, wird Europa ärmer. Weil Ihnen die demokratischen Rechte genommen wurden, sind unsere bedroht. Nicht in ihrem Ursprungsland, woanders hat die Demokratie Schule gemacht; jetzt kommt ihr dankbarer Schüler mit leeren Händen und ist um Worte verlegen.

Nachdem ich angedeutet habe, was nicht ausgesprochen werden muß, möchte ich mich Ihnen vorstellen: 1927 in Danzig an der Ostsee geboren, war ich 1933 sechs, 1939 zwölf und im Mai 1945 siebzehn Jahre alt – also zu jung, um an den Verbrechen des Nationalsozialismus beteiligt gewesen zu sein, doch alt genug, um von ihm und seinen Folgen geprägt zu werden. Ohne Verdienst unbelastet, womöglich nur zufällig ohne Schuld, halte ich nichts von nachgeliefertem Antifaschismus; aber ich ehre den Widerstand, der das Risiko kennt und eingeht.

Während der ersten Nachkriegsjahre wuchs ich langsam und anfangs widerstrebend in jene mir unbekannte Gesellschaftsform hinein, die demokratisch genannt wird und – laut Verfassung – für demokratische Grundrechte bürgt. Neugierig erprobte ich meine Möglichkeiten, begriff ich Freiheit zuallererst in der Kunst und erschrak ich, als mir Gesellschaft und Abhängigkeit von ihr bewußt wurden.

Als 1949 zum erstenmal in zwei deutschen Staaten gewählt wurde, konnte sich nur die Bundesrepublik für freie und geheime Wahlen entscheiden, während in der Deutschen Demokratischen Republik die nationalsozialistische Praxis manipulierter Wahlen unter kommunistischem Vorzeichen fortgesetzt wurde. Ich entschied mich für den evolutionären demokratischen Sozialismus, ohne Mitglied der SPD zu werden. Nicht im revolutionären Umsturz, auf dem Reformweg sah ich Möglichkeiten, im Sinne der europäischen Aufklärung, verändernd zu wirken.

Es mag sein, daß ich als Schriftsteller meine Lehre aus dem Untergang der Weimarer Republik gezogen habe: Sie zerbrach nicht alleine am Machtwillen der Nationalsozialisten, am Opportunismus der Deutschnationalen, an der Unduldsamkeit der Kommunisten und an der Schwäche der demokratischen Parteien. Auch die Schriftsteller haben sich in der Mehrzahl nicht schützend vor sie gestellt, und nicht wenige unter ihnen haben sie mit Witz und Geist vorsätzlich zur Karikatur gemacht.

Diese Lehre galt es zu ziehen. Das Resultat war eindeutig: Einzig in der Sozialdemokratischen Partei ließ sich auch dort, wo sie schwach und hilflos reagiert hat, demokratisches Verhalten kontinuierlich nachweisen. Sie verhalf mir zu einem Begriff von Demokratie, der in seiner Nüchternheit gegen Begeisterung immun macht. Um es knapp zu sagen: Eine Demokratie ohne soziale Gerechtigkeit bleibt Formeldemokratie; ein Sozialismus ohne demokratische Grundrechte mündet, wie die Geschichte bewiesen hat, in die Diktatur der Einparteienherrschaft. Verketzert von den Kommunisten, verleumdet von den Konservativen in ihrem Bündnis mit der rechten Reaktion, so zwischen die ideologischen Blöcke geklemmt, muß sich der demokratische Sozialismus dennoch als bewegende Kraft beweisen, indem er für sein soziales Reformprogramm und um parlamentarische Mehrheit ringt. Dieser nunmehr hundertjährige Kampf wurde 1969 knapp, allzu knapp gewonnen. Jetzt wird sich beweisen, ob Demokratie und Sozialismus einander bedingen und nicht ausschließen, einander fördern und nicht hemmen, ob sie einander voraussetzen.

Zwar ist die Verfassung der Bundesrepublik Deutschland mit ihrem Versprechen, ein sozialer Rechtsstaat sein zu wollen, die beste Verfassung, die jemals in Deutschland zu Papier gebracht worden ist, aber Verfassungsnorm und Verfassungswirklichkeit decken sich nicht ausreichend. Der soziale Rechtsstaat blieb bisher Versprechen, sein Bildungssystem fördert zuallererst die Kinder der ohnehin Privilegierten, sein Steuersystem begünstigt die ohnehin Reichen, und die Gesellschaft, die ihn trägt, ist in ihrem vulgären Materialismus zu betont Leistungsgesellschaft, um den Kranken und Alten, um den Behinderten und Gescheiterten ausreichenden sozialen Schutz zu bieten. Kein Wunder also, wenn der Verfassungsartikel 14 mit seiner so eindeutigen wie vagen Sentenz – »Eigentum verpflichtet. Sein Gebrauch soll zugleich dem Wohle der Allgemeinheit dienen« – heutzutage als vorzügliches Instrument sozialdemokratischer Reformpolitik benutzt wird.

Ab Beginn der sechziger Jahre begann ich mich in politischer Kleinarbeit zu üben; denn die verstiegene Meinung, der Schriftsteller sei das Gewissen der Nation und dürfe sich nicht in die Niederungen der Politik herablassen, ist mir in ihrem elitären Anspruch zutiefst zuwider gewesen. Also reiste ich in die Provinzen. Also versuchte ich, den Sozialdemokraten im Wahlkampf zu helfen. Also ging ich ein Risiko ein; denn Politik ist gefräßig. Also spricht ein Schriftsteller und Bürger zu Ihnen. Jemand, der sich nicht mehr fragt, soll ich oder soll ich nicht. Jemand, dem der Schreibtisch nicht genug war, aber auch jemand, dem die Resignation nicht fremd, der im Scheitern geübt ist.

Alle Einwände gegen meine Doppeltätigkeit sind mir bekannt. Da heißt es: Der Schriftsteller habe Distanz zu wahren. Da heißt es: Die Tagespolitik mit ihrer saftlosen Zweitsprache verderbe den literarischen Stil. Da heißt es apodiktisch: Geist und Macht sind unversöhnlich.

Ich antworte: Ein Schriftsteller muß sich durch Wirklichkeiten, also auch durch politische Wirklichkeit in Frage stellen lassen; das kann nur geschehen, wenn er seine Distanz aufgibt. Ein literarischer Stil, der wie Zimmerlinden in geschlossenen Räumen und fürsorglich abgestützt Treibhauswachstum verspricht, wird zwar als Kunstsprache reinlich bleiben, doch die Wirklichkeit ist nicht rein. Und: das beliebte Gegensatzpaar – Geist und Macht – nenne ich fiktiv, denn die Macht kann geistreich sein, und der Geist kann sich als mächtig erweisen; auch hat sich der Geist oft genug opportunistisch der Macht verschrieben, und genausooft ist intelligente Politik ohnmächtig gescheitert.

Meine demokratischen Lehrjahre verliefen parallel zu einer weltpolitischen Entwicklung, die der Demokratie und ihrem Selbstbewußtsein abträglich war. Dem dogmatischen Stalinismus der fünfziger Jahre antwortete der Westen nicht etwa, indem er die soziale Demokratie in ihrer Stärke und Vielfalt als Alternative begriff, sondern mit gleich dogmatischem Antikommunismus. Fortan wurde nur noch schwarzweiß gewertet. Fortan wurde der politische Gegner wechselseitig als Feind verketzert. Fortan wurden demokratische Sozialisten blindlings der Moskau-Hörigkeit verdächtigt – oder andererseits als Agenten des Kapitalismus verfolgt und verurteilt.

Panische Angst vor dem Kommunismus hat die westlichen Demokratien um das Bewußtsein ihrer eigenen Stärke gebracht. Dieses mangelnde Selbstverständnis hat sie dazu verführt, sich um jeden Preis mit rechten Diktaturen gegen den Kommunismus zu verbünden. Wenn die NATO anfangs dem Warschauer Pakt mit der Devise gegenüberstand, sie wolle als militärisches Bündnis die westlichen Demokratien schützen, so spottete bald darauf politische Wirklichkeit diesem Versprechen. Portugal wird diktatorisch regiert und ist nicht der einzige NATO-Partner geblieben, der demokratisches Recht seinen Bürgern vorenthält.

Absurd geworden, wurde die demokratische Phrase der ersten NATO-Jahre langsam im Sicherheitsjargon eingebettet und schließlich begraben; doch selbst Militärexperten können in den NATO-Partnern Portugal, Griechenland und Türkei nur noch Sicherheitsfaktoren von zweifelhaftem Wert erkennen.

So erwies sich der ideologische Antikommunismus als Schwäche der Demokratie. Sein Konzept »Politik der Stärke« wirkte ins Gegenteil. Zwei Jahrzehnte lang versäumten die westlichen Demokratien – und mit ihnen die

Bundesrepublik Deutschland –, sich im Sinne sozialer Demokratie zu reformieren. Diese Epoche scheint ihrem Ende entgegenzugehen, auch wenn jene konstruktive Friedenspolitik, wie sie Willy Brandt als Bundeskanzler stellvertretend für viele Demokraten begonnen hat, nach wie vor von Rückschlägen bedroht ist.

Man ziehe Bilanz und vergleiche: Verunsichert und dennoch schier unbeweglich stehen sich der westliche Privatkapitalismus und der östliche Staatskapitalismus gegenüber. Beide Blöcke ächzen unter den wachsenden Militärausgaben und dem dadurch begründeten Unvermögen, hier wie dort die notwendigen inneren Reformen zu finanzieren. Einmal zur Formelhaftigkeit verurteilt, retten sie sich – nach Momenten der Unsicherheit – immer wieder in die Schwarzweißphrasen des Kalten Krieges. Zwar sind beide Blocksysteme ideologisch verunsichert, doch weil sie verunsichert sind, sind sie auch zu brutalem Handeln bereit.

Hierzu ein Beispiel: Ende der sechziger Jahre ereignete sich in beiden Blocksystemen Vergleichbares. Das NATO-Mitglied Griechenland ist seit dem 21. April 1967 keine Demokratie mehr; als Mitgliedsstaat des Warschauer Paktes wurde die Tschechoslowakei am 21. August 1968 von den Armeen fünf anderer Warschauer-Pakt-Staaten okkupiert.

In beiden Fällen handelten in erster Linie die Protagonisten des jeweiligen Blocksystems verantwortlich. Ohne das Einverständnis, ja, ohne den Beistand der Vereinigten Staaten von Amerika hätten die demokratischen Grundrechte in Griechenland nicht außer Kraft gesetzt werden können; ohne den imperialen Willen der Sowjetunion hätte der tschechoslowakische Versuch, einen menschlichen – und das heißt noch immer: einen demokratischen – Sozialismus zu verwirklichen, kein vorläufiges Ende gefunden.

Vergleichbar sind auch die Vorwände für diesen doppelten Rechtsbruch, für zweimal Willkür, für jeweils sanktionierten Terror. In Griechenland, so hieß es, müsse eine kommunistische Machtergreifung verhütet, in der Tschechoslowakei, so hieß es, müsse einem Putsch kapitalistisch-imperialistischer Kräfte vorgebeugt werden. Die Beschwörung des inneren Feindes besagte in technokratischer Übersetzung: Unsere vitalen Interessen sind bedroht.

Griechenland und die Tschechoslowakei wurden nicht mehr als Länder behandelt, in denen sich Menschen frei verwirklichen wollten, sondern (abstrakt und also inhuman) als bloße Sicherheitsfaktoren. Aus zweimal angeblich gefährdeter Sicherheit wurde hier ein Land um seine demokratische Verfassung gebracht, dort ein Land okkupiert und an seiner Selbstbestimmung gehindert.

Natürlich mußte ideologische Tünche die Brutalität beider Aktionen einfärben: Wenn sich einerseits die Ausverkäufer der demokratischen Grundrechte bei ihrem ersten Auftritt als Hüter von Ruhe und Ordnung vorstellten, so gefielen sich andererseits die Okkupanten als Beschützer des Volkes vor ideologischer Verführung, vor konterrevolutionären Umtrieben. Ob linker, ob rechter Totalitarismus sich ausspricht, die Sprache des politischen Verbrechens ist seit Stalin und Hitler international und allgemein verständlich geworden. Austauschbare Phrasen, die Stichworte »durchgreifen, säubern, umerziehen« kennzeichnen diesen Jargon.

Oft gefällt sich die staatliche Macht in betulicher, nahezu hausväterlicher Sprache. Was die amerikanische Regierung in Vietnam »Befriedung« nennt, heißt bei der okkupierenden Sowjetmacht »Normalisierung«. Schon sind die Normalisierer und Apostel der Napalm-Befriedung zu Opfern ihrer eigenen Propaganda geworden. Sie glauben tatsächlich, daß sie dort, wo sie nichts als Schrecken verbreiten, befrieden und normalisieren – wie etwa mittelalterliche Kreuzritter gewiß waren, das Christentum als Lehre der Nächstenliebe zu verbreiten, indem sie den Terror zur Methode entwickelten.

Vor Jahrhunderten wie heute: Verschleiernde Sprache trägt dazu bei, politische Verbrechen nach einiger Zeit gewöhnlich erscheinen zu lassen. Eine Rechnung, die Mal um Mal stimmig ist. Denn jene, die den Anschlag auf die demokratischen Grundrechte vorbereitet und ausgeführt haben, waren sich, als sie ihren Plan machten, in der Gewißheit sicher: Die Zeit wird für uns arbeiten. Nach erster Empörung und nach lauten Protesten wird sich Gewöhnung breitmachen.

Machen wir uns nichts vor: Die politischen Verbrecher von gestern sind heute, dank der Gewöhnung an ihre Verbrechen, schon wieder gesellschaftsfähig.

Auch hierzu ein Beispiel, das nicht gesucht werden mußte. Drei Jahre nach Hitlers Machtergreifung versammelten sich in Berlin Könige und Premierminister, tadellose Demokraten und stäubchenfreie Ehrenmänner. Mit den Olympischen Spielen feierten sie gewollt wie ungewollt die Gesellschaftsfähigkeit Hitlers und seiner NS-Diktatur. Ungerührt nahmen sie hin, daß parallel zu den olympischen Wettkämpfen in wortwörtlich umliegenden Konzentrationslagern gefoltert und gemordet wurde. Der Jubel über olympische Rekorde und jugendliche Leistungsschau überdeckte häßliche Nebengeräusche. Nachdem man sich einmal an den alltäglich gewordenen Terror gewöhnt hatte, begann man mit ihm nachbarschaftlich umzugehen.

Offenbar kennt der Zynismus politischer Macht keine Grenzen. Das technische Zeitalter verbreitet ihn ungeschminkt. Smart lächelnd tobt er sich auf Fernsehschirmen aus.

Auch hierzu ein Beispiel, das nicht gesucht werden mußte.

Während sich der amerikanische Präsident, Richard Nixon, und der Ministerpräsident der Volksrepublik China, Tschou En-lai, mit artigen Trinksprüchen bedienten, während das chinesische Ballett vor dankbarem Publikum revolutionäre Sprünge machte und während Frau Nixon chinesische Schulkinder niedlich fand und ihnen gratis die Grüße amerikanischer Schulkinder übermittelte, fielen in Nordvietnam gezielt und wie alltäglich Bomben im Reihenwurf, starben Frauen und Kinder.

Ihnen, meine Damen und Herren, ist der Zynismus politischer Macht schmerzlich bekannt. Nicht nur die westlichen Demokratien, auch die kommunistisch regierten Volksrepubliken sind offen oder versteckt – und manchmal ein wenig geniert – um zumindest gute Handelsbeziehungen mit der Regierung Ihres Landes bemüht. Schon reisen aus Ost und West Staatsmänner an. Man gibt sich ideologisch neutral. Ohne mit der Zunge zu stolpern, spricht man von friedlicher Koexistenz. Man liefert Waffen und mit den Waffen die fürsorgliche Begründung, es seien diese gelieferten Waffen für einen Bürgerkrieg ungeeignet, also – glaubt es doch, Leute! – nicht gegen das Volk gerichtet. Ich will Ihnen keine falsche Hoffnung machen. Wer gelernt hat, daß moralische Appelle zumeist jenen helfen, die sie wohlformuliert aussprechen, wer keinen neuen, blitzblanken Glauben zu verkünden weiß, der kann und darf nur Skepsis bieten.

Allenfalls so viel läßt sich sagen: Zwar kann das Recht gebeugt werden, aber es bleibt als gebeugtes Recht kenntlich. Zwar war es möglich, den demokratischen Sozialismus gewaltsam zu verhindern, aber seitdem ihn Gewalt gezeichnet hat, prägt er sich ein: unverwechselbar. Zwar sitzen die Mächtigen sicher in ihren Bastionen, aber sie können sie ohne Furcht nicht verlassen. Zwar ist die Staatsmacht allgegenwärtig, aber weil sie es sein muß, ist sie auch überanstrengt.

Kürzlich hatte ich einen Traum. Ich sah die geblähte Staatsmacht hier wie dort auftreten; ich sah, wie das entrechtete Volk dem zuschaute. Ich sah, wie die Staatsmacht bemüht war, bieder zu wirken, und wie solche Anstrengung sie mehr und mehr lächerlich werden ließ. Und weil die totale Staatsmacht merkte, daß sie in ihrer Anstrengung, bieder zu wirken, immer lächerlicher wurde, wurde sie böse und verfärbte sich: eine zusätzliche Anstrengung, die sie noch lächerlicher machte. Und weil das Volk in seinem rechtlosen Zustand dieser progressiven Lächerlichkeit zuschaute und weil dem Volk nichts anderes blieb, sich dieser Lächerlichkeit zu erwehren, brach hier wie dort, brach überall dort, wo die Staatsmacht vorgibt, bieder zu sein, ein großes, ein Völker mitreißendes, brach homerisches Gelächter aus.

Bald werde ich zurückfahren und in ein Land kommen, dessen Bürger sich ihrer demokratischen Rechte oft nicht bewußt sind und denen Freiheit Überdruß bereitet. Ich werde von Ihrem Mut berichten, von Ihrem zähen Beharren, von Ihrem ungebrochenen Widerstand – und auch von Ihrer Einsamkeit.

Doch bevor ich gehe, will ich an dieser Stelle Giorgios Mangakis und Babis Protopappas grüßen. Beide grüße ich stellvertretend für viele, beide, weil sie mit vielen in doppelter Unfreiheit leben. Meine Grüße sind gleichzeitig ein Versprechen: Ich werde nicht vergessen, ich werde mich nicht gewöhnen.

# Die Meinungsfreiheit des Künstlers in unserer Gesellschaft

*Rede vor dem Europarat-Symposium in Florenz*


Meine Damen und Herren,

der Europarat und sein Komitee für Kultur und Erziehung veranstalten ein Symposium, das sich das weitläufige und zu Gratisappellen verführende Thema der Meinungsfreiheit, desgleichen die Situation des Künstlers in unserer Gesellschaft zum Diskussionsgegenstand gewählt hat. Ich danke für Ihre Einladung. Sie werden zu Recht erwarten, meine Privatmeinung zu erfahren; doch so persönlich mich das von Ihnen gegebene Thema anspricht, ich werde nicht umhin kommen, stellvertretend auch für jene Künstler – sei es in Griechenland, sei es in der Tschechoslowakei – zu sprechen, denen die Freiheit der Meinung verwehrt oder bis zur Zellengröße beschränkt worden ist und deren kühle Skepsis ich zu spüren meine, sobald hier in angenehmer Konferenzatmosphäre von allseits bekannten Tatsachen die Rede sein muß.

Weil die mir gestellte Aufgabe zuallererst eine politische ist und weil sich die Künstler in allen Staaten Europas – ob sie es wollen oder nicht – in politische Zusammenhänge mit Abhängigkeiten gestellt sehen, will ich Ihnen zu Beginn meinen politischen Standort beschreiben, der nicht ideologisch fixiert ist.

Nach Ende des Zweiten Weltkrieges, also behaftet mit den schuldhaften Folgen deutscher Politik, habe ich im Verlauf meiner Arbeit als Schriftsteller erkennen müssen, daß die angeblich freischaffende Position des Künstlers Fiktion ist, ja, daß der Künstler, gleich welcher Disziplin er folgt, im gleichen Maße wie er – und sei es auch nur am Rande – die Gesellschaft prägt und seiner Zeit Ausdruck gibt, gleichwohl Produkt der Gesellschaft und Kind seiner Zeit ist: verwöhntes Kind, Stiefkind, hier uneheliches, dort von Staats wegen adoptiertes Kind. So war es für mich selbstverständlich, neben der Arbeit am Schreibtisch auch jenen Teil politischer Arbeit zu leisten, zu der ich mich als Bürger verpflichtet sah.

Der Künstler als Bürger? Ein Widerspruch in sich? Ist die Rolle des Künstlers, antibürgerlich zu sein, ideologisch fixiert? Oder kann eine gesellschaftspolitische Zielsetzung, die den Bürger als mündig erklärt – und die auch meine Zielsetzung ist –, den Künstler ausschließen, ihm also aus Gründen der Toleranz ein Freigehege einräumen, in dem das Geniegehabe des neunzehnten Jahrhunderts – damit der Bürger auf seinen Schreck nicht verzichten muß – zur Schau gestellt wird?

Ich sagte vorhin, daß ich als Schriftsteller gleichwohl Bürger bin. Deshalb beschränkte sich meine politische Arbeit nicht auf das wohlfeile Verfassen und Unterschreiben von Resolutionen, sondern rieb sich, oft bis zum Verschleiß, am politischen Alltag und seinen Wechselfällen. Von keinerlei Glauben geschlagen, also auch ohne Heilslehre auf der Zunge, entschied ich mich nach nüchterner Prüfung der Alternativen, die Sozialdemokratische Partei zu unterstützen. Demnach entschied ich mich für den langsamen, parlamentarischen Weg, für das unveräußerliche Recht auf Opposition und handelte aus der Erkenntnis, daß es nicht nur eine Wahrheit und eine Wirklichkeit gibt, daß vielmehr mehrere, demnach relative Wahrheiten und Wirklichkeiten miteinander wettstreiten und sich tolerieren müssen.

Solch liberale Einsicht schloß nicht aus, daß sich im Verlauf langjähriger politischer Nebenarbeit die Einsicht festigte, es könne, mit Vorrang, der demokratische Sozialismus in der Lage sein, dem Menschen jenes Mehr an sozialer Gerechtigkeit und jene gesetzliche Garantie freier und chancengleicher Entwicklung zu erkämpfen, das ihm bislang von den vorherrschenden Systemen, von privatkapitalistischen westlicher Prägung und staatskapitalistischen kommunistischer Prägung, vorenthalten worden ist.

Deshalb sei einleitend gesagt: Die Freiheit der Künste ist nur dort möglich, wo die sozialen und individuellen Menschenrechte geachtet werden; überall dort, wo eine relative Freiheit der Kunst oder ein privilegierter Status der Künstler erkauft werden, indem sich die Künstler den gesellschaftlichen Zuständen, die in der Regel latente Mißstände sind, entheben, isolieren sie sich als Elite, begnügen sie sich mit einer Spielwiesenfreiheit, schmückt ihre Kunst, blendend und kaschierend, unfrei machende Verhältnisse, ist der Künstler die Hure wechselnder Mächte.

Sie werden bemerkt haben, daß ich, obgleich mit dem Genuß begünstigt, hier freie Aussprache üben zu können, nicht vorhabe, das klischierte Bild vom »freien Westen« mit Ornamenten zu rahmen. Die Verhältnisse in Westeuropa erlauben es nicht, mit nacktem Finger auf die Unfreiheit und Reglementierung der Künste und Künstler in den kommunistischen Staaten ohne Rückverweis zu deuten. In Spanien, Portugal und Griechenland herrscht die Diktatur. In den genannten Ländern ist die Folterung politischer Gefangener tägliche Praxis. Doch auch in westlichen Staaten, deren Verfassungen die Freiheit der Meinung garantieren, widerspricht die Verfassungswirklichkeit. In Frankreich und Italien wird das Fernsehen vom Staat kontrolliert, in der Bundesrepublik Deutschland beherrscht der Springer-Konzern nach wie vor den Zeitungsmarkt. Hinzu kommt, daß die Macht der Wirtschaft in allen europäischen demokratischen Staaten in der Lage ist, durch Inseratenvergabe und Inseratenstop sogenannte unabhängige Zeitungen einseitig zu beeinflussen. Die Konzentration des Kapitals und die Monopolstellung von Großkonzernen beweisen zunehmend, weil ausreichender demokratischer Kontrolle enthoben, die Ohnmacht der frei gewählten Parlamente.

Diese von mir nur skizzierte relative Freiheit oder auch Unfreiheit mag zwar in den demokratisch regierten Ländern erträglich sein, doch gewiß erlaubt sie nicht, selbstherrlich und im Gegensatz zur offensichtlichen Unfreiheit im Osten von westlicher Meinungsfreiheit zu sprechen. Denn was in den Ostblockstaaten tägliche Praxis ist, die parteilinienfromme Reglementierung der Kunst und die stupide Bevormundung der Künstler aus Funktionärssicht, ist im Westen zumindest latente Gefahr. Hinzu kommt, daß sich im Verlauf der Entspannungspolitik die Koexistenz der Ideologien und Machtgefüge, rascher und folgenreicher als in jedem anderen Bereich, im wirtschaftspolitischen Interessenfeld vollziehen wird. Mit anderen Worten: Der westliche Privatkapitalismus wird mit dem kommunistischen Staatskapitalismus schneller ins Geschäft kommen, als sich in Helsinki das Thema »Freier Austausch von Informationen« in Arbeitsgruppen zerreden läßt. Ja, um das große Ost-West-Geschäft nicht zu gefährden, wird man in Sachen »Meinungsfreiheit« geneigt sein, fünfe grade sein zu lassen. Ein in allen ost- wie westeuropäischen Gremien sitzender Metternich könnte eine gesamteuropäische Entwicklung fördern wollen, deren Tendenz ordnungsstaatlich, deren Praxis – weil in Entspannungszeiten Ruhe herrschen muß – polizeistaatlich wäre.

Das reglementierende Handwerkszeug liegt bereit. Merkwürdig und nicht frei von Komik ist für mich die überprüfbare Tatsache, daß immer dann, wenn das Wort

»Humanismus« gebraucht und mißbraucht wird, in Ost und West ideologische Indoktrination der Kunst und den Künstlern den Anspruch auf Vielfalt und den Hang zum Widerspruch austreiben möchte. Ob wieder einmal die Grundwerte des christlichen Abendlandes oder die reine Lehre des Kommunismus gegen zersetzende Elemente – Dekadenz und Nihilismus – verteidigt werden müssen, ob in der Sowjetunion Solschenizyn gemaßregelt oder in Frankreich den Künstlern und Künsten Subventionen nur noch unter Bedingungen zuteil werden sollen: Das Wort Humanismus muß stramm stehen und mit scheußlichem Widersinn Intoleranz praktizieren.

Wenn Humus, human und Humor den gleichen Wortstamm haben und auf belebender Feuchtigkeit bestehen, so lehrt die politische Anwendung jener bis heute gültigen Forderung der europäischen Renaissance, daß immer dann vom Humanismus die Rede ist, wenn die administrative Humorlosigkeit ihre trockenen Erlasse in Sandboden pflanzt. Nicht nur die Künstler in den Ostblockstaaten, auch wir im Westen haben Grund, zu erschrecken oder spottgewürzten Einspruch zu erheben, wenn mit dem Begriff »Humanismus« Schindluder getrieben wird, sei es auch nur mit der pompösen, die Kunst und die Künstler belehrenden Behauptung des französischen Kulturministers: Herr Pompidou sei ein wahrer Humanist.

Doch weil diese grandios-törichte Belehrung nicht etwa von einem Minister üblicher Machart neben anderen reglementierenden Äußerungen getan worden ist, vielmehr ein gefeierter Schriftsteller in seiner neuerlichen Funktion als Minister, demnach der Künstler der Kunst und den Künstlern seine Intoleranz einpauken möchte, wird hier zu untersuchen sein, ob die Gefährdung der Meinungsfreiheit a) nur von Staats wegen, b) aus bloßem Wirtschaftsinteresse, c) aus klerikaler oder parteilicher Engstirnigkeit gefördert wird oder ob Intoleranz auch von Künstlern und im Interesse ausschließlicher Kunstideologie betrieben wird.

Mein französisches Beispiel macht deutlich, daß ich der schön übersichtlichen Lehrtafel, welche besagen will, daß sich die freiheitsliebenden Künstler, geeint in harmonischer Toleranz, den bösen und freiheitsbeschränkenden Mächten des Staates, der Wirtschaft etc. säuberlich getrennt gegenübersehen, keinen Glauben schenke.

Als George Orwell desillusioniert aus dem Spanischen Bürgerkrieg nach England heimkehrte, ignorierten und boykottierten ihn viele Schriftsteller und auch sein Verleger. Die infamsten Angriffe auf Alexander Solschenizyn haben sowjetische Schriftsteller betrieben. Der Lyriker und Sänger Wolf Biermann wird in der DDR von opportunistischen Literaturgrößen – ob sie Kant oder Hacks heißen – wie die Pest gemieden. In seinem Buch ›Der neue Staat und die Intellektuellen‹ hat Gottfried Benn ein für allemal bewiesen, daß auch der Faschismus seinen intellektuellen Ausdruck zu finden imstande ist; und selbst das Ressentiment eines Joseph Goebbels der Kultur und den Intellektuellen gegenüber schlug sich in Artikeln nieder, die des Autors intellektuelle Befähigung nicht zu verdecken vermochten. Ganze Kunstrichtungen, wie etwa der italienische Futurismus, waren, dank ihrer Intoleranz, nicht nur Mitläufer, sondern auch Wegbereiter totalitärer Ideen.

Mit anderen Worten: Der allbeliebte Gegensatz zwischen Geist und Macht ist nicht stichhaltig. Oft genug haben sich der Geist und seine Vertreter mächtig genug erwiesen, die Freiheit der Meinung im Bereich der Künste selbsttätig zu beschneiden und im Bereich der Politik abermals einengend behilflich zu sein. Und konträr gefolgert: Oft genug haben Politiker demokratischer Gesinnung den intolerant verfeindeten Künstlern und Erbpächtern des Geistes Toleranz gebieten und Respekt vor der Freiheit der Meinung abfordern müssen.

Um den Wirrwarr anzureichern: Die europäische Aufklärung, sie, die im achtzehnten Jahrhundert jene Ideen geboren hat, die uns bis heutzutage als Ideologien fordern, den Sozialismus, den Liberalismus, wohl auch den Kapitalismus, hat gleichzeitig den Begriff der Toleranz geformt und dennoch von Anbeginn im Widerstreit ihrer Ideen Intoleranz bewiesen. Wer bereit ist, Michel de Montaigne als Stammvater der europäischen Aufklärung zu akzeptieren, den mag es zwar heute belustigen, wie aberwitzig ihn seine Kinder als Reaktionär beschimpft oder als Fortschrittsapostel in stramme Linie gebracht haben; doch nicht zu verkennen ist, daß die Doppelgeburt von Toleranz und Intoleranz zur Frühzeit der europäischen Aufklärung ihren Widerspruch bis heutzutage austrägt: immer im aufklärenden Jargon, manchmal mit mörderischem Ausgang. Ob zur Zeit der Französischen Revolution die Guillotine dem Fortschritt und der revolutionären Tugend zu dienen hatte oder ob heute, nachdem sich die Methode stalinistischer Säuberungsprozesse abgenutzt hat, mißliebige Künstler und Wissenschaftler in geschlossene psychiatrische Anstalten überwiesen werden, immer war und ist es die freiheitsbeschwörende Sprache der Aufklärung, die im Namen abstrakter Freiheit die täglich notwendigen Menschenrechte beschneidet und auf dem Weg zur großen Gerechtigkeit Unrecht pflanzt, fortsetzt und wiederholt.

Dieses alles sei ohne Häme und nur zur Ernüchterung gesagt. Denn nirgendwo steht geschrieben und keine Wissenschaft hat bewiesen, daß Künstler oder auch Intellektuelle bessere oder gar tolerantere Menschen sind als andere, nur praktisch begabte Bürger.

Anders gefolgert: Sollte nach Illustriertenberichten erwiesen sein, daß der Maler Picasso ein miserabler und hartherziger Vater gewesen ist, verlieren dadurch seine Kinderbildnisse nicht an Ausdruck; wie ja auch der miserable Kunstverstand des Angestellten Meier oder Dupont kein Hindernis sein muß für pädagogische Toleranz, ja, altmodisch gesprochen, für warmherziges Verhalten seinen Kindern gegenüber.

Man lese nur Streitschriften, Ausstellungskataloge und deren Vorworte, die die Richtungskämpfe der Künstler gegeneinander in ideologisches Kauderwelsch ummünzen, und vergleiche sie mit den indoktrinierenden Broschüren alleinherrschender Parteien oder auch mit der Traktatliteratur alleinseligmachender Kirchen, und schon hat die Intoleranz zwar nicht ihr Esperanto aber, den harten und unduldsamen Duktus betreffend, doch wohl ihre angenäherte Sprache gefunden.

Für die Meinungsfreiheit sprechen – und das tue ich hier – heißt: für die Vielfalt plädieren, heißt: den verzweifelt blasphemischen Ausbruch schützen, heißt: den allzeit blühenden Kitsch erdulden, heißt: dem notwendigerweise zersetzenden Zweifel überall und auch dort, wo der Glaube gewohnt ist, als geschlossene Gesellschaft aufzutreten, jederzeit Eintritt zu gewähren, heißt jene Widersprüche auszuhalten, die den Menschen und die menschliche Gesellschaft kennzeichnen.

Doch da ich hier nicht vor einer unverbindlich wohlwollenden Akademie, sondern vor Vertretern des Europarates, also vor westeuropäischen Parlamentariern spreche, die politische Verantwortung tragen, will ich mit meinem Plädoyer für die Freiheit der Meinung nicht Ihr Kopfnicken, sondern gegebenenfalls Ihren Widerspruch hervorrufen. Und weil ich nicht vor Künstlern über die Künste und deren Freiheit, also auch nicht ausschließlich über die Intoleranz der Künstler im Verhältnis zueinander referiere, muß jetzt wieder von politischer Macht und ihrem

Mißbrauch die Rede sein, weshalb ich mich, um nicht im allgemeinen Mißbrauch der Macht zu ertrinken, auf die Verhältnisse in einem westeuropäischen und in einem osteuropäischen Land konzentriere.

Ich spreche von der Unterdrückung der Meinungsfreiheit im Machtbereich der griechischen Militärdiktatur und vom Joch der neustalinistischen Unterdrückung in der Tschechoslowakei nach der Intervention der fünf Warschauer-Pakt-Mächte.

Ihnen ist bekannt, daß in Griechenland wie in der Tschechoslowakei neben vielen anderen Bürgern eine Reihe von Künstlern, Schriftstellern, Journalisten und Wissenschaftlern eingekerkert, den übelsten Verhörmethoden in der Tschechoslowakei und der Folter in Griechenland ausgesetzt sind. Sie wissen, daß Hunderte von Künstlern und Wissenschaftlern in der Tschechoslowakei ohne materielle Existenzgrundlage zu leben versuchen. Ihnen konnte nicht unbekannt bleiben, welchem nichtswürdigen Druck die Studenten in Saloniki und Athen ausgesetzt wurden.

Stalinistischer und faschistischer Terror sind in der Methode austauschbar; keine ideologische Zielsetzung, kein pragmatisches Interesse – sei es der NATO, sei es des Warschauer Paktes oder gar das wirtschaftliche Interesse privat- wie staatskapitalistischer Großkonzerne – können dieses alltägliche Doppelverbrechen relativieren oder mit dem Hinweis auf realpolitische Gegebenheiten entschuldigen. Mit den Fällen Griechenland und Tschechoslowakei liegen die schmutzigen Kehrseiten beider Blocksysteme auf dem Tisch.

Mir kommt es nicht darauf an, Altbekanntes zu wiederholen und wohlfeil-rhetorisch Freiheit für Griechenland, Freiheit für die Tschechoslowakei zu fordern. Vielmehr ersuche ich Sie, im Europarat, aber auch auf der Konferenz in Helsinki, jener in Griechenland und in der Tschechoslowakei herrschenden Zustände mit politischer Tatkraft zu gedenken.

So beschämend der Ausbruch des Neustalinismus in der Tschechoslowakei für den Ostblock ist, der Fortbestand der Militärdiktatur in Griechenland bedeutet westeuropäische Verantwortung. Die politischen Gefangenen in beiden Blocksystemen lassen sich nicht aufrechnen. Das Sicherheitsbedürfnis beider Blocksysteme vermag keine Rückfälle in stalinistische, in faschistische Barbarei zu entschuldigen. Toleranz darf nicht zur zynischen Übung werden, indem die ideologischen Blöcke aus vordergründigem Interesse das Unrecht im jeweils anderen Block tolerieren und solch komplizenhafte Duldsamkeit, weil eine sprichwörtliche Krähe der anderen kein Auge aushackt, womöglich als Erfolg der Entspannungspolitik feiern. Unrecht und Unfreiheit in den Ostblockstaaten sind kein Alibi für das Verhalten der westeuropäischen Demokratien der griechischen Militärdiktatur gegenüber.

Indem ich die Gelegenheit meiner Rede nutze, sei gesagt: Solange Sie nicht unüberhörbar und immer wieder – es zu Hause als Parlamentarier, sei es im Europarat – die Wiederherstellung der Demokratie in Griechenland fordern, hat Westeuropa nur halbwegs Anlaß, in Helsinki demokratische Töne zu spucken.

Hier spricht jemand zu Ihnen, der den Kalten Krieg, seine Freund-Feind-Ideologie und deren militärische Konsequenzen immer verurteilt hat und der behilflich gewesen ist, als es darum ging, die Sicherung des Friedens auf dem Weg der Entspannungspolitik zu erreichen.

Dieser Weg ist gegen Widerstände vorerst erfolgreich beschritten worden. Verträge liegen zugrunde. Jene noch gestern besetzten Grabenstellungen sind, wenn noch nicht zugeschüttet, dann immerhin verkrautet, weil unnütz geworden. Beide Blocksysteme haben ideologische Federn gelassen. Noch traut man der neuen Übung nicht. Verunsichert, weil des Feindbildes beraubt, stehen sich Ost und West bis an die Zähne bewaffnet gegenüber und müssen Entspannung säuseln, wo sie nach altem Brauch nach wie vor kraftmeiern möchten. Also klammert man Gegensätze aus. Also sucht man den gemeinsamen Nenner, vergleicht man das gemeinsame Interesse, kommt man überein, wo gemeinsam der Schuh drückt, ja, beginnt man, gemeinsame Front zu machen gegen all jene, die der neuen, nur oberflächlichen und deshalb in Praxis nivellierenden Übereinkunft skeptisch und mit Kritik begegnen. Zum Beispiel: Verblüfft stellen die hartgesottenen Pragmatiker und Technokraten zweier ideologisch gegensätzlich organisierter Leistungsgesellschaften fest, daß in beiden Systemen das hehre Prinzip Leistung nicht mehr tabu ist, sondern besonders von jungen Menschen grundsätzlich in Frage gestellt wird – sei es kokett aus Überdruß, sei es aus vorsorgender politischer Überlegung, sei es mit ethischem Anspruch.

Da wagt es, entgegengesetzt der privatkapitalistischen wie der staatskapitalistischen Katechismuslehre, eine in Friedenszeiten herangewachsene Generation, am Leistungsprinzip zu rütteln. Eine Generation meldet sich also, die, wie es heranwachsende Generationen an sich haben, noch nichts geleistet hat, unverschämterweise schuldlos ist, weil sie sich noch nichts geleistet hat.

So viel Unschuld kränkt. Wehleidig, weil betroffen, beginnen sich die kapitalistischen und kommunistischen Väter die Schulter zu klopfen. Es steht zu befürchten, daß sich dieselben staatserhaltenden Kräfte in beiden Blocksystemen, die ihre wechselseitige Feindschaft gestern noch bis zum Exzeß betrieben haben, heute schon einig sind, daß es primäre Aufgabe der Entspannungspolitik sein muß, das Leistungsprinzip hochzuhalten, notfalls mit drastischen Mitteln.

Und ein zweites Beispiel für jene mögliche Fehlentwicklung der Entspannungspolitik, die ihre Ursache in der Übereinkunft der prinzipiell autoritären und zur Intoleranz neigenden Kräfte haben könnte: Da gibt es in beiden Blocksystemen Künstler, Intellektuelle und Wissenschaftler, die in den fünfziger und sechziger Jahren Prügel nach ideologisch unterschiedlichen Prinzipien bezogen haben, weil sie den Kalten Krieg nicht mitmachen und der Koexistenz der Systeme eine Chance erkämpfen wollten. Doch nun, seitdem diese Vorreiter der Entspannungspolitik meinen, ihren Anteil geleistet und sich ein Recht auf unbehinderte Begegnung der Künstler, auf den freien Austausch von Information und Erfahrung verdient zu haben – denn schließlich ist der Kalte Krieg beendet, die unversöhnlichen Feinde haben sich zu respektierbaren Gegnern gemausert –, nun, sage ich, seitdem sich westliche Privatkapitalisten und kommunistische Staatskapitalisten Geschäfte schließend in den Armen liegen, zeichnet sich ernüchternd ab, daß die Entspannungspolitik zuallererst großwirtschaftliches Format gewinnt und auf die Kulturpolitik einen entsprechenden Schatten wirft.

Wann werden, so fragen sich kopfschüttelnd und nicht ohne drohenden Unterton die Auswärtigen Ämter beider Blocksysteme, diese Solschenizyns und Bölls endlich einsehen, daß die vitalen Interessen der entspannungsfreundlichen Blocksysteme erstens, zweitens und drittens wirtschaftlicher Art sind, ja, daß es müßig und entspannungsfeindlich ist, permanent und lästig auf die leider notwendigen Folgen der Normalisierung in der Tschechoslowakei, auf die aus Sicherheitsgründen zu tolerierende Militärdiktatur in Griechenland anklagend hinzuweisen?

Ziemlich undemokratisch sei es, so wird beteuert, die

Bedürfnisse der werktätigen Bevölkerung in beiden Blocksystemen nach gesicherten Arbeitsplätzen, nach gesteigertem Konsumgüteraustausch, nach friedfertiger Problemlosigkeit unbeachtet zu lassen oder gar dem Bedürfnis einer exaltierten Minderheit zu opfern, die immer noch meint, die Freiheit der Meinung sei das A und O und kenne keine Grenzen.

Habe ich übertrieben? Ich glaube nicht oder allenfalls nicht genug. Mir kam es darauf an, die Wunden Prag und Athen offen zu halten. Aufgabe der Politiker muß es sein, die hier geäußerten und begründeten Befürchtungen zu entkräften.

Ich danke für Ihre Aufmerksamkeit.

# Der lesende Arbeiter

*Rede zum fünfzigjährigen Bestehen der Büchergilde Gutenberg in Frankfurt am Main*

Meine Damen und Herren,

ich habe meine bündige Rede unter die Überschrift ›Der lesende Arbeiter‹ gestellt. So könnte eine Skulptur heißen, deren Bildhauer Barlachs Erbe in den sozialistischen Realismus eingebracht hat. Etwas Denkmalhaftes gibt meinem Titel Gewicht, als müsse er, der lesende Arbeiter, beschworen werden: ein Phantom und Wunschkind. Gutbürgerliche Bildungsbeflissenheit hat ihn zum Götzen gemacht. Deshalb will ich zu Anfang das im Titel beschworene Denkmal abtragen und einen sachlichen Bezug zum feierlichen Anlaß und zu meinem Thema herstellen.

Als vielgereister Autor in Sachen Politik habe ich während der zurückliegenden Jahre eine Vielzahl Betriebe besichtigt, anschließend mit Betriebsräten diskutiert, auch Wochenendseminare in den gewerkschaftlichen Bildungsstätten veranstaltet. Wie nach sonst üblichen Lesungen vor üblichem Bildungsbürgertum kamen auch in Betriebskantinen zwar keine höheren Töchter und Studienräte, wohl aber Arbeitnehmer und Gewerkschafter mit einem Buch und wollten es signiert haben. Der gewohnte Vorgang, und doch galt es, einen bemerkenswerten Unterschied zu notieren: Während nach Leseveranstaltungen, wie sie landauf landab die Kulturprogramme bereichern, Originalausgaben und Taschenbücher zur Signatur vorgelegt wurden, signierte ich in Betrieben und Gewerkschaftsschulen zumeist Buchexemplare, die von der Büchergilde

Gutenberg verlegt worden sind. Was kaum bekannt und doch Tatsache ist: Sie, die ehrwürdige Büchergilde, sie, die heute aus rundem Anlaß gefeiert wird, hat es immerhin geschafft, Arbeiter und Angestellte zu erreichen. Ihr dankt der Autor; denn ohne die Büchergilde wäre es für ihn noch schwieriger, mit seinen Produkten die Arbeiter als Leser zu gewinnen.

Der lesende noch nicht lesende Arbeiter: ein literarisches Streichelkind? Muß er gewonnen umworben werden? Es gibt doch Buchhandlungen! Was, zum Teufel, könnte man unwirsch fragen, hindert die Arbeiter, in Buchhandlungen zu gehen und sich dem beratenden Wissen allseits gebildeter Jungbuchhändlerinnen anzuvertrauen?

Ich kann es mir nicht verbeißen, den barschen Schluß zu ziehen, daß es genau dieser Buchhandel und die bemühten Jungbuchhändlerinnen sind, die gegen ihren Willen eine Barriere aufbauen, die den Arbeiter schwellenscheu werden ließen – er traut sich nicht, immer noch nicht.

Natürlich sind an diesem Mißstand nicht der einzelne Buchhändler, die bemühte Buchhändlerin schuld; das gesamte Gewerbe – Buchhandel, Verlage, Börsenverein, Buchmesse – ist nach wie vor schier hoffnungslos verkrustet, auch wenn eine Vielzahl sogenannter linker Buchhändler, gestützt auf Verlagsangebote, heute nicht mehr zuallererst Carossa, sondern das ›Kursbuch‹ empfehlen.

Um noch genauer zu verallgemeinern: Wie viele Institutionen sich auch im Verlauf der letzten Jahre – angestoßen durch den Studentenprotest, bedrängt von verändertem Wählerverhalten – gewandelt haben mögen, der bundesdeutsche Buchhandel ist sich und seiner Kundschaft geradezu unbeirrbar treu geblieben: Er blieb ein Unternehmen der Bildungsbürger, das nach dem Prinzip der Selbstversorgung mittelalterlich-ständisches Brauchtum fortsetzt, auch wenn zwischen den Regalen gejammert wird: Wie erschließen wir neue Leserschichten? Warum kommen die Arbeiter nicht? Die Autoren sind schuld. Die schreiben zu kompliziert, zu vielschichtig, zu esoterisch.

Leicht fällt es, solch beredter Klage zu widersprechen; denn ein Gutteil der deutschsprachigen Gegenwartsliteratur ist, bei aller notwendigen Vielschichtigkeit, betont einfach erzählend geschrieben. Doch selbst Bücher, die im Arbeiter- oder im angrenzenden und überlappenden Kleinbürgermilieu spielen, finden ihre Leser nur dort, wo sie immer zu finden waren: im windstillen Schutzbereich des deutschen Buchhandels.

Vielleicht stellt sich die Frage und Suche nach dem lesenden Arbeiter genauer, wenn wir eine Publikation der Christian-Albrechts-Universität Kiel zur Hand nehmen, die unter dem Titel ›Der Kieler als Leser‹ soziologische und statistische Materialien ausbreitet.

In einem Abschnitt, der die Schulbildung Kieler Bürger ins Verhältnis zur Lesegewohnheit setzt, finde ich dort aufschlußreiche Zahlen:

Bürger mit Oberschulbildung lesen zu 59,5 % häufig und nur zu 16,2 % selten;

Bürger mit Mittelschulbildung lesen zu 29,6 % häufig und zu 28,4 % selten;

ehemalige Volksschüler mit Lehrabschluß lesen zu 20,2 % häufig und zu 45,4 % selten;

und ehemalige Volksschüler ohne Lehrabschluß lesen zu 18,2 % häufig und zu 61,4 % selten.

Wenn wir nun noch in Betracht ziehen, wie wenige Oberschüler nach wie vor aus Arbeiterfamilien kommen, könnte deutlich werden, daß der selbstgenügsame Buchhandel nur ein Reflex mehr ist auf die nach wie vor vorherrschende Bildungsungerechtigkeit in der Bundesrepublik.

Nicht ohne Bitternis im Bart erinnere ich mich an Buchmessen Ende der sechziger Jahre, als mit verbalradikaler Lautstärke der gesamte Kulturbetrieb, ersatzweise für die kapitalistische Gesellschaft, aus den Angeln gehoben werden sollte. Doch so flehend Proletariat und Klassenkampf beschworen wurden, keine Kostümierung konnte verdekken, daß es die Söhne und Töchter aus allzu gutem Hause waren, die angemaßt stellvertretend für die Arbeiter zu handeln meinten, indem sie einen auf Abwechslung erpichten Kulturbetrieb zum Happening, wie man damals sagte, umfunktionierten. Das erstürmte kalte Büfett. Revolutionäre, die ihre Revolution schon als Buchrecht verhökert hatten. Das hat die seit eh und je außenstehenden Arbeiter kaum gekümmert und wenn gekümmert, dann abgestoßen.

Einige modische Trends seitdem: mit Dissertationen überfütterte Buchreihen, Wortakrobatik mit dem allgemein unverständlichen Begriff »Literaturproduzent«; Arbeiter jedoch, die nach soviel Aufwand wagemutig eine Buchhandlung betraten, konnten allenfalls erfahren, daß ihnen nach Jahren rechtsgestrickter Hochnäsigkeit nunmehr linksgewirkte Arroganz genauso unbekömmlich ist.

Nun bin ich mir zwar bewußt, daß meine Auslassungen vielen Buchhändlern privat und auch sonst Unrecht tun; doch das von mir gewählte Thema läßt sich nach allen Erfahrungen nicht in der Einerseits-Andererseits-Stillage vortragen. Auch wenn ich vorher Kreide gefressen hätte und nun sanft säuselnd zu Ihnen spräche, müßte ich dennoch sagen: Auch der Buchmessenradikalismus der Endsechzigerjahre, der diese alljährliche Veranstaltung damals so telegen gemacht hat, war nur ein Beweis mehr für das Unvermögen der Verleger, Lektoren, Buchhändler und Autoren, dem hausgemachten Mief zu entkommen und die deutsche Bücherstube zu lüften.

Doch abseits vom Vermögen und Unvermögen der Verlage und des Buchhandels gefragt: Was hindert außerdem Arbeiter und Arbeiterinnen, nach Büchern zu greifen, auf dem Weg zum Arbeitsplatz – oder alternierend zum Fernsehkonsum – zu lesen? Eine Teilantwort geben Statistiken, die die Bildungsungerechtigkeit in der Bundesrepublik belegen: Lesen will gelernt sein; Lesen braucht Tradition, auch Familientradition. Dabei hat es ihn, den lesenden Arbeiter, im neunzehnten Jahrhundert und bis in die ersten Jahrzehnte unseres Jahrhunderts gegeben: Von den Arbeiterbildungsvereinen und der Devise »Wissen ist Macht« bis zur Gründung der Büchergilde Gutenberg reicht diese Tradition. Ohne sie hätte es keinen August Bebel gegeben; ohne sie wäre es der Arbeiterbewegung und mit ihr den Gewerkschaften nicht gelungen, den Bismarckschen Druck der Sozialistengesetze auszuhalten, die dröhnende Bildungsarroganz des zweiten Reiches zu überdauern und politisch mündig zu werden.

So sind es denn auch immer ältere, oft uralte Arbeiter oder ehemalige Arbeiter, die zum Buch greifen, die eine oft beachtliche Bibliothek über die Jahre gerettet haben und für die Buchbesitz oft einziger Besitz ist. Sie mögen die festgebundenen, soliden Bücher. Sie haben zu lesen begonnen, bevor das Buch auch zum Wegwerfprodukt wurde; sie haben – wenn man so will – ein konservatives Verhältnis zum Buch: Sie halten sich ans Buch.

Ich spreche von einer schwindenden Minderheit; für die Mehrheit der Arbeiter und Angestellten ist die frühe Tradition des lesenden Arbeiters, weil radikal abgebrochen, kaum erinnerlich – Großvater las noch. Hier beginnt das Versäumte der bundesdeutschen Gewerkschaften.

Während der zurückliegenden Nachkriegsjahrzehnte lag ihr hauptsächliches Bemühen, gewiß notgedrungen und dennoch zu einseitig, auf dem Gebiet der Tarifpolitik. Die Arbeit der Büchergilde Gutenberg blieb isoliert: Viele Gewerkschafter wissen nach wie vor nichts über ihre Existenz. Und auch auf bürgerlicher Seite dürfte kaum ausreichend bekannt sein, daß die Büchergilde Gutenberg ein gewerkschaftliches Unternehmen ist, nicht wegzudenken aus der Geschichte der deutschen Arbeiterbewegung.

Anfang September habe ich auf Einladung der Industriegewerkschaft Metall in Stuttgart ein Referat hauptsächlich zum Thema ›Bildungsurlaub‹ gehalten. Mir ging es darum, auf die Gefahr hinzuweisen, daß sich der Bildungsurlaub, sobald er – wie etwa in Hamburg – Gesetz geworden ist, zur schauerlichen Farce uminszenieren läßt, weil das Bildungsangebot der Gewerkschaften zu schmal ist und sich jetzt schon die Gefahr abzeichnet, es könnten sich die Arbeitgeber den Bildungsurlaub entweder als gezieltes Aufsteigeangebot zur eigenen Sache machen, oder sie kreieren – und das, nachdem sie den Bildungsurlaub jahrelang bekämpft haben und immer noch als »sozialistische Gleichmacherei« verteufeln – eine neue Spielart von Kraft-durch-Freude-Programm. An Mitteln wird es nicht fehlen, an Steuervergünstigungen auch nicht.

Nun könnte aber der Bildungsurlaub gerade den Gewerkschaften und, im Verbund mit ihnen, der Büchergilde Gutenberg Gelegenheit bieten, dort wieder anzuknüpfen, wo die Tradition des lesenden Arbeiters unterbrochen wurde. Mit Hilfe ihrer Autoren sollte die Büchergilde Gutenberg Wochenendseminare für Betriebsräte, Bildungsobleute, Vertrauensmänner veranstalten und so im Verbund mit den Gewerkschaften ihren eigenen Beitrag zum Bildungsurlaub leisten. Sie hat die Möglichkeit und Verpflichtung, den hier fehlenden, dort unzureichenden Kontakt zwischen Schriftstellern und Arbeitern herzustellen; ihr Publikum ist unser erwünschtes. Nur abseits vom Fließbandstreß wird sich die alte Freundschaft zwischen Arbeitern und Büchern erneuern lassen.

Nun ist nicht nur in bürgerlichen Kreisen, sondern auf genauso schiefer Gewerkschaftsebene das Vorurteil allgemein: Das ist zu kompliziert für Arbeiter. Die brauchen Entspannung. Ihr müßt aufklärende Lore-Romane schreiben: einfach, eindringlich, dennoch klassenbewußt und mit sozialutopischer Perspektive. Etwa das Prinzip Hoffnung, auf die ›Bild‹-Zeitung gebracht.

Ich halte das alles, mit Verlaub, für arrogantes, weil die Arbeiter beleidigendes Geschwätz. Nicht nur bin ich der Meinung, daß Arbeiter durchaus in der Lage sind, vielschichtig, ja, kompliziert verschränkte und vom Widerspruch lebende Bücher zu lesen, vielmehr auch bin ich sicher, daß besonders die Situation des Industriearbeiters kompliziert-verschränkt und nur in ihren Widersprüchen darstellbar ist. Was sich am Arbeitsplatz ereignet – die Gleichzeitigkeit der Vorgänge, das mehrfach überlappte Bewußtsein, der Chor unartikulierter innerer Monologe, während gleichzeitig genormte Arbeitsvorgänge den Takt bestimmen –, das alles entspricht der neuen Ästhetik moderner Literatur; und deshalb ist es durchaus möglich, jungen Arbeiterinnen und Arbeitern die Funktion des inneren Monologes bei James Joyce, die motorische Diktion in Döblins ›Berlin Alexanderplatz‹, die tödlich bürokratischen Systeme Kafkas zu erklären. In den Büchern dieser und anderer Autoren ist ihre Welt, ihre unentdeckte Welt. Mehr noch: Diese von mir nur skizzierte, doch, wie man weiß, alle linearen Übereinkünfte und chronologischen Harmonien sprengende Ästhetik mit ihren Schüben, Stauungen und Entladungen, mit ihrer Komik vergraben im

Detailgeröll, mit ihren Fransen und offenen Schlüssen, mit ihren Sehnsuchtszitaten verfilmter Sehnsucht und ihrer Angst, die sich ausschweigt oder seitenlang Sprachschotter erbricht, diese Ästhetik bezieht weit mehr Arbeitswelt ein, als jenen Autoren, die ihr verpflichtet sind, bewußt zu sein scheint.

Nicht nachgepinseltes Wohnküchenmilieu, kein dekorativer Arbeiterjargon, nicht dritter Aufguß von Agitprop-Traktaten und auch kein fleißig nacherzähltes soziologisches Material können dem Arbeiter Literatur sein. Seine Vereinsamung ergibt sich nicht nur am Arbeitsplatz, sondern ist Teil und Entsprechung jener pluralen und allen Systemen eigenen Vereinsamung, die auch die Kapitalisten, den angestrengt straffen Manager, den noch so geschwätzsüchtigen Bischof vereinzelt. Des Arbeiters Angst läßt sich nicht auf die Angst um den Arbeitsplatz reduzieren: Auch sie verhält sich zu geschichteten Ängsten, deren Ursachen nicht allein ökonomischer Natur sind. Der gängige Problemfall »Realismus unserer Tage« schielt zwar erfolgreich nach der Mattscheibe, doch der Bereich der Gegenwirklichkeiten, die kraft Vorstellung real werden, fügt sich nicht solch dürrer Dramaturgie.

Ich meine, Literatur kann, wenn nach Schuld und Mitschuld gefragt wird – und diese Frage bewegt, solange geschrieben und gelesen wird –, keine nur klassenspezifische, theologische oder sonstwie im Dienst einer Ideologie verarmte Antwort geben. Vielmehr wird Literatur immer und immer dann, wenn sie nicht nur bestätigen will, die klassenspezifischen, theologischen und sonstwie ideologisch erzwungenen Übereinkünfte in Frage stellen. Literatur stört, verstört. Literatur kann sich nicht nützlich machen wollen, weil ihr Nutzen im Widerspruch zum Nützlichkeitsgebot steht. Deshalb wird Literatur überall dort, wo kurzerhand Klarheit herrscht, zu herrschen hat, aufklären, indem sie Dunkelheit nachweist, dunkel ist, sein muß.

Um meine Ausführungen zu belegen und gleichzeitig der Büchergilde Gutenberg einen Vorschlag zu machen, habe ich ein vor Jahren notiertes Konzept neu überdacht. Ich will die heutige Gelegenheit nutzen und Ihnen nach meiner Vorstellung und Erfahrung, anhand von Buchtiteln und knappen Erläuterungen, den Grundstock einer Arbeiterbibliothek benennen, die freilich auch anderen Bürgern ins Regal passen könnte; doch denen wäre sie mühelos zugänglich, den Arbeitern nicht.

Es handelt sich um zwanzig Titel, also um eine knappe Auswahl, die selbstverständlich aufstockbar wäre. Diese zwanzig Titel sollten in einheitlicher Ausstattung hergestellt werden.

Ich beginne mit deutschen Klassikern, weil auch die Literatur nicht bedingungslos, sondern aus ihrer Tradition lebt; ohne Kenntnis bestimmter klassischer Werke wird sich dem Leser moderne Literatur nur unzureichend erschließen.

Deshalb als erster Band: Hans Jacob Christoffel von Grimmelshausen: ›Simplicius Simplicissimus‹.

Dieser erste große deutsche Roman, geschrieben in der europäischen Tradition des pikaresken Romans, ist nicht nur ein unterhaltsames Fabulierbuch, dümmlich eingestuft als Schelmenroman, vielmehr gibt er uns Kenntnis von der Not des Dreißigjährigen Krieges und von den sozialen Schichtungen zwischen dem Ende des Mittelalters und dem Beginn der Neuzeit. Wer den ›Simplicius Simplicissimus‹ liest, könnte Lust bekommen, die ›Landstörtzerin Courasche‹ zu lesen und also auch Brechts ›Mutter Courage‹.

Als 2. Band nenne ich die ›Aphorismen‹ von Georg Christoph Lichtenberg.

Er mag stellvertretend für die deutsche Frühaufklärung und deren Fortsetzung den Leser ermuntern, Lessing zu lesen. Lichtenberg weist auf Laurence Sterne hin; Lichtenberg könnte, so möchte man hoffen, den einen oder anderen Leser dazu bewegen, Jean Paul zu lesen. Lichtenbergs Einflüsse reichen bis in unser Jahrhundert; ich denke an Robert Musil, aber auch an die Aphorismen des Polen Stanisław Lec.

Als 3. und 4. Band schlage ich vor: Johann Wolfgang von Goethe: ›Italienische Reise‹; Friedrich Schiller: ›Die Geschichte des Abfalls der Niederlande‹.

Beide Bücher sind geeignet, schulbuchhafte und oft genug erschreckende Vorstellungen von diesen Autoren abzutragen und sie dem Leser neu vorzustellen. Lesen macht neugierig.

Als 5. und 6. Band nenne ich: Heinrich von Kleist: ›Michael Kohlhaas‹ und die Novellen; Georg Büchner: Gesamtausgabe in einem Band, die Theaterstücke, der ›Hessische Landbote‹, die Briefe und das Prosafragment ›Lenz‹.

Beide Autoren haben auf die deutsche moderne Literatur starken Einfluß ausgeübt: Kleist auf Kafka, Büchner auf Brecht, beide Autoren auf das sogenannte absurde Theater. Beide Autoren könnten den Leser neugierig machen auf eine Epoche der europäischen Geschichte, die vom Absolutismus über die Französische Revolution bis zu Napoleon und der Restauration reicht.

Der 7. und 8. Titel heißen: ›Der Stechlin‹, ›Die Buddenbrooks‹. Theodor Fontane und Thomas Mann: zwei große norddeutsche Erzähler, deren späte und frühe Romane den Zerfall bürgerlicher Welt im Übergang vom neunzehnten zum zwanzigsten Jahrhundert schildern. In beiden Romanen hat die Arbeiterbewegung Gewicht. Sie steht für das Neue und wird aus der skeptischen Sicht des aufgeklärten Bürgertums dargestellt, eines Bürgertums freilich, das kräftig genug ist, seinen eigenen Verfall zu beschreiben.

An 9., 10. und 11. Stelle nenne ich stellvertretend drei ausländische Autoren: Tolstoi: ›Krieg und Frieden‹; Emile Zola: ›Germinal‹; Charles Dickens: ›David Copperfield‹.

Drei Titel, geeignet, des Lesers Aufmerksamkeit auf europäische Literatur zu lenken, die, sollte die von mir vorgeschlagene Bibliothek aufgestockt werden, auch im klassischen Bereich mehr Gewicht bekommen müßte.

Mit auch nur drei Autoren möchte ich die deutsche Literatur der zwanziger und dreißiger Jahre vorstellen: 12. Alfred Döblin: ›Berlin Alexanderplatz‹; 13. Bertolt Brecht: ›Hauspostille‹; 14. Franz Kafka: ›Das Schloß‹.

Die Anatomie der Großstadt, der neue und nicht mehr innerliche lyrische Tonfall, der bürokratische Prozeß anonymer Macht. Dreimal noch immer unsere Zeit. Dreimal Literatur, die Folgen gehabt hat; kein gegenwärtiger Autor wäre ohne sie denkbar. Alexanderplatz, Hauspostille und Schloß sind geeignet, Nachbarschaft anzureichern.

Nur Verwirrung wäre gestiftet, wollte man jungen Arbeitern und Arbeiterinnen unvorbereitet wissenschaftliche, philosophische oder gar einseitig ideologische Literatur aufdrängen. Deshalb nur Titel aus dem politisch-wissenschaftlichen Bereich, die trotz des komplexen Stoffes zugänglich geschrieben sind, das zuerst genannte in stilbildender Prosa.

An 15. Stelle – Sigmund Freud: ›Traumdeutung‹; an 16. Stelle – August Bebel: ›Aus meinem Leben‹; an 17. Stelle – Leszek Kołakowski: ›Der Mensch ohne Alternative‹.

Ich glaube schon, daß ein Arbeiter unserer Tage seine Ängste und den Prozeß seiner Vereinsamung bei Sigmund Freud vorgefaßt findet, es sei denn, jemand wollte behaupten, die Neurose sei nach wie vor bürgerliches Privileg.

August Bebels Lebensbericht ist ein Standardwerk der deutschen Arbeiterbewegung. Wer es nicht kennt, wird nicht begreifen können, warum zwölf Jahre Sozialistengesetze zur Zeit Bismarcks bis heute traumatisch wirken. Von den Arbeiterbildungsvereinen bis zum Revisionismusstreit: ein Stück deutscher Geschichte, das in der landläufigen Geschichtsschreibung, die sich allzu gerne an die Daten der angeblichen Sieger hält, entstellt, mißachtet oder unzureichend bedacht worden ist.

Mit Leszek Kołakowski könnte der Leser einen polnischen Philosophen kennenlernen, der als Marxist im Widerspruch steht zum Leninismus/Stalinismus. Niemand hat so konsequent wie Kołakowski versucht, den dogmatisierten Marxismus wissenschaftlich zu erneuern. Hätten es doch die Studenten gelesen! Ein Buch, das politische Folgen hatte: Als Revisionist verketzert, mußte Kołakowski sein Land verlassen.

Mit den letzten drei Titeln soll weniger wertend als stellvertretend die deutschsprachige Nachkriegsliteratur vorgestellt werden: Max Frisch: ›Stiller‹; Alexander Kluge: ›Lebensläufe‹; Christa Wolf: ›Nachdenken über Christa T.‹

Natürlich ließen sich anstelle dieser drei genannten Autoren – der Schweizer, der Bundesdeutsche, die DDR-Bürgerin – nach anderen Kriterien andere Autoren nennen; Sie werden mir Namen ersparen.

Es fehlt die amerikanische Literatur, etwa Hemingway: ›49 Stories‹, etwa Faulkners ›Licht im August‹.

Die Skandinavier? Die Italiener? Etwa Elio Vittorini: ›Gespräch in Sizilien‹. Und ganz gewiß fehlt eine Lyrik-Anthologie, zumal das Entstehen der deutschen Nachkriegsliteratur ohne die Gedichte von Eich und Heißenbüttel, von Enzensberger und Nicolas Born wie unbegründet erscheinen müßte.

Ich will meinen Vorschlag dennoch mit zwanzig Titeln begrenzen, gewiß in der Hoffnung, so könne er leichter kalkuliert und, trotz steigender Buchpreise, zum Nutzen des lesenden Arbeiters realisiert werden. Für zweihundert D-Mark sollte es möglich sein. Soviel kostet ein funkelndes Kofferradio in mittlerer Preislage, soviel kosten zwei Konfektionskleider, ein Anzug von der Stange, zwölf Kilo Rinderbraten oder Schweinefilet!

Ich biete Bücher. Sie halten länger. Sie lassen sich bei jedem Wetter benutzen. Sie machen nicht dick. Sie ersetzen Reisen, sind aber auch leicht transportabel. Mit Büchern will ich für das Lesen werben.

In der Bundesrepublik gab es während der zurückliegenden Jahre alle möglichen und unmöglichen, einander ablösenden Wellen: die Freß- und Reisewelle, die Sexwelle. Der Konsum regierte und der Verbrauch. Wir nannten einander Verbraucher. Die politische Entwicklung der letzten Zeit, deren deutlichstes Symptom vielleicht die Energiekrise gewesen ist, hat uns nachdenklich gemacht: den einen ängstlich, den anderen hoffend, es könne der vordergründige Materialismus des raschen Verbrauchs und der gedankenlosen Wegwerfgeste zu Ende gehen; freigelegt könnten andere Bedürfnisse zutage treten, zum Beispiel das Bedürfnis zu lesen, es könne uns die Lesewelle erfassen.

Auf einmal, so scheint es, ist Zeit da. Abwartend standen die Bücher in den Regalen; nun wollen sie benutzt, zerlesen werden. So – lesend – könnte Gesellschaft wieder vorstellbar sein. Und in dieser Gesellschaft – nicht mehr Phantom, nicht mehr bloß Wunschbild – der lesende Arbeiter. Die Büchergilde Gutenberg sollte ihm, wie vorgeschlagen, ein Angebot machen.

# Ein Schwangerenheim für Schriftsteller

*Rede zur Einführung des neuen Stadtschreibers
in Bergen-Enkheim*

Liebe Leute,
 einige Jahre lang, bevor der Begriff »Bürger« in Mißkredit gebracht wurde, habe ich Versammlungen wie diese mit »Liebe Bürger« angesprochen. Gemeint war der aufgeklärte, unruhige Bürger und nicht jener, der mit den Hosenträgern schnalzt. Dann wurde, vermutlich aus Unkenntnis deutscher und europäischer Geschichte, das schöne Wort Bürger zur Sau gemacht, als reaktionär diffamiert und mit dem Anhängsel »kleinbürgerlich« gekoppelt. Eine Zeitlang versuchte ich es mit dem hergebrachten »Meine Damen und Herren«. Das schuf ungute Distanz und hatte im Publikum oft nur den einen Reflex zur Folge: Verstohlen prüften die Herren den Sitz des Krawattenknotens; die Damen strichen den Rock überm Schoß glatt.

Die Anrede »Liebe Leute« habe ich mir geborgt. Meine demnächst volljährigen Söhne sprechen größere und kleinere Gruppen mit »Leute« an; sie gehen zu irgendwelchen Leuten oder kommen von Leuten, die sich mit anderen Leuten, die auch dufte sind, getroffen haben. Ich weiß, es gibt das militärisch-joviale »Mal herhören, Leute!« Aber davon wissen meine Söhne nichts. Deshalb sage ich versuchsweise »Liebe Leute« und freue mich mit Ihnen, daß der Stadtschreiber Wolfgang Koeppen dem neuen Stadtschreiber auf Zeit, Karl Krolow, den Gänsekiel übergibt.

Erwarten Sie bitte von mir keinen tagespolitischen Beitrag, denn wenn die schmale und allzeit fragwürdige Existenzplanke der Literatur ein wenig, wie in Bergen, gefestigt werden soll, kann von Herrn Dregger und vergleichbaren Zeitgenossen nicht die Rede sein.

Erwarten Sie aber auch keine Laudatio. Die Leute von Bergen-Enkheim wollen ja wohl nicht zuallererst ihren zeitweiligen Stadtschreibern Ehre antun, vielmehr soll diese Einrichtung sozial hilfreich sein: Schriftstellern wird die Möglichkeit geboten, für ein Jahr Abstand von Zuhause oder sonstwas zu nehmen, Distanz zu gewinnen und – welch ein altmodischer Luxus! – sich Muße zu leisten.

Wolfgang Koeppen, Karl Krolow, wir Schriftsteller brauchen sie. Nur aus Muße, ja Müßiggang, dem trägen Verstopftsein ergibt sich was, kommen längere und kürzere Sätze, Gedichte womöglich zu Papier.

Hat Wolfgang Koeppen hier Muße gefunden? Ich hoffe es. Wird Karl Krolow hier Muße finden? Ich wünsche es ihm. Doch schon melden sich Bedenken an. Zeitungsartikeln, Leserbriefen, dem chronischen Nein der schwarzumsäumten Opposition entnehme ich, daß dem Stadtschreiber von Bergen, wenn man ihn schon ins gemachte Nest setze, auch etwas abverlangt werden könne – hier eine Diskussion, dort ein Gespräch mit Jubilaren, Präsenz bei diesem und jenem Anlaß, kurz und auf deutsch: Er, der Stadtschreiber, möge doch gefälligst mit den Leuten am Ort kommunizieren, damit die Leute auch sehen, daß er da ist.

Und schon ist die schöne, notwendige und versprochene Muße mit dem Fliegenschiß alltäglicher Kleinsttermine besprenkelt. Wer soll da noch Worte fassen können, wenn bereits das Halbfertige als Existenzbeweis abgeliefert werden muß. So wird das meiste unausgereift, wie unsere gleichförmigen Tomaten und Bananen, gepflückt. Das wird schon irgendwie nachreifen.

Ich behaupte, daß die Kurzatmigkeit unserer gegenwärtigen Literaturproduktion eine ihrer Ursachen dem Kulturbetrieb verdankt. Die Leute wollen ihre Dichter in Szene sehen: mürrisch-nachdenklich, hier provozierend, dort problematisierend, möglichst überparteilich, ein bißchen anarchistisch, aber bitteschön nur verbal, denn wenn wir sie schon einladen, sollen sie auch was bieten.

Nichts davon. Dröhnend darf geschwiegen werden. Dringlicher denn je ist es der Literatur geboten, langen Anlauf zu nehmen, die Sprache aus den Verstrickungen ihrer Fixfertigkeit zu drösen, den großen, immer vom Scheitern bedrohten Wurf zu wagen, Atem zu holen nach soviel hektischer Beflissenheit, für bestätigungssüchtige Nutznießer nicht relevant zu sein, sich den Anforderungen der Leute zu verweigern und quer zu liegen.

Der Einzelgänger Wolfgang Koeppen weiß das besser als ich. Der Lyriker und Essayist Karl Krolow ist der genaue Kenner literarischer Veränderungen, und das seit Jahrzehnten. Er weiß, daß Gedichte oft genug wie Elefantenbabies zwanzig Monate lang ausgetragen werden. Wer die Schwangerschaften der Schriftsteller verkürzen will, macht sie zu Hormonvögeln, die in der Hühnchenbraterei Wienerwald wohlfeil sind. Deshalb verstehe ich die Bleibe des Stadtschreibers von Bergen als ein Schwangerenheim für Schriftsteller: Hier darf in Ruhe ausgetragen werden. Zwar kann man die Produktion von Kühlschränken, Kernreaktoren und Kugelschreibern beschleunigen, aber dem altmodischen Handwerk des Schriftstellers hat selbst die Schreibmaschine keine langen Beine machen können.

Als mich mein Freund Franz Josef Schneider vor wenigen Wochen anrief, ich möge doch den Leuten hier etwas über den Sinn des Stadtschreibers von Bergen erzählen, holte er mich aus einem Manuskript, in dem ich gebettet seit gut zwei Jahren das Laken nicht wechsle und ängstlich den Dunst wahre. Doch weil Sozialdemokraten nicht nur von Solidarität plappern sollten, sagte ich ja. Zudem hatte mich sein Anruf doppelsinnig erreicht: Er machte mich produktiv. In einem Zwischenkapitel meines entstehenden Buches spiegeln sich, wenn auch an anderem Ort und zu anderer Zeit, die vielberufene Lage des Schriftstellers, seine Bedrängnisse, seine politischen Widersprüche, sein Verlangen nach Zuflucht. Deshalb erlaube ich mir, Ihnen, liebe Leute, anstelle weiterer Rede, dieses Zwischenkapitel vorzutragen. Vielleicht fällt aus dem Gespräch zweier deutscher Barockdichter auch etwas für die Planstelle Stadtschreiber von Bergen ab.

# Die Erwartungen des Kritikers

Literarische Kritik sollte den Autor an seinem eigenen Vorhaben messen. Das setzt beim Kritiker weitgehende Zurücknahme seiner eigenen literarischen Erwartungen und Ambitionen voraus. Jede von außen an den Autor und sein Buch als Maßstab gesetzte literarische Norm, schwerwiegender noch: jedes dem zu rezensierenden Buch angepaßte ideologische Raster muß zu einem kritischen Verfahren führen, das nicht den Autor und sein Buch erreicht, sondern allenfalls festlegen kann, inwieweit der Autor den literarischen und ideologischen Erwartungen des Kritikers gerecht geworden ist.

Ein Gutteil deutschsprachiger Buchbesprechungen ist von der Anmaßung der Rezensenten gezeichnet, lebt, stilistisch brillant, auf Kosten der Autoren und versäumt oft die Chance, dem Schriftsteller in seinem anachronistischen Einmannbetrieb mit sachlicher, das hieße auf ihn und seine Arbeit bezogener Kritik behilflich zu sein.

Diesen verallgemeinernden Befund könnte ich mit subjektiven Erfahrungen auflösen; denn meine literarische Arbeit wird seit Jahren von Rezensenten begleitet, die mir zu wichtigen Kontrahenten geworden sind. – Natürlich werde ich oft an meinem ersten Roman, ›Die Blechtrommel‹, gemessen. Amüsant ist es, zu beobachten, wie Kritiker mit progressivem Anspruch dem Autor konservatives Verhalten – keine Entwicklung oder Rückentwicklung – abverlangen. So haben meine beiden letzten Romane, ›örtlich betäubt‹ und ›Aus dem Tagebuch einer Schnecke‹, einigen Kritikern nicht gefallen können, weil in ihnen kein Oskar Matzerath auftritt. Ich meine hingegen: Das Recht auf Entwicklung – von mir aus Fehlentwicklung – steht nicht nur dem Autor zu; auch der Kritiker sollte das Recht für sich beanspruchen.

# Das Recht auf Mitbestimmung

*Rede auf der Jahrestagung des Verbandes deutscher Schriftsteller in Darmstadt*

Liebe Kolleginnen und Kollegen,
 wir alle, sofern wir Bücher schreiben, brauchen den Verleger, wie der Verleger den Autor braucht: eine Binsenwahrheit. Wir alle haben Erfahrungen mit Verlagen gemacht, mit großen, mittleren, kleinen Häusern. Und alle kennen wir die stehende Redensart: Der Verleger geht ein Risiko ein, mit jedem Buch, mit jedem unbekannten Autor. Doch selten oder nie ist die Rede vom Risiko des Schriftstellers, der sich mit seiner Buchproduktion, also der Summe seiner Existenz, einem Verlag anvertraut. Er, der Autor, hat mit Vertragsabschluß die Eigentumsrechte an seinem Buch weitgehend an den Verleger übertragen, über den Tod hinaus, schier unlösbar. Der Verleger jedoch kann – oder seine Erben können – den Verlag an einen Meistbietenden verhökern mit allen unter Vertrag stehenden Titeln, das heißt: er kann die Autoren mitverkaufen.

Mit anderen Worten: Im Verhältnis der Verleger zu ihren Autoren hat sich ein Rest Leibeigenschaft gehalten. Vorkapitalistisch können nach wie vor Rittergüter in Verlagsgestalt, samt Gesinde und Althäuslern, verscherbelt werden, wobei der Käufer natürlich das Recht hat, die pauschal gekaufte Seelenmasse auf ihren Marktwert zu prüfen. Im groben Sieb werden in Einzeltitel zerfallene Autoren geschüttelt. Von den durchfallenden toten Seelen ist bald nicht mehr die Rede. Hart, sagen die Verleger, ist nun mal der Konkurrenzkampf; schließlich tragen wir das Risiko. Eine Vielzahl von kleinen und mittelgroßen Verlagen ist im Verlauf der letzten Jahre auf so feudale Art verwirtschaftet worden. Der Substanzverlust an Literatur wäre nachzuweisen. Doch kaum ein Hahn krähte, obgleich ringsum von Kapitalismus und Sozialismus, von Mitbestimmung und Kontrolle über die Produktionsmittel, sogar von Literaturproduzenten die Rede war.

Doch die Verleger begriffen sich nicht als angesprochen. Weil ihr Verhältnis zum Autor und überhaupt zum Gewerbe ein, wie ich sagte, vorkapitalistisches, eher ständisches, patriarchalisches, gelegentlich auch mäzenatenhaftes Verhältnis auf Treu und Glauben ist, überwinterten die im Börsenverein versammelten Verleger wie unbetroffen; und ihre leibeigenen Autoren waren so sehr mit der Befreiung anderer beschäftigt, daß ihnen gar nicht auffallen wollte, daß ihre eigene und hingenommene Unfreiheit oft lächerlich im Gegensatz stand zu ihrer in jeder Himmelsrichtung posaunten Proklamation.

Der Schriftstellerverband hatte mit längst überfälligen Reformen – Bibliotheksgroschen, Altersversorgung etc. – und schließlich mit sich selbst und seinen jeweils aktuellen Resolutionen so viel zu tun, daß keine Kraft blieb, die Frage nach dem Verhältnis der Autoren zu ihren Verlegern neu, von mir aus im Sinne einer neuen Gesindeordnung, zu stellen.

Übrig blieb einzig die Möglichkeit der Privatinitiative oder, wo es die ökonomischen Verhältnisse erlauben – im Bereich Bühnenvertrieb und Filmproduktion –, der Ausbruch in den Autorenverlag. Ich kann hier also nur vom Ergebnis meiner Initiative Bericht geben in der Hoffnung, daß die dabei gesammelten Erfahrungen auch für andere Buchautoren interessant sein mögen.

Die bloße Tatsache, daß ich seit dreieinhalb Jahren an einem umfangreichen Manuskript arbeite, versetzte mich, weil Interesse an diesem Buchmanuskript vorgegeben war, in einen für den Autor günstigen Verhandlungsstand.

Mein Verlag, der Luchterhand Verlag, bei dem seit nunmehr zwanzig Jahren alle meine Buchrechte liegen, ruhen oder vor sich hin arbeiten, ging in der ersten Verhandlungsrunde auf meine Forderungen nicht ein. Also verhandelte ich mit anderen Verlagen und informierte den Luchterhand Verlag über die jeweiligen Phasen meiner Initiative. Gefordert wurde von mir die Mitbestimmung in allen den Gesamtverlag (also auch die Autoren) betreffenden Problemfällen. Ich nannte drei Punkte:

1. Mitbestimmung der Autoren im Falle der Kündigung oder Neueinstellung des Cheflektors oder Geschäftsführers.

2. Mitbestimmung der Autoren bei allen wichtigen, das Gesamtprogramm betreffenden Entscheidungen: Einstellung oder Beginn einer Buchreihe; im Lektorat strittige Annahme oder Ablehnung eines Buchtitels aus außerliterarischen Gründen usw. Hingegen keine literarisch-wertende Abstimmung über Einzeltitel, weil diese Art von Mitbestimmung die Kompetenz der Lektoren schwächt und Gefahr läuft, nivellierend zu wirken.

3. Und hier ging es um die Wurst: Mitbestimmung der Autoren bei allen Änderungen der Besitzverhältnisse des Verlages: Kapitalaufnahme, Ankauf, Verkauf, Teilverkauf etc.

Etwa eineinhalb Jahre lang habe ich mit verschiedenen Verlagshäusern – darunter die Verlage Carl Hanser und S. Fischer – verhandelt, und auch mit dem Luchterhand Verlag blieb das Gespräch offen. Bei allen genannten Verlagen war die Einsicht der Verleger in die berechtigten Forderungen der Autoren nach Mitbestimmung vorhanden. Allen Verlegern war klar, daß den Autoren für ihre dem Verlag anvertrauten Buchrechte größerer Schutz vor dem möglichen Desinteresse der Verlagserben, vor Verkauf oder Teilverkauf der Verlage zugestanden werden müsse. Schrecken erregten Wörter wie Mitbestimmung und Verlagsrat. Das Zögern begann, sobald es darum ging, die zugestandene beratende Funktion der Autoren in eine, laut Vertrag, mitbestimmende zu erweitern.

Meine Argumente blieben sich gleich: Nach zwanzig Jahren Arbeit liegen zwölf Bücher vor. Sie sind mein eingebrachtes Risiko. Die Sicherung der Substanz meiner Arbeit vor dem Mutwillen etwaiger Verlagserben, vor dem irrationalen Zwang zur ökonomischen Konzentration im Verlagsbereich begründet mein Recht auf Mitsprache. Schließlich beruht der Verlag auch auf der Summe meiner Arbeit. Es sind zuallererst die Autoren, die einen Verlag ausmachen, und ähnliche Selbstverständlichkeiten mehr.

Da ich mir für die Arbeit an meinem Buchmanuskript genügend Zeit abgesteckt hatte, blieb auch Zeit zum Verhandeln. Nichts hetzte mich. Nicht des Verlegers Hebel war der längere. Staunend beobachtete ich an mir, indem ich die Sache der Autoren vertrat, ein immer größeres Selbstbewußtsein, während es den Verlegern schwerfiel, von ihrer mäzenatenhaften, menschenfreundlich-gutsherrlichen, auch liebenswert-ständischen Haltung Abstand zu nehmen und zu dem zu stehen, was Verlage nun einmal in unserer Gesellschaft sind: – bei aller Liebe zum Schöngeistigen – kapitalistische Unternehmen.

Es stellt sich also den Autoren die Aufgabe, das altmodische, noch vorkapitalistisch geschneiderte Mäntelchen des fürsorgenden Verlegers ein wenig zu lüften und dem Verleger nahezulegen, doch sachlich der Kapitalist zu sein, der er ist, damit man gleichberechtigt verhandeln kann. Hinzu kam, daß den Verlegern, nicht zuletzt im Verlauf der Verhandlungen, deutlich wurde, daß zuallererst die Autoren in der Lage sind, die Lebensarbeit des Verlegers, auch nach Abschluß seiner Tätigkeit, zu sichern und fortzusetzen.

Denn der Autor, nicht der zufällige Erbe oder die gewürfelte Erbengemeinschaft, hat das durch seine Arbeit begründete Verhältnis zum Verlag. Er weiß, daß Literatur nicht einzig aus hervorragenden Einzelleistungen besteht. Ihm ist bewußt, daß seine Arbeit isoliert bleibt, wenn sie nicht eingebettet ist in die Widersprüche der Literatur seiner Zeit. Ihm muß daran liegen, daß die literarische Substanz seines Verlagshauses erhalten bleibt, in Krisenzeiten geschützt wird und keinem modischen oder sonstwie marktgerechten Trend geopfert wird.

Wie sich die Fronten verkehren: Nicht der auf raschen Gewinn spekulierende Verlagserbe oder kapitalträchtige Aufkäufer mit seiner fadenscheinigen Eigentumsideologie, wohl aber der aufgeklärte Konservatismus der Autoren wird der Literatur und ihrer Traditionsgebundenheit auf Dauer gerecht bleiben. Voraussetzung ist, daß sich die Autoren nicht als Einzelfälle begreifen, so vereinzelt sie überm Manuskript hocken.

Dieses Jahrzehnt ist, innenpolitisch gesehen, bei allem verquer laufendem Feldgeschrei, das Jahrzehnt der Mitbestimmung. Wieder einmal, weil politisch reifer, haben die Industriegewerkschaften für ihre Bedürfnisse Ergebnisse erkämpft, die Teilergebnisse geblieben sind. Ihr Mitbestimmungsmodell paßt nicht zu Verlagshäusern. Wollte man es anwenden, blieben die Autoren unberücksichtigt. Das geistige Eigentum des Autors, wie es vertraglich in Verlage eingebracht wird, läßt sich nicht mit der Produktionsleistung eines Industriearbeiters vergleichen. Aufgabe der Schriftsteller bleibt es, aus ihrer spezifischen Arbeit, aus ihrem in Verlagshäuser eingebrachten Eigentum ihr Recht auf Mitbestimmung abzuleiten und eine

Praxis zu finden, die nicht das Betriebsverfassungsgesetz tangiert.

Nach allen Erfahrungen müssen wir besorgt sein, was geschieht, wenn unsere Verleger, mit denen wir leidlich befreundet sind, eines Tages nicht mehr wollen, können oder dürfen: wenn Ledig-Rowohlt den Kram hinschmeißt, wenn Siegfried Unseld an seiner Vitalität zu zweifeln beginnt, wenn Herr Mohn seine Experimente satt bekommt, wenn Monika Schoeller ihr Erbe, S. Fischer, nur noch als Last empfindet, wenn Carl Hanser und mein Verleger, Eduard Reifferscheid, ihr Recht beanspruchen, Ruhe haben zu wollen.

Eigentlich sollte es doch im Interesse aller genannten Personen liegen, daß ihre Arbeit, die unlösbar verbunden ist mit der Arbeit ihrer Autoren, nicht der Müllschluckermentalität der angeblich freien Marktwirtschaft überantwortet wird. Die Zeit der patriarchalisch geführten Verlage ist vorbei. Man mag das bedauern. Große Verlegerpersönlichkeiten haben diese zu Ende gegangene Zeit geprägt. Doch wenn die Literatur nicht dem anonymen Management überlassen werden soll, dann muß die Mitbestimmung der Autoren, und zwar je nach Gegebenheit der Verlage, durch Vertrag gesichert werden.

Zum Schluß führten die Verhandlungen mit dem Luchterhand Verlag zum Erfolg. Meine Kollegen, Gabriele Wohmann und Peter Härtling, verhandelten in der letzten Phase mit mir gemeinsam. Die beiden Häuser des Luchterhand Verlages in Neuwied und Darmstadt – Fachliteratur einerseits, belletristische Literatur andererseits – verlangten ein besonderes Konzept. Im Gesellschaftsvertrag des Verlages ist ein Verlagsbeirat mit mitbestimmender Funktion der Autoren Teil des Vertrages. Am 1. Juli dieses Jahres beginnt er tätig zu werden. Der Verlagsbeirat besteht aus sieben Personen: vier Autoren, zwei zum Neuwieder, zwei zum Darmstädter Haus gehörend, sitzen dem Neuwieder und dem Darmstädter Geschäftsführer und einem Verlagsangestellten gegenüber, den der Gesamtbetriebsrat bestimmt.

Alle Mitglieder des Beirates und ihre Stellvertreter müssen, laut Gesellschaftsvertrag, von den Gesellschaftern bestätigt werden. Der Verlagsbeirat tritt zusammen und entscheidet in allen den Gesamtverlag betreffenden Fragen:

im Falle der Kündigung oder Neueinstellung des einen oder anderen Geschäftsführers;

im Falle gravierender Programmänderungen;

und falls die Mehrheits- und Besitzverhältnisse des Verlages verändert werden sollen.

Das betrifft auch den eventuellen Verkauf eines Verlagsteils.

Sollten die ökonomischen Gründe in diesem Fall stichhaltig sein, steht den Autorenvertretern im Beirat dennoch ein Vetorecht aus außerökonomischen Gründen zu. Dieses Veto können die Verlagseigner nur aufheben, wenn sie allen Autoren, die dem Verkauf des Verlages und damit ihrer Rechte nicht zustimmen, ihre Buchrechte zurückgeben.

So ließe sich im Notfall die literarische Substanz eines Verlages erhalten und möglicherweise in einen anderen Verlag oder in einen zu gründenden Autorenverlag einbringen. Sollten die Autoren im Beirat dem Verkauf oder Teilverkauf des Verlages zustimmen, so hat der Käufer den Beirat verbindlich zu übernehmen.

Außer diesen mitbestimmenden Rechten haben die Autoren im Beirat die Pflicht und Aufgabe, beratend zu wirken. Nach Ablauf von zwei Jahren geben die bis jetzt verhandelnden und im Beirat tätigen Autoren ihren Verlagskollegen Bericht und stellen sich Neuwahlen.

Soweit das Ergebnis der Verhandlungen mit dem Luchterhand Verlag: mühsam erreicht in einer Zeit der Sparmaßnahmen, der »Verschlankung«, der vorgeblichen »Tendenzwende« und wie die modischen Ladenhüter von morgen sonst noch heißen mögen. Ich glaube, daß sich unser Verhandlungsergebnis – der mitbestimmende Beirat – auch auf andere Verlage übertragen ließe. Darüber wäre zu diskutieren.

# Die Notwendigkeiten eines säkularisierten Berufsstandes

*Rede zur Eröffnung der Autorenbuchhandlung Berlin*

Meine Damen und Herren,

wir, das heißt die Buchhändler und die Gesellschafter der Autorenbuchhandlung, heißen Sie herzlich willkommen. Gesellschafter, das heißt, wir mußten zuerst eine Gesellschaft gründen, als Autoren gesellschaftsfähig werden. Aber ich wette: Die Mehrzahl der beteiligten Autoren hat als Gesellschafter nicht so recht begriffen, um was es beim Gesellschaftervertrag geht; Robert Wolfgang Schnell und Rolf Haufs ausgenommen. Beide haben kaufmännische Erfahrung oder behaupten dergleichen.

Es begann mit der Suche nach dem Standort. Und da Autoren ambitioniert sind, hieß es, man müsse sich oder sollte sich in einen Außenbezirk wagen: Kreuzberg oder so. Dem wurde zugestimmt; aber wirtschaftlich sprachen die Fakten dagegen. Man komme nicht um die City herum. Und da unwidersprochen feststeht, Berlin hat eine City, siedeln wir nun am Savignyplatz und haben unsere Ambitionen gleichwohl mitgebracht. Das heißt, zwar wollen wir uns hier festsetzen, aber ambulant sein wollen wir auch: Mit einem gemieteten Bus – das verspricht unser Programm – wollen wir nach angemessener Zeit und sobald uns die ökonomischen Fakten nicht mehr dazwischenreden, die Außenbezirke bereisen. Und selbstverständlich gehören dann ambitionierte Schriftsteller zum aufklärenden Gepäck.

Sie werden es bemerkt haben: Es kann mir nicht darauf ankommen, die nach der Gründung in München zweite sich etablierende Autorenbuchhandlung hochzufeiern, vielmehr gilt es, zuerst einmal der Münchner Autorenbuchhandlung Dank zu sagen. Dort begann eine Entwicklung, die, so hoffen wir, Zukunft hat. Es sollten in allen westdeutschen Großstädten Autorenbuchhandlungen entstehen, damit die Literatur in einer Zeit marktbeherrschender Konzerne und kurzlebiger Konsumentenpraxis ihre Chance behält.

Wir Autoren wissen, wie rasch Bücher – sie mögen noch so literarisch gewichtig sein – für die Verlage und Buchhandlungen unwichtig werden. Die Herbstproduktion drückt die Frühjahrsproduktion weg und so weiter und so weiter. Rasch ist man in Verlagshäusern bereit, Restauflagen zu verramschen oder einzustampfen. Wichtige, für das Literaturverständnis unserer Zeit unverzichtbare Titel sind drei, vier Jahre nach ihrem Erscheinen nicht mehr lieferbar. Hier zeichnet sich eine Aufgabe der Autorenbuchhandlungen ab, die offenbar nur von wenigen anderen Buchhandlungen wahrgenommen werden kann.

Also handelt es sich bei der Gründung von Autorenbuchhandlungen um Selbsthilfe. Verständlich wird diese überraschende Entscheidungsfreudigkeit sonst zumeist zerstrittener oder einander sich meidender Kollegen nur, wenn man bedenkt, daß während der letzten fünf bis sechs Jahre das Selbstbewußtsein der Schriftsteller innerhalb der westdeutschen Gesellschaft zugenommen und seinen Ausdruck gefunden hat.

Nach dem Zerfall und der Selbstauflösung der Gruppe 47, die gut zwei Jahrzehnte lang literarischen Hauptstadtersatz zumindest einmal im Jahr geliefert hatte, wurde der Schriftstellerverband gegründet. Heinrich Böll proklamierte in seiner Rede zur Gründung ›Das Ende der Bescheidenheit‹. Der Schriftstellerverband suchte und fand die Zusammenarbeit durch Mitgliedschaft in der Industriegewerkschaft Druck und Papier. Längst überfällige Sozialleistungen – Altersversicherung, Bibliotheksgroschen – wurden mühsam erkämpft. Mit mehr oder weniger Glück und Geschick entstanden Autoreneditionen. Während einer Phase Buchmessen-revolutionärer Euphorie wurde suggeriert, es könnten die Schriftsteller als Literaturproduzenten in kurzer Zeit all das nachholen, was die organisierten Arbeiter sich innerhalb eines Jahrhunderts erkämpft hatten. Ernüchterung folgte. Doch geblieben sind die Notwendigkeiten eines säkularisierten Berufsstandes. Ob in den Verlagen – wie nun endlich bei Luchterhand realisiert – ein Minimum an Mitbestimmung erkämpft wird, ob sich neue Autoreneditionen etablieren, ob nach der ersten nun die zweite Autorenbuchhandlung gegründet wird; all das sind Etappen in einer Entwicklung, die zu Beginn der siebziger Jahre einsetzte, Kinderkrankheiten durchlaufen mußte, falsche Hoffnungen zwischen Buchdeckel gepreßt hat, aber doch in ihrer Substanz nicht aufzuhalten ist.

Ich wünsche unseren Buchhändlern, Frau Kieseritzky und Herrn Kühne, Ausdauer und Einfallsreichtum. Ich wünsche den Kunden dieser Buchhandlung als Lesern jenes konzentrierte Vergnügen, das einzig die Literatur bieten kann. Ich wünsche der Autorenbuchhandlung Berlin, daß hier nicht Bücher geklaut werden mögen; denn wer hier klaut, beklaut die Autoren. Ein Zustand, den man in seiner doppelten und dreifachen Bedeutung als Schriftsteller kennt, aber doch, wenn es geht, ändern möchte. Sie können in unseren Prospekten lesen und kritisch prüfen, was als Programm geplant ist. Ich nannte Ihnen den Bus für die Außenbezirke. Beschlossen ist ferner, daß die Autorenbuchhandlungen in München und Berlin zum erstenmal im kommenden Jahr einen Preis der Autoren vergeben. Noch wissen wir nicht, wie die Jury zu bestellen ist, wie hoch der Preis dotiert sein wird. Aber wir haben ja Zeit. Wir fangen erst an.

# Im Ausland geschätzt – im Inland gehaßt

Frankfurter Rundschau: Herr Grass, nach der Schleyer-Entführung haben vor allem Politiker der CDU/CSU eine intensive Kampagne gegen das vermeintliche Umfeld des Terrorismus entfesselt und dabei auch zahlreiche Intellektuelle mit massiven Verdächtigungen überzogen. Stellvertretend dürfen wir einige Zitate des CSU-Abgeordneten Carl-Dieter Spranger zitieren: »Der Terrorismus konnte sich nur deshalb so gefährlich entwickeln, weil zahlreiche linksintellektuelle Publizisten, Politiker, Theologen, Professoren die Gefahr verharmlosten und verniedlichten ... und damit den gefährlichen Sympathisantenkreis erweiterten.« Spranger nannte in diesem Zusammenhang die Namen Gollwitzer, Böll, Brandt und eben auch Grass. Darf man den erfolgreichen Schriftsteller Günter Grass einen Sympathisanten der Terroristen nennen?

Günter Grass: Es läßt sich nachweisen und auch nachlesen, wenn man des Lesens kundig ist, daß ich mich seit 1967/68, als diese unsägliche Diskussion über Gewalt gegen Sachen und Personen begann, bis zum heutigen Tage immer und ausdrücklich gegen Gewalt ausgesprochen habe – gegen tätige Gewalt bis zum Terrorismus unserer Tage, aber auch gegen verbale Gewalt und damit gegen den Meinungsterror, der Ende der sechziger Jahre von der Springer-Presse ausging und der weitgehend dazu beigetragen hat, daß sich die Anwendung von Gewalt bis heute so fortsetzen konnte.

FR: Das Reizwort lautet »Sympathisant« ...

G. G.: Dieses Wort ist in jedem Fall nicht zu verwenden und führt in ein Sprachfeld hinein, das ich mit dieser Begriffsklitterung nicht besetzt sehen möchte, Sympathie und sympathisieren ist etwas, worunter ich und viele andere Menschen bislang etwas anderes verstanden haben.
Nein, wenn man etwas nachweisen will, muß man Komplizenschaft für den Terrorismus nachweisen; dann käme es darauf an, unseren Rechtsstaat wirksam werden zu lassen. Aber dieses Stochern mit der Stange im Nebel, der ungenaue Begriff »Sympathisant«, hat nur die zur Zeit laufende Hexenjagd gegen Schriftsteller, Intellektuelle und Männer der Kirche zur Folge gehabt – eine Hexenjagd, die immer mehr um sich greift, die bis in die Redaktionsstuben hineingeht.
FR: Und die Folgen?
G. G.: Es passiert etwas, was für die Terroristen eigentlich ein großer Triumph sein muß: Sie haben etwas erreicht, was sie mit ihren Terrorakten nie hätten erreichen können – sie haben die parlamentarische Demokratie, sie haben den Rechtsstaat Bundesrepublik verunsichert.
FR: Worin sehen Sie diese Verunsicherung?
G. G.: Man verläßt sich nicht mehr darauf, was der Rechtsstaat leisten kann, sondern man sucht nach Mitteln, die zu einem Rechtsstaat nicht gehören. Wenn etwa Herr Kohl nach einem neuen Gesetz ruft, das die Verleumdung des Staates unter Strafe stellen soll, dann kann ich ihm nur raten, sich aus der DDR die einschlägigen Teile der neuen Verfassung und einige Zusatzparagraphen zu holen. In der DDR gibt es ein solches Gesetz schon. In dem Augenblick nämlich, in dem wir im notwendigen Kampf gegen den Terrorismus unsere Alternative, den Rechtsstaat, aufgeben oder ihn auch nur vom Rand her zerfransen lassen, arbeiten wir den

Terroristen in die Hände. Dann geben wir unsere Alternative auf, geben wir uns selber auf. Eine solche Entwicklung hat weitreichende Folgen bis in eine junge Generation hinein, die sich verunsichert fühlt durch Aufweichung unseres Rechtssystems auf anderen Gebieten.

FR: Können Sie uns diese Gefahr näher erläutern?

G. G.: Ich nenne den Radikalenerlaß, mit dem man kräftig einer jungen Generation, die sich doch, wie ich es mir wünsche, für die parlamentarische Demokratie engagieren soll, den Mut nimmt, dies zu tun. Weil man sie in ein opportunistisches Verhalten hineinbringt, sie zu Duckmäusern macht, zu Schweigenden. Diese jungen Leute werden, wenn sie eines Tages, was zu befürchten steht, vor wirkliche Probleme gestellt werden, gegenüber unserem Staat und seiner Verfassung entsprechend reagieren.

FR: Sie sprechen von den Gefahren für den Rechtsstaat. Nun ist ja aber wohl auch »Rechtsstaat« ein eher abstrakter Begriff, der in der aktuellen Diskussion mißbräuchlich verwendet wird, weil man doch höchstens den Staat verunsichern kann. Ist man nach Ihrer Meinung mit dem Leitsatz von Bundeskanzler Helmut Schmidt, bei der Terroristenbekämpfung müsse man bis an die Grenze des Rechtsstaates gehen, an der Grenze angelangt, oder hat man diese Grenze gar schon überschritten? Wir denken an die zahlreichen Gesetzesvorhaben. Kontaktsperregesetz, Sicherungsverwahrung, Fortfall der Instanzen, Verstärkung von Polizei und Verfassungsschutz bis hin zur Diskussion zur Wiedereinführung der Todesstrafe.

G. G.: Ich glaube, was den Kontakt zwischen Anwälten und Inhaftierten betrifft, die zum Terrorismus zählen, sind wir gezwungen, zeitweilig eine Kontaktsperre auszusprechen, dort nämlich, wo nachgewiesen worden ist, daß die Häftlinge über ihre Anwälte die Möglichkeit nutzen, aus dem Gewahrsam heraus weiterhin tätig zu sein. Wenn eine solche Kontaktsperre unter demokratischer Kontrolle steht und von Fall zu Fall beantragt und geprüft wird, ist dagegen nichts zu sagen. Ich bin auch dafür, daß man die Institutionen, die Staat und Gesellschaft schützen sollen, von der Kriminalpolizei bis hin zum Verfassungsschutz, endlich koordiniert, daß man auf diesem Gebiet den Föderalismus aufgibt und zu einer effektiveren Zusammenarbeit findet. Ich befürworte auch, daß die Beamten, die im Sicherheitsbereich tätig sind, eine bessere Ausbildung bekommen und, wenn es notwendig ist, diese Kräfte verstärkt werden.

FR: Der Staat soll also seine Aufwendungen für die innere Sicherheit drastisch erhöhen?

G. G.: Wenn Sie mich fragen, woher die Mittel dafür kommen sollen, ist meine Antwort: Man soll den Radikalenerlaß ersatzlos streichen und die frei werdenden Mittel und Personen verwenden, um bei der inneren Sicherheit effektiver arbeiten zu können. Der Radikalenerlaß, das, glaube ich, kann man inzwischen nun wirklich ablesen, hilft in keinem Falle der Gefährdung.

Mit diesem Erlaß wird man weder irgendeinen Guillaume fangen, denn der tritt als Biedermann auf, noch Terroristen, denn Terroristen pflegen sich in der Regel nicht für ein höheres Lehramt zu bewerben. Wohl aber fördert der Radikalenerlaß bei jungen Leuten, die wegen ihrer anarchistischen Tätigkeit im Alter von achtzehn Jahren viele Jahre später auf einmal nicht für den Schuldienst zugelassen werden, ein, um dieses gewöhnliche Wort hier einzubringen, »Sympathisieren«, bei manch einem womöglich auch die Bereitschaft zum aktiven Terrorismus.

Ich halte deshalb den Radikalenerlaß, das Abschaffen dieser Bürokratie, falls man überhaupt eine einmal installierte Bürokratie jemals wieder abschaffen kann, für eine der Voraussetzungen, um einen Großteil der jungen Generation für die parlamentarische Demokratie neu zu motivieren. Der Radikalenerlaß ist eine der großen Sperren.

FR: Aber doch wahrscheinlich nicht das einzige Problem, das Sie besorgt.

G. G.: Nein, eine andere wichtige Frage, vor der ich große Angst habe, ich gebe das offen zu, sind die 200 000 jugendlichen Arbeitslosen, eine Zahl die stetig wächst. Und dieses Potential lebt in einem Land, das reich ist, das Reserven hat und in dem es doch nicht gelingt, jungen Menschen Ausblick auf die Zukunft zu geben durch eine Perspektive. Wenn dies nicht gelingt, werden diese 200 000 Menschen zumindest an den Rändern ein weiteres Potential für einen auswuchernden Terrorismus liefern. Womöglich für einen rechten Gegenterrorismus, wie wir ihn in Italien schon erleben. Das sind Probleme, über die man heute sprechen müßte – sachlich differenzierend, abwägend.

FR: Aber gerade diese sachliche Diskussion findet nicht statt. Man hat doch im Gegenteil den Eindruck, eine Hexenjagd – man könnte auch sagen, eine Art von McCarthyismus – droht, immer weitere Kreise zu ziehen. Davon betroffen sind nicht zuletzt Schriftsteller wie Sie oder Heinrich Böll, von denen man einerseits fordert, daß sie im Ausland ein klärendes Wort für die Bundesrepublik einlegen, die man andererseits aber in unserem Land diffamiert, mit denen man Rufmord betreibt. Selbst den ehemaligen Bundespräsidenten Heinemann zwingen politische Agitatoren plötzlich in einen Bannkreis der Sympathie für den Terrorismus.

Oder denken Sie an Luise Rinser, die nicht mehr auftreten darf, weil irgendeiner Angst hat, sie auftreten zu lassen. Welches Gefühl hat eigentlich ein Schriftsteller in einer solchen Situation?

G. G.: Alle Schriftsteller, mich einbegriffen, erleben, wenn wir ins Ausland reisen, daß die deutsche Nachkriegsliteratur dort ein großes Ansehen genießt. Wir erleben aber auch, wie in Wellen immer wieder nicht nur verständliches Mißtrauen gegenüber der Bundesrepublik aufkommt, sondern auch Neid, Bigotterie und Haß eine Rolle spielen und ungenaue, ungerechte Urteile über die Deutschen allgemein und über die Bundesrepublik insbesondere gefällt werden.

Wir alle, ob Heinrich Böll, Siegfried Lenz oder Luise Rinser, sind seit Jahren unermüdlich tätig, um diese falschen und ungerechten Urteile draußen in der Welt zurückzuweisen. Und dann kommen wir in die Bundesrepublik, und es kann uns passieren, daß wir im eigenen Land diffamiert werden. Mit Vorzug von der Springer-Presse, aber auch von anderen Zeitungen, etwa der ›Frankfurter Allgemeinen‹, die dort gleichzuziehen versucht, mit Erfolg. Was ursprünglich sehr stark von der CSU ausging, reicht jetzt bis zu Politikern, die sich früher noch als liberal, als quasi intellektuell, als Gesprächspartner angeboten haben, wie etwa Herr Biedenkopf.

Ich sage das nicht wehklagend. Die Leistung der deutschen Literatur, auch der Literatur in der DDR, ist ansehnlich, und diese Leistung ist nicht zustande gekommen durch Nacht- und Nebel-Aktionen, durch Affären oder durch einen überforschen Kasinoton. Es gibt unter den Schriftstellern keine Strauß' und keine Dreggers. Ihr Ansehen beruht im Ausland auf Leistung, und aus dieser Position heraus sind wir Schriftsteller oft die besseren Diplomaten gewesen. Aber der schizoide Zustand, in dem wir uns befinden, so oft wir nach Hause kommen, die häßlichen Angriffe, die wir, insbesondere Heinrich Böll, aushalten müssen, das ist auf die Dauer nicht erträglich.

FR: Gerade in jüngster Zeit sind eine Reihe namhafter Autoren aus der DDR in die Bundesrepublik gekommen. Wie reagieren diese Schriftsteller eigentlich auf die bundesdeutsche Entwicklung?

G. G.: Manche dieser Schriftsteller mußten, manche wollten zu uns kommen. Es war für sie in der DDR unerträglich geworden. Sicher kamen sie nicht aus Liebe zur Bundesrepublik, aber gewiß doch in der Erwartung, zumindest die vielberufene liberale Meinungsfreiheit geboten zu bekommen, sich hier artikulieren, endlich differenzieren zu können. Und da kommen sie in eine Atmosphäre hinein, die Vergleiche bietet mit dem, was sie aus der DDR kannten und was dort weitergeht. Man muß sich nur einmal die Äußerungen von Franz Josef Strauß, die er kürzlich über Literatur von sich gegeben hat, mit den Äußerungen von Herrn Hager ansehen, die er vor dem DDR-Kulturbund getan hat. Da ist viel deckungsgleich, da wird Literatur reduziert aufs Positive, aufs Jasagen, auf die Bestätigung herrschender Verhältnisse. Das aber ist nun einmal nicht Aufgabe der Literatur.

Wenn das so weitergeht – ich bin keine Kassandra, aber das läßt sich absehen –, könnte diese Abwanderung von Schriftstellern aus der DDR in die Bundesrepublik ihre Fortsetzung aus der Bundesrepublik, ich weiß nicht, wohin, finden. Denn der von mir beschriebene schizoide Zustand, der viele Persönlichkeiten betrifft...

FR: ...auch Willy Brandt zum Beispiel.

G. G.: Natürlich auch Willy Brandt, dieser Zustand, im Ausland ein vielbeanspruchter Diplomat der Deutschen zu sein, im Inland aber mit diesem Haß, ja, es ist Haß, permanent konfrontiert zu werden – das hält man lange nicht mehr aus.

FR: Könnte es nicht sein, daß das, was heute von der rechten politischen Seite auf die Schriftsteller zurückschlägt, eine Reaktion auf das Verhalten der Schriftsteller gegenüber diesen Kräften in früheren Jahren ist?

G. G.: Ich habe meinen politischen Gegner immer als Gegner, nie als Feind behandelt. Der Gegner verläßt sich auf Argumente, und er erwartet auch, daß sein politischer Kontrahent ebenfalls mit Argumenten arbeitet. Das kann scharf ausgetragen werden. Ich habe das oft in Wahlkämpfen, als ich sozialdemokratische Wählerinitiativen aufbaute, getan und erprobt. Aber Feindschaft läßt jedes Argument aus. Da ist von vornherein das Bild des anderen festgefügt und nichts mehr zu revidieren.

FR: Sie haben sich in früheren Jahren politisch sehr aktiv engagiert, Sie tun dies in der letzten Zeit erheblich behutsamer. Und Sie beschreiben einen Zustand, den Sie offen Hexenjagd nennen. Sind Sie vielleicht auch von Ihren politischen Freunden enttäuscht, leisten diese Freunde vielleicht zu wenig Widerstand gegen diese Entwicklung?

G. G.: Die sozialliberale Koalition leistet gegenüber dem massiven Druck der CDU/CSU und der Übermacht der ihr verbündeten Presse nur noch hinhaltend Widerstand, um das Schlimmste verhüten zu wollen. Das ist zu wenig. Irgendwann ist der Punkt erreicht, wo das Nachgeben zur Mittäterschaft führen kann, wenn es darum geht, der Demokratie die alternative Kraft zu nehmen. Das aber ist unsere einzige Gewähr, mit der wir gegenüber anderen totalitären Systemen bestehen können. Jeder Abbau demokratischer Grundrechte ist ein Sieg der Gegenseite. Das sollte eigentlich allen Demokraten, auch den Christdemokraten, bewußt sein. Nur mit dieser demokratischen Alternative können wir jeweils immer wieder neu eine jüngere Generation trotz der bestehenden Ungerechtigkeiten in unserem Land für die Verfassung, für diese Bundesrepublik interessieren, weil eben nur mit Hilfe eines demokratischen Systems der Weg offenbleibt, die Mißstände durch Reformen zu beseitigen. Wenn dieses Bild ungenau wird, wenn es ersetzt wird durch bloße Ordnungsstaatlichkeit, durch ein starres formaldemokratisches Prinzip, das Kritik nicht mehr als Motor der Demokratie begreift, sondern als etwas Störendes, dann geht uns eine Generation verloren, die wir in den nächsten Jahrzehnten dringend brauchen werden.

FR: Nun ist ja die herbe Kritik an den Intellektuellen nicht neu. Auch ein Bundeskanzler Erhard nannte einmal Schriftsteller und Intellektuelle »Pinscher«. Doch gab es damals politische Kräfte, etwa innerhalb der SPD, die das Gespräch mit den Intellektuellen suchten. Gibt es dieses Gespräch zwischen Intellektuellen und der Politik überhaupt noch?

G. G.: Nein, dieses Gespräch findet nicht mehr statt. Brandt und Heinemann waren Politiker, die es verstanden, Intellektuelle anzusprechen, sie für politisches Tätigsein zu interessieren. Heute aber regieren die Pragmatiker, die ihre besonderen Fähigkeiten und Leistungen haben, aber die Fähigkeit, vermittelnd einzugreifen, nicht. Ich halte es für eine Schande, daß ein Mann wie Heinrich Böll, ein Nobelpreisträger, in der aktuellen Situation nicht den Schutz des Bundespräsidenten erfährt. Ich bin erschüttert, daß es in Bonn keine Politiker mehr gibt, die jenseits vom Parteienstandpunkt erkennen, daß das Maß des Erträglichen längst erreicht ist. Wobei es ja wirklich nicht nur um Böll geht, obwohl er stellvertretend für diesen gebündelten Haß, der uns entgegenschlägt, genannt werden muß.

FR: Und wie hat ein Günter Grass in dieser Situation reagiert?

G. G.: Ich bin seit einigen Wochen unterwegs, merke die Beklommenheit und Unsicherheit in diesem Lande. Ich spüre, wie froh viele junge Menschen sind, wenn überhaupt noch jemand den Mut hat – für mich ist es eine Selbstverständlichkeit –, über das zu sprechen, was die jungen Leute bedrückt: Radikalenerlaß, Jugendarbeitslosigkeit, Alternativlosigkeit, nicht motiviert sein für irgend etwas. Von Ausnahmen abgesehen, werden aber solche Gespräche weitgehend ausgespart, und dafür wird etwas getan, was uns, wenn Dregger und Strauß jemals Regierungsgewalt bekommen, rechtlich gesehen ins Mittelalter zurückwerfen würde.

FR: Das klingt sehr resignierend. Sie haben einen Zustand beschrieben und Gefahren aufgezeigt. Wie reagieren darauf nach Ihrer Einschätzung die beleidigten Intellektuellen? Verzagen sie, oder sind sie für eine neue geistige Offensive bereit? Was können und müssen die Intellektuellen und Schriftsteller leisten, um ihrerseits die Auseinandersetzung mit dem Terrorismus zu führen? Es gab ja schließlich vor Jahren auch politische Trends, wo man sehr viel Unsinn proklamiert hat und behauptete, das sei progressiv. Es gab immerhin namhafte Persönlichkeiten, die den Staat behandelt haben wie einen alten Putzlappen, auf dem man sich die Füße abtritt. Ist es nicht auch Aufgabe der Intellektuellen, in jeder Situation nüchtern und klar zu sagen, wo sie selbst stehen und wo dieses Land und die Gesellschaft stehen sollten?

G. G.: Das ist doch passiert. Ich selbst habe jahrelang,

und das gleiche trifft für Lenz und für Böll zu, den Kampf nicht nur nach rechts, sondern bis weit ins extreme linke Lager hinein geführt und ausgehalten. Das mußte durchgestanden werden. Es war sehr früh zu erkennen, und es ist früh beim Namen genannt worden von Professor Habermas und anderen, daß sich auf der Linken eine Entwicklung zum Linksfaschismus vorbereitete. Und dies hat natürlich, das gehört zum deutschen Bild, durch eine Entwicklung auf der Rechten mit starken faschistischen Tendenzen seine Wirkung gefunden. Beide Seiten schaukeln sich hoch. Die Schadstellen unserer Gesellschaft sind sehr sorgfältig analysiert worden, aber das alles wurde ignoriert. So beherrscht der Springer-Konzern weiterhin große Regionen, obwohl es vom Bundeskartellamt präzise Hinweise gab, daß angesichts der Pressekonzentration Meinungsvielfalt nicht mehr gegeben ist.

FR: Liegt darin einer der Gründe, weshalb sich unsere Schriftsteller weniger als vor Jahren zu Wort melden?

G.G.: Die Schriftsteller haben keine Hausmacht. Sie sind auf die Presse, auf das Fernsehen, auf Öffentlichkeit angewiesen, wenn sie aktiv werden sollen, wenn sie als Bürger in diesem Staat zur Meinungsbildung beitragen wollen. Wir haben erst jetzt erlebt, wie ein Interview, das Heinrich Böll dem Bayerischen Rundfunk gegeben hat, nicht gesendet werden durfte.

FR: ... aber von anderen Sendeanstalten, zum Beispiel in Hessen, dann doch ausgestrahlt wurde.

G.G.: Ja, natürlich. Nur läuft das praktisch in diesem Bereich auf eine Dreiteilung Deutschlands hinaus, die Bundesrepublik, die DDR und Bayern. Diese Art von Separatismus liegt in deutscher Geschichte und Tradition – man macht einfach den Laden zu, wenn es einem nicht mehr paßt.

FR: Also geringe Chancen für politisch-öffentliche Aktivitäten der Schriftsteller?

G. G.: Die Voraussetzungen für das Aktivwerden sind geringer geworden. Was ich beobachte, ist ein Entsetzen weit und breit, wohin wir es gebracht haben.

FR: Eine Flucht ins Schweigen?

G. G.: Es gibt die Tendenz, aber es gibt bei anderen die Entschlossenheit, eben nicht zu schweigen, alles auszusprechen. Nur können Schriftsteller von sich aus nichts unternehmen, wenn sie keine Möglichkeit finden, sich zu artikulieren.

Wenn der Bundestagsabgeordnete Spranger zum Beispiel eine Liste aufstellt und uns Schriftsteller und andere Intellektuelle quasi zum Abschuß freigibt, wäre es doch wohl geboten, daß die Regierungskoalition beim Bundestagspräsidenten beantragt, einem oder mehreren der Beschuldigten die Möglichkeit zu geben, vor dem Bundestag Stellung zu nehmen. Dann bekämen wir nämlich die Öffentlichkeit, die Herr Spranger mit seiner Ungeheuerlichkeit der Abschußliste für sich hat.

Ich glaube, es ist jetzt zu spät, um jetzt noch mit einer Klein-Klein-Kampagne durch die Säle zu ziehen und Leute um sich zu versammeln, die genauso verschreckt sind wie wir und die uns zunicken. Eine Klärung muß, wenn überhaupt eine Klärung noch möglich ist, deutlicher und an exponierter Stelle geschehen. Nach allem, was passiert ist, halte ich den Bundestag für den geeigneten Ort.

FR: Haben sich nach Ihrer Einschätzung im Problemkreis Terrorismus die Intellektuellen, die auf der Kanzel geredet haben, die mit dem Wort oder mit der Feder umgehen, überhaupt etwas vorzuwerfen?

G. G.: Das ist schwierig zu sagen. Ich selbst habe, vielleicht, weil ich durch meine politische Arbeit in dauernder Auseinandersetzung mit Studenten stand, schon sehr früh den Eindruck gewonnen, daß bei einigen mit Argumenten nichts auszurichten sein wird. Daß es bei einzelnen auf Terrorismus hinauslaufen wird. Andere, auch Heinrich Böll, waren zunächst anderer Meinung. Und ich habe respektiert, daß Böll bis zum Schluß versucht hat, mit Argumenten zu wirken, eine Minderheit vom Terrorismus abzuhalten, ihr den Schaden deutlich zu machen – zu einem Zeitpunkt, als ich meinte, daß diese Minderheit ja diesen Schaden will. Dann hat es natürlich einige gegeben, die mit Vergleichen aus der Geschichte, aus dem Alten Testament und von wo überallher, vielleicht auch aus dem eigenen Unvermögen, das in der Anfangsphase als eine Art Befreiungsakt gesehen haben.

FR: Und welche Schlußfolgerungen ergeben sich aus dieser Beurteilung?

G. G.: Ich halte diese Irrtümer alle für erlaubt. Alle miteinander, die Politiker, die Intellektuellen und auch die Terroristen, sind sicher, als es begann, mit höchst unterschiedlichen Einstellungen an dieses Problem herangetreten. Es ist eine der vornehmsten Eigenschaften und Möglichkeiten des Menschen, seine Meinung zu ändern. Erst wenn das nicht mehr erlaubt ist, wenn aus dem Zusammenhang gerissene Reflexionen über ein Problem, das wir alle damals nur mehr oder weniger scharf erfassen konnten, anklagend vorgehalten werden, und erst wenn es nicht mehr gestattet ist, die Entwicklung kontrovers zu reflektieren, geben wir mehr und mehr das Bild ab, das sich die Terroristen von uns gemacht haben. Die Terroristen wollen diesen Staat verunsichern, wollen die Demokraten gegeneinander aufhetzen.

# Die deutschen Literaturen

*Vortrag auf der Südostasienreise*

Nun sind sie dreißig Jahre alt, die beiden deutschen Staaten, und noch immer mangelt ihnen der Begriff ihrer nationalen Identität. Sie gratulieren sich, zwar nicht wechselseitig, aber doch selbstbezogen: von Staats wegen. Zwischen ihnen – und zwischen der geteilten Stadt Berlin – existiert eine mittelalterlich anmutende Befestigungsanlage, die durch neueste Technik todsicher gemacht worden ist. Wie die Welt mit diesen beiden deutschen Staaten nun schon gewohnheitsmäßig lebt, müssen die Deutschen, wenn schon nicht miteinander, dann nebeneinander leben. Das Wort »Wiedervereinigung« will selbst den politischen Sonntagsrednern nicht mehr volltönend gelingen. Außerdem hat man andere Sorgen, zumeist wirtschaftlicher Art, denn beide Staaten sind materialistischer Natur. Der eine schwört auf den Kapitalismus, der andere auf den Kommunismus. Mehr fällt ihnen nicht ein. Allenfalls an Feiertagen ist hier von christlichen Grundwerten, dort vom humanistischen Erbe und übereinstimmend von Recht und Ordnung die Rede. Sie haben sich nicht selber geschaffen – sowjetischer und amerikanischer Machtwille gaben den Ausschlag –, aber wie sie sich zueinander verhalten, sich feindselig abgrenzen, entspricht deutscher Art. Da sitzen sie nun auf ihrem Reichtum, auf ihren Errungenschaften und fürchten Veränderungen. Wie kam es zu dieser zweimal deutschen Stabilität?

In aller Welt hat man seit Beginn der fünfziger Jahre das sogenannte »deutsche Wirtschaftswunder« bestaunt. Gemeint war das schnelle Erstarken der deutschen Industrie nach dem Zweiten Weltkrieg, die Produktionskraft schaffende Einbürgerung von über neun Millionen Flüchtlingen aus den verlorenen Ostprovinzen, der relativ rasche Wiederaufbau der zerstörten Städte, die ökonomische Stärke der beiden deutschen Staaten innerhalb zweier, die Welt teilender Blocksysteme.

Wenn auch zuallererst die bundesdeutsche Wirtschaft gemeint war, wenn vom »Wirtschaftswunder« geredet wurde, ließ sich dennoch nicht übersehen, daß es dem ostdeutschen Staat, der Deutschen Demokratischen Republik, trotz schlechterer Startbedingungen und gehemmt durch den kommunistischen Zentralismus, dennoch gelang, ihrerseits eine Art Wunder zu vollbringen. Seitdem hängt den Deutschen die Legende an, sie seien wieder mächtig. Besonders die westliche Bundesrepublik erregt mit ihrer stabilen Währung Bewunderung, Neid und Mißtrauen.

Doch seitdem die Wirtschaftsprobleme der Industriestaaten zunehmen und die weltweite Energiekrise das kapitalistische und das kommunistische Konzept der rigorosen Wachstumspolitik in Frage stellt, erst jetzt, bei zunehmender Katastrophenfurcht, wird auch das »Wirtschaftswunder« fragwürdig, zeigt die glänzende Fassade Risse und wird – bald fünfunddreißig Jahre nach Kriegsende – nach anderen Werten gefragt. Der politische Wirklichkeitsbegriff faßt zu eng. Sein Pragmatismus erstickt die Phantasie. Die bloß materielle Sinngebung menschlicher Existenz läßt ein Vakuum entstehen, setzt Wünsche frei, Sehnsüchte. So kommt es, daß sich die Deutschen, jäh erwacht aus ihren materialistischen Wunderträumen, plötzlich auf ihre Kultur besinnen.

Überfüllte Kunstausstellungen, nicht enden wollende Theaterwochen, Andrang bei literarischen Veranstaltungen sind die äußeren Anzeichen einer einerseits modischen, andererseits verzweifelt sinnsuchenden Entwicklung. Plötzlich entdeckt man das weitgefächerte Angebot der deutschen Nachkriegsliteratur und deren jüngstes Kind, den literarisch inspirierten Film. Weil offenbar die Ideologien – die kapitalistische und die kommunistische – abgewirtschaftet haben, muß die Kultur als Glaubensersatz Notdienste leisten. Musik übertönt das Krisengerede; man sieht sich an Bildern satt. Wie der Ertrinkende nach dem Balken greift der Bürger zum Buch. Und weil die Politiker nur noch ihre dröhnende Ratlosigkeit von Konferenz zu Konferenz verschleppen, gewinnen die Künstler an Ansehen, werden neuerdings Schriftsteller wie Orakel befragt, sind sie populärer, als es in aller Welt die Polizei erlauben würde.

Besonders von der Literatur erwartet man sich neue Ausblicke und wenn schon nicht Lebenshilfe, dann doch Verständnis der eigenen Kümmernis. Sogar politische Antworten werden nicht mehr den Parlamenten, sondern der Literatur abverlangt. So kommt es, daß die seit Jahren stagnierende Entspannungspolitik zwischen den Blocksystemen und zwischen den beiden deutschen Staaten einzig noch von den Schriftstellern weitergedacht wird. Zum Ärger der Politiker führen sie, jenseits der herrschenden Ideologien, einen Dialog gesamtdeutscher Art, der den Begriff der Nation, frei von den üblichen Machtansprüchen, einzig aus den Überlieferungen der Kultur definiert. Sie ist das Dach über dem zerrissenen und zänkisch aufgeteilten Haushalt; sie soll ideell leisten, was der Politik alltäglich mißlingt.

Diese Entwicklung ist der deutschen Geschichte nicht neu. Den Fürsten damals und den Politikern heute fiel oder fällt zur Frage der Nation immer nur kleinstaatlicher Separatismus oder größenwahnsinniger Nationalismus ein. Hingegen sind die Schriftsteller, von Logau und

Lessing über Herder und Heine bis zu Böll und Biermann stets die besseren Patrioten gewesen. Patrioten und Weltbürger zugleich, die ohne nationales Geschrei oder ängstliche Abgrenzung ihr Vaterland beschworen, in seinen sozialen Schichtungen dargestellt, dessen Sprache reich gemacht, es kritisch gesehen, das heißt auf genaue Weise und nicht blindlings geliebt haben. Ihr Ruf nach Einigkeit meinte nicht Machtballung. Ihr Verlangen nach Größe strebte nie Herrschaft an. Ihr Reichtum war die kulturelle Vielfalt der deutschen Völker. Daß man nie auf sie gehört hat, belegt die deutsche Geschichte und deren katastrophaler Verlauf.

Militärisch in zwei verfeindete Blocksysteme gezwängt, wirtschaftlich den Interessen multinationaler Großkonzerne verwoben, insgesamt der politischen Stagnation ausgeliefert, ist Deutschland heute – oder wieder einmal – einzig als literarischer Begriff zu fassen. Dieser Begriff ist allerdings vogelfrei, weil er den Staat, den einen, den anderen Staat außer acht läßt. Der Staat versteht Kultur als Schmuck, als Bestätigung. Gegebenenfalls subventioniert er Kultur, damit sie ihn bestätigt. Weil der Staat ohne Ästhetik ist, erteilt er ersatzweise Richtlinien. Er will vom Künstler verschönt, aber nicht in Frage gestellt werden.

Doch nicht an den dürftigen Reaktionen des Staates – Strafmaßnahmen und Ausbürgerung von Schriftstellern auf seiten der DDR; banausenhafte Ignoranz und zunehmende Bespitzelung auf seiten der BRD – läßt sich die vielschichtige Entwicklung der zweimal deutschen Nachkriegsliteratur ablesen, wohl aber an der mit Büchern, Gedichten, Theaterstücken belegbaren Tatsache, daß sich deren Autoren, gleich welchem Staatsverbund sie angehören, seit über dreißig Jahren den Realitäten gestellt haben. Sie wichen den deutschen Traumata nicht aus. Für sie blieb der deutsche Nazismus über die Generationen hinweg alltägliche Herausforderung, so geschickt oder plump er hier demokratisiert oder drüben vergesellschaftet wurde. Von Heinrich Bölls erstem Roman ›Wo warst du, Adam?‹ bis zu Christa Wolfs in den siebziger Jahren geschriebenem Roman ›Kindheitsmuster‹ spannt dieser Bogen. Und selbst die jungen, nach dem Krieg geborenen, man könnte meinen, »unbelasteten« Autoren schleppen den Plunder und die Schuldverschreibungen deutscher Vergangenheit mit sich, auch wenn sie sich in ihre Gegenwart und deren Verstörungen verbeißen. Von Paul Celans Gedicht ›Todesfuge‹ bis zu Rolf Dieter Brinkmanns Gedicht ›Lied am Samstagabend in Köln‹ hat das Grauen nicht aufgehört, kann die Vergangenheit nicht enden, bleibt das deutsche Thema gestellt.

Natürlich hat es von Staats wegen Versuche gegeben, den Schriftstellern »Positives«, rundum »Lebensbejahendes« abzuverlangen. In beiden Staaten hätte man gerne Lobsänger des jeweiligen Wiederaufbaus gefunden; und in der DDR gab und gibt es auch Schönschreiber genug, die sich an Fassaden berauschen, ohne nach den Fundamenten zu fragen. Doch diese Bestätigungsliteratur ist ohne Nachfolge geblieben. Um so langlebiger erwies sich der Vorwurf der »Nestbeschmutzung«. Er wird immer dann laut, wenn sich der Staat durch seine Schriftsteller, die er eigentlich lieben möchte, verschmäht sieht. Mit diesem Vorwurf hantierte der Präsident des DDR-Schriftstellerverbandes, Hermann Kant, als im Frühsommer dieses Jahres unter seinem Vorsitz neun Autoren aus dem Verband ausgeschlossen wurden. Dieser Vorwurf wird in der Bundesrepublik laut, wenn Schulbücher von, wie man sagt, einseitigen oder nur negativen Texten gesäubert werden. So verfeindet die beiden deutschen Staaten ideologisch sein mögen, wenn es darum geht, Schriftsteller zu reglementieren, hat man rasch eine Sprache gefunden und wird das Wort »Nestbeschmutzer« gern zollfrei von Staat zu Staat getauscht.

Gegen solche Widerstände, die im ostdeutschen Staat während Phasen zeitweiliger Liberalisierung gemildert wurden, denen im westdeutschen Staat eine knapp ausreichende liberale Öffentlichkeit Grenzen setzt, haben sich die deutschen Literaturen im Verhältnis zu- und gegeneinander, oft in Schüben und phasenverschoben manchmal modischen Strömungen unterworfen, doch schließlich die Grenzen mißachtend zu einer Vielgestalt entwickelt, deren Formreichtum wechselseitige Toleranz voraussetzt. Realismus und konkrete Poesie schlossen einander nicht aus. Die Sozialreportage war möglich neben der märchenhaften Fiktion. Der essayistische Roman entstand neben dem traditionell erzählenden oder mischte sich mit ihm und gewann neue Möglichkeiten des Erzählens. Verschlüsselte, schwer zugängliche Lyrik mußte sich neben Dialektgedichten behaupten. Eine Vielzahl neuer Literaturformen wurde entwickelt.

Aus eigener Erfahrung weiß ich, daß diese den Schriftstellern oft ungewohnte Einübung in Toleranz nicht denkbar gewesen wäre ohne den langjährigen Rückhalt der Gruppe 47. Mit ihr datiert der Beginn der deutschen Nachkriegsliteratur. Während der Adenauer- und Ulbricht-Ära, bis gegen Ende der sechziger Jahre, gingen von ihr und ihren jährlichen Tagungen literarische Orientierungen und über die Grenzen wirkende Impulse aus. Auch die Autoren Österreichs und der deutschsprachigen Schweiz gehörten dazu, erweiterten das Erfahrungsfeld und legen uns nah, den zu engen, an Staatsgrenzen gebundenen Begriff »deutsche Literatur« durch den komplexeren »deutschsprachige Literatur« zu ergänzen. Für alle beteiligten Autoren wurde die Gruppe 47, inmitten einer zunehmend vulgär-materialistischen Umwelt, zum Gegenpol. So bescheiden die Gasthöfe waren und so abseits die Kleinstädte lagen, in denen man tagte, uns wurde die Gruppe 47 zur mobilen literarischen Hauptstadt. Von Hans Werner Richter, der sie mit Alfred Andersch, Wolfdietrich Schnurre und anderen zwei Jahre nach Kriegsende gegründet hatte, ging jene Toleranz aus, die ihr Fortbestehen sicherte und deren ungeschriebene Gesetze bis heute wirken.

Als jenes Dutzend Schriftsteller 1947 mit seiner Arbeit begann, sah es sich nicht nur in einem zerstörten, aufgeteilten, von fremden Armeen besetzten Land, auch die Sprache war nach zwölf Jahren Naziherrschaft korrumpiert, in weiten Wortfeldern um ihren Sinn betrogen und nur noch in Resten kenntlich. Wenig Chancen hatte diese junge, zögernd beginnende, noch stammelnde Literatur gegenüber dem breiten, nun wieder einsehbaren Angebot aus Zeiten der Weimarer Republik, gegenüber der Exilliteratur. Thomas und Heinrich Mann, Brecht, Kafka, Hesse, Benn und der Expressionismus dominierten. Hinzu kam die bis dahin gleichfalls verbotene ausländische Literatur. Nicht deutsche Nachkriegsautoren – Wolfgang Borchert ausgenommen –, sondern Sartre und Camus, Faulkner und Hemingway, Lorca und Majakowski bestimmten die literarische Diskussion. Nur mit Mühe konnten sich Bölls erste Romane, die Gedichte der jungen Ingeborg Bachmann, konnten sich Günter Eich, Wolfgang Koeppen und Arno Schmidt diesem schon klassischen Aufgebot der modernen Literatur gegenüber behaupten. Allenfalls die deutschsprachigen Schweizer Autoren, Frisch und Dürrenmatt, durften mit einem Sonderinteresse rechnen, zumal beide Autoren, gestützt auf ihre Herkunft, sicherer auftraten und insbesondere auf dem Theater jenen Raum fanden, der den anderen noch verwehrt war. Hinzu kam das Desinteresse der großen Verlagshäuser, wie S. Fischer und Rowohlt, an der deutschen, immer noch suchenden, aus Verlegersicht unattraktiven Gegenwartsliteratur. Da hielt man sich lieber an die Betreuung der modernen Klassik und an amerikanische Bestseller.

Mir ist diese Periode besonders in ihrer letzten Phase sehr deutlich geblieben, zumal ich seit 1955 als unbekannter Lyriker und Theaterautor an den Tagungen der Gruppe 47 teilnahm und erlebte, wie schwer es fiel, meine ersten Theaterstücke auf die Bühne zu bringen. Auch war die politische Atmosphäre während der Adenauer-Ära dergestalt restaurativ, daß uns nichts anderes blieb, als Halt innerhalb unserer literarischen Gruppe zu suchen und im Protest verharrend wie außerhalb der Gesellschaft zu leben.

Erst gegen Ende der fünfziger Jahre, genau datiert, zur Buchmesse 1959, setzte die Wende ein: Es erschienen gleichzeitig Heinrich Bölls ›Billard um halb zehn‹, Uwe Johnsons ›Mutmassungen über Jakob‹ und mein Roman ›Die Blechtrommel‹. Lyriker wie Enzensberger, Heißenbüttel, Rühmkorf gaben den neuen, scharfen, genauen und verspielten Ton an. Mit Beginn der sechziger Jahre – Walsers Roman ›Halbzeit‹, Ingeborg Bachmanns Erzählungen ›Das dreißigste Jahr‹, Alexander Kluges ›Lebensläufe‹ – hatte zumindest die westdeutsche Nachkriegsliteratur ihren Platz erobert. Doch auch die DDR-Autoren meiner Generation, etwa Christa Wolf, Günter Kunert, Hermann Kant, ließen sich nicht mehr lange übersehen, zumal mit Uwe Johnsons folgenden Romanen – ›Das dritte Buch über Achim‹ und ›Zwei Ansichten‹ – das Thema der Teilung Deutschlands zu fortwirkender Literatur geworden war. Immer mehr Autoren legten Schicht nach Schicht die deutsche Vergangenheit bloß und zeigten auf, was alles hinter den Fassaden der Wohlstandsgesellschaft nachlebte. Freilich standen die in der DDR lebenden Autoren hoffnungsvoll noch immer ganz im Bann ihrer Ideologie. Überzeugt vom ungebrochen antifaschistischen Charakter ihrer Gesellschaftsordnung, wollten sie nicht wahrhaben, daß sich der überkommene Nazismus mit dem herrschenden Stalinismus unmerklich vermischt hatte. Erst später wurde ihnen der abermalige Verschleiß ihrer Ideale deutlich. Die Okkupation der Tschechoslowakei durch die Warschauer-Pakt-Mächte unter Beteiligung der DDR-Armee nahm die letzten Illusionen. Auch die DDR wurde von der gesamtdeutschen Vergangenheit eingeholt. Die deutsche Schuld und ihre Nachwirkung kennt keine Grenzen.

Oberflächlich und ein rasch zu erreichendes Ziel vor Augen haben die Politiker gerne von der »Bewältigung der Vergangenheit« gesprochen; den Schriftstellern ging es eher darum, die Wunden offenzuhalten, nichts vorschnell heilen zu lassen und die Verschuldungen deutscher Vergangenheit gegenwärtig zu machen. Nichts sollte verjähren. Die Widersprüche blieben bestehen. Immer waren die Wirklichkeiten mit anderen, gegensätzlichen Wirklichkeiten unterlegt.

Die Tagungen der Gruppe 47 geben Zeugnis von einer Entwicklung, die, konträr zur wirtschaftlichen Hochkonjunktur, Zweifel gegen Glaubenspositionen setzte. Erst als 1968, parallel zum Studentenprotest und dem rhetorisch-revolutionären Ausbruch des lange gestauten Seminarmarxismus, die Ideologie sich der Literatur zu bemächtigen versuchte, brach die Gruppe 47 auseinander, wurde die stillschweigend gebotene Tolerierung einander widersprechender Meinungen außer Kraft gesetzt, hieß es unduldsam: Die Literatur ist tot! Es lebe die Aktion! Man lief auseinander, wollte den revolutionären Großen Sprung oder versuchte, den Schneckengang der Sozialdemokratie zu beschleunigen, und fand sich doch, wenige

Jahre später, nun jeder für sich vereinzelt, wieder beim Manuskript.

Vielleicht ist dieser Zustand der angemessene, der normale. Der Halt, den die Gruppe 47 den sonst vereinzelten Schriftstellern geben konnte, hing mit den Nöten der Nachkriegszeit zusammen. Dennoch habe ich manchmal das Gefühl, daß den heute jungen Autoren dieser oder ein anderer ihnen gemäßer Halt fehlt. Der politische Druck, dem wir nach wie vor und in der DDR sogar zunehmend ausgesetzt sind, verlangt Solidarität; denn was jeder einzelne Schriftsteller sucht und was seiner Arbeit notwendig ist, die Vereinzelung, sein Bestehen auf das zurückgenommene Ich, gefährdet ihn gleichzeitig und setzt ihn schutzlos den politischen und ökonomischen Mächten aus.

Inzwischen liegen die Bücher der Nachkriegsgeneration und gleichzeitig die der jungen, im »dreißigjährigen Frieden« aufgewachsenen Autoren vor. Ohne daß eine Ablösung der Generationen stattgefunden hat, sind alle gegenwärtig und da: aus beiden deutschen Staaten, aus Österreich, aus dem deutschsprechenden Teil der Schweiz. Die ältesten aus der Zeit der Weimarer Republik: Elias Canetti, Manès Sperber, Stefan Heym, die Kriegsgeneration und meine, von der Nazizeit noch geprägte, bei Kriegsende kaum erwachsene Generation, die Autoren, die der Studentenprotest, sich selbst reflektierend, zum Schreiben geführt hat, und nun die jungen Autoren, denen die Folgen des Krieges immer noch spürbar sind, obgleich sie nur Frieden erfahren haben. Ein unaufhörliches, man könnte meinen, übersetztes Angebot an Gedichten, Theaterstücken, Erzählungen, Romanen, Reportagen und Essays, das seine Leser findet, über die Grenzen springt und der nationalstaatlichen Definition von Literatur hohn spricht. Nirgendwo mehr wird der Gegensatz zwischen Ost und West kenntlicher gemacht und gleichzeitig aufgehoben als in der deutschsprachigen Literatur der Gegenwart.

Dazu ein Beispiel: Womöglich in Ermangelung der durch Selbstzerstörung untergegangenen Gruppe 47, begünstigt sicher durch die Situation der Stadt, aber auch ihrem jeweiligen Bedürfnis nach Information und Kontakt folgend, haben sich von 1973 bis 1978 in Ostberlin regelmäßig, das heißt in Abständen von drei bis vier Monaten, Schriftsteller aus beiden Teilen der Stadt in wechselnden Privatwohnungen getroffen, um sich aus ihren Manuskripten vorzulesen. Hans Joachim Schädlich, Sarah Kirsch, Kurt Bartsch, Jurek Becker, Thomas Brasch, Günter Kunert, Klaus Schlesinger, Bernd Jentzsch, um einige Autoren zu nennen, die später dem Zugriff der DDR-Behörden ausgeliefert waren; Peter Schneider, Nicolas Born, Christoph Buch, Jürgen Theobaldy, Rolf Haufs und ich, um einige Autoren zu nennen, die von Westberlin aus die Grenzkontrollen passierten und um Mitternacht wieder zurück sein mußten. Die absurde und doch reale Situation Berlins erlaubte diese Treffen, weil im Verlauf der durch Verträge gesicherten Entspannungspolitik die Einreise von Westberlinern nach Ostberlin wieder möglich wurde. Während dieser Jahre sind Bücher entstanden wie Schädlichs ›Versuchte Nähe‹, Borns ›Die erdabgewandte Seite der Geschichte‹, Schlesingers ›Berliner Traum‹, Rainer Kirschs ›Auszog das Fürchten zu lernen‹ und mein Roman ›Der Butt‹, Bücher allesamt, deren Entstehungsprozeß von den Ostberliner Treffen datiert war, denn wir lasen einander aus unseren Manuskripten vor und sparten nicht an Kritik.

Alle genannten Bücher sind Ausdruck der siebziger Jahre. Eine knappe Spanne Zeit. Und doch: eine nicht nur den Autoren wichtige Phase zweimal deutscher Literatur. Es mögen die in den Privatwohnungen eingebauten Wanzen zugehört und dem Staatssicherheitsdienst etliche Tonbänder, reich an leidenschaftlichem Literaturgespräch, geliefert haben. Nicht vom Staatsstreich und von der Konterrevolution war die Rede, sondern von der »DDR-Tendenz« stark rhythmisch gebundener, auf klassische Formen zurückgreifender Lyrik und von der »westdeutschen Tendenz«, Gedichte in freien Rhythmen, anarchisch ungebunden zu schreiben. Die Frage nach den Gründen dieser und anderer Unterschiede. Der nur zynisch zu belegende Vorteil, unter Staatsdruck und Zensurvorschriften schreiben zu müssen. Dagegen der ungehemmte Veröffentlichungsdrang im Westen. Dagegen Schubladen voller ungedruckter Manuskripte im Osten.

Wir tranken, rauchten, stritten und aßen Kartoffelsalat. Es wurde gelacht und geweint. Von zweimal Deutschland war die Rede. Vom Verschleiß der westlichen Demokratie durch den immer stärkeren Abbau der liberalen Rechte und vom mittlerweile unkenntlich gewordenen Kommunismus im ersten deutschen Arbeiter- und Bauernstaat. Der Staatssicherheitsdienst – wie immer wohlinformiert – mag dennoch nichts über Literatur gelernt und nur seine alltäglichen »Spitzelerkenntnisse« gewonnen haben.

Diese Treffen machten uns deutlich, daß sich die Literatur dem Zugriff der Ideologien entziehen muß, daß sich Literatur an kein Staatsverständnis binden läßt, daß Literatur grenzüberschreitend ist. Nicht nur wir saßen dort und redeten uns die Köpfe heiß, unsere Zunft war gegenwärtig. Büchner und Kleist wurden zitiert; von Lessing und Heine war die Rede. Unsere literarischen Ziehväter ließen sich nicht nach Himmelsrichtungen einteilen. Ost und West mit ihrem jeweils ideologischen Anspruch gaben keinen ästhetischen Maßstab her. Unversehens wurde uns Deutschland zum literarischen Begriff.

Mittlerweile leben einige der genannten DDR-Autoren in Westberlin oder in der Bundesrepublik. Nach der Ausbürgerung Wolf Biermanns durch die Behörden des ostdeutschen Staates begann der Prozeß der Ausdörrung. Im Namen des Kommunismus wurden, zum Zwecke der Reglementierung der Literatur, Gesetze verabschiedet, denen die Gesetze der Nazizeit Vorbild gewesen sein mögen. Doch die nun im Westen lebenden Autoren haben sich nicht angepaßt. Als dritte Gruppe leben sie, jeder für sich, zwischen den Grenzen, sind beiden Gesellschaften Stachel im Fleisch und unüberhörbar.

Mag es auch immer noch so aussehen, als ließe sich der zweimal deutsche Wiederaufbau durch den Nachweis wirtschaftlicher Stärke als ausschließlich und alles andere überragende Leistung belegen, so wird doch immer mehr deutlich, daß sich das eigentliche Wunder im Bereich der deutschen Literatur ereignet hat. Ihr Reichtum wird nicht durch Inflation bedroht. Ihrer nun schon drei Jahrzehnte anhaltenden Vitalität ist keine Energiekrise anzumerken, und da sie offenbar so gefährlich ist, daß sie dem einen, dem anderen deutschen Staat immer wieder Anlaß zu Repressionen und Anfeindungen gibt, wird sie wohl mächtig sein. Doch ihre Macht bedrückt nicht, sondern vermittelt Erkenntnisse und setzt Phantasie frei. Ihr Kapital ist die deutsche Sprache, mit dem läßt sich wuchern.

# Von morgens bis abends mit dem deutschen pädagogischen Wahn konfrontiert

BETRIFFT: ERZIEHUNG: Wie schätzen Sie die Rolle zeitgenössischer Literatur in der Schule ein? Haben Sie Kenntnisse aus eigener Anschauung von dem, was unter dem Stichwort »Literatur in der Schule« geschieht?

GÜNTER GRASS: Vorausschicken muß ich, daß ich fünf Kinder in die Welt gesetzt habe. Die vier aus erster Ehe – von denen haben drei die Schule hinter sich, der Jüngste geht noch zur Schule. Meine jüngste Tochter Helene fängt jetzt mit der Schule an. Meine zweite Frau hat zwei Kinder in die Ehe mitgebracht, die auch noch zur Schule gehen. Ich bin also von morgens bis abends mit dem deutschen pädagogischen Wahn konfrontiert, mit all den Schwierigkeiten und all den rechten Rückschlägen und linken Vorstellungen und mit all dem, was das bei Kindern anrichtet – und dann natürlich auch bei den Eltern anrichtet. Dadurch bin ich seit Jahren mit dieser Problematik konfrontiert.

Literatur in deutschen Schulen ist – solange ich zurückdenken kann, bis in meine relativ kurze Schulzeit (ich bin nur bis zum Alter von fünfzehn Jahren zur Schule gegangen) – eigentlich immer ein Alptraum gewesen. Früher war das alles von rechts gefüttert, dann kam die Phase von links, aber in den Grundverhaltensweisen hat sich leider nichts geändert: Es herrscht die Interpretationssucht. Literarische Texte werden nicht an den Schüler herangebracht, um bei ihm die Lust am Lesen auszulösen, um ihm die Chance zu geben – und sei es mit den verschiedensten Gedanken –, sich mit einem

Text zu identifizieren, sich selbst zu erleben, sondern um ihn auf eine schlüssige Interpretation hinzuführen. Das tötet die Literatur ab. Literatur ist trotz der deutschen Schule lebensfähig geblieben, aber dies tötet in einem sehr frühen Alter die Lust am Lesen ab. Literatur hat mit Kunst zu tun, es ist eine Kunstform und in erster Linie ästhetischen Gesetzen verpflichtet. Dieses Produkt der Kunst lebt davon, daß es vieldeutig ist, doppelbödig ist und eine Menge von Interpretationen zulassen kann. Es muß erst einmal respektiert werden, daß der, der auf ein Bild, auf ein Buch reagiert, etwas für ihn Wichtiges erlebt. Dies ist erst einmal richtig, auch wenn es sich nicht mit der Interpretation des Lehrers deckt. Und nun kommt das in die Schulmühle hinein, es wird Interpretation gefordert – ob es sich um einen Gedichttext, um die ›Braut von Messina‹ oder Wallraff oder was auch immer handelt: Es wird Interpretation abverlangt. Es ist im Grunde natürlich eine Aufforderung zum Opportunismus, weil die Schüler unter Leistungsdruck versuchen herauszuhören, welche Interpretation ist denn die des Lehrers – um sich der dann anzupassen. Das ist meine Negativerfahrung.

BE: Auch wenn gilt, was Sie sagen, könnte man sich doch auch ein anderes Modell vorstellen: Schule ist bei uns weitgehend vom gesellschaftlichen Leben getrennt. Literatur könnte ein Stück gesellschaftlicher Realität in die Schule hineintransportieren.

G.G.: Bis in die fünfziger und in die sechziger Jahre hinein, sicher in einigen Regionen der Bundesrepublik heute noch, wurden und werden die Schüler damit angeödet, daß sie den ganzen Winter über ›Kabale und Liebe‹ oder ›Hermann und Dorothea‹ durchkauen. Dann kam der Pendelschlag Ende der sechziger, Anfang der siebziger Jahre: Trivialliteratur, Sekundärlitera-

tur. Meine beiden ältesten Söhne haben sich dabei genauso gelangweilt wie die Generation davor mit der ›Braut von Messina‹ oder mit ›Hermann und Dorothea‹, indem sie FAZ-Kommentare, Leitartikel oder ›Bild‹-Zeitungsstile oder so etwas analysiert haben. Dies ist nach deutscher Art und Unart der Pendelschlag von der einen Richtung in die andere Richtung. Mit Literatur hat das im Grunde eigentlich sehr wenig zu tun. Dies war notwendig als Ergänzung, daß man zu den literarischen Texten etwas erfährt; unter welchen Bedingungen sind die geschrieben worden, was ist der ›Hessische Landbote‹ im Verhältnis zu ›Dantons Tod‹ und so weiter. Es war sicher richtig und wäre nach wie vor richtig, wenn man dort den klassischen Geschichtslehrer und den klassischen Deutschlehrer zusammengebracht hätte und versucht hätte, übergreifend Literatur aus der Zeit heraus zu verstehen. Aber die Isolierung vom literarischen Text, die ich dann miterlebt habe, führte dazu, daß Literatur eigentlich nur noch Vorwand war, gesellschaftlich Relevantes abzuleiten.
Das, was mich so ärgerlich, ja nahezu wütend macht, ist diese gleichbleibende Haltung des Studenten aus dem ›Faust‹, den Goethe ironisch gesetzt hat, Bildungsphilistertum karikierend: »Was man schwarz auf weiß besitzt, kann man getrost nach Hause tragen.« Das haben wir jahrzehntelang von rechts erlebt, jetzt erleben wir es von links. Es ist eine puritanische Einstellung, am Nutzen orientiert: Wieviel Liter Milch bringt die Kuh? Auf das Buch, auf die Literatur bezogen, bringt das natürlich gar nichts. Es bringt nicht das, was Kunst bringen kann: Es bringt eine andere, eine erweiterte Lebenserfahrung, etwas, was sich aus anderen Texten nicht herauserleben läßt, weder aus dokumentarischen noch aus soziologischen oder aus sonstwie fachlichen Texten.

Literatur bringt andere Dimensionen, und zwar genau die Dimensionen, die im politischen Verständnis unserer Zeit immer zu kurz kommen.

B E: Noch einmal von Büchner zu Grass oder zu Böll oder zu wem auch immer: Spielt zeitgenössische Literatur in der Schule eine stärkere Rolle als zu Ihrer Schulzeit?

G. G.: Viel weniger. Das klingt sehr konservativ und ist auch so gemeint: Natürlich haben wir uns darüber geärgert, wenn wir die ›Glocke‹ auswendig lernen mußten. Aber ich kann noch ein paar Gedichte auswendig. Ich fände es schon ganz gut, wenn die jetzt aufwachsende Generation ein, zwei Gedichte von Ingeborg Bachmann, ein paar Gedichte von Brecht, ein Gedicht von Paul Celan auswendig sagen könnte. Ich halte das für eine Bereicherung, für etwas, das man nicht ins Bruttosozialprodukt übersetzen kann. Aber davon haben wir ja ohnehin genug. Diese Dinge gibt es nicht mehr. Das kann ich an meinen Kindern nicht beobachten. Sie gukken manchmal, wenn meine Generation – was wir ja gerne tun – ein Fest feiert, und wir sind noch in der Lage, ein Lied mehrstrophig zu singen. Da erlebe ich einen neidvollen Blick: Einiges möchte ich auch können, das ist ja toll. Das ist nicht mehr da, das ist wegrationalisiert worden. Dieser schöne, sinnlose Bereich, den die Kunst – und damit auch der Deutschunterricht – vermitteln könnte, das passiert nicht mehr oder unzureichend. Mein jüngster Sohn, der jetzt fünfzehn ist, hat kürzlich mit einem Lehrer, der das den Schülern zugemutet hat, ›Wilhelm Tell‹ gelesen. Da gab es erst einmal ein Gemaule. Dann habe ich mich mit ihm darüber unterhalten, auch über den geschichtlichen Hintergrund, dann über die erste Szene: wie es dort dem Schiller gelingt, in einer Exposition – was sehr revolutionär war für diese Zeit, zum Teil auch Shakespeare abgeguckt war, aber aufgenommen wurde – zum Beispiel die Natur, das Wetter in das Drama mit hineinzunehmen. Es zieht ein Gewitter auf, es ist etwas Bedrohliches passiert, und mit dem bedrohlichen Wetter kommt der Flüchtling. Wenn das Lehrer zu vermitteln verstehen und sich darauf noch einlassen, vermitteln sie mehr als bloß einen »klassisch« genannten Text.

BE: Welche Erfahrungen machen Sie mit Lehrern?

G. G.: Mein größter Vorwurf ist der, daß die Lehrer nicht lesen. Sie lesen kaum noch, und sie lesen allenfalls, um sich sachlich, fachlich mit Infos und mit sonstigen Dingen, up to date zu halten. Wie viele Deutschlehrer gibt es in der Bundesrepublik?

BE: Ich würde ungefähr 80 000 schätzen.

G. G.: 80 000 Deutschlehrer in einer Zeit, in der die gegenwärtige deutschsprachige Literatur seit dreißig Jahren in Hochblüte steht, sich sehen lassen kann. Aber Romane von jungen Autoren oder Gedichtbände, die eine gute Kritik bekommen – ich rede jetzt von wirklich interessanten Büchern –, erfahren im Glücksfall eine Auflage von 3 000 Exemplaren. Dann ist der Verlag schon glücklich, dann hat er die Deckungsauflage erreicht. Das ist doch ein Signal.

Daß da aber zum Beispiel etwas Aufregendes zwischen den beiden deutschen Literaturen passiert, geht an der Schule vorbei, es geht an den Lehrern vorbei, sie nehmen es nicht auf.

BE: Haben Sie eine Begründung dafür?

G. G.: Die Konzentrationsschwäche, die wir bei den Schülern beklagen, ist gegeben bei den Lehrern. Sie sind nicht in der Lage, mit sich und einem Buch allein zu sein, es muß immer kommuniziert werden mit irgend etwas, was natürlich ein Feind allen Lesens ist. Lesen ist ein kreativer, selbstgewählter, einsamer, herrlicher Prozeß, durch nichts zu ersetzen. Es gibt kein Surrogat. Wir haben für alle möglichen Erscheinungsformen unseres Lebens scheußliche Surrogate gefunden, und die funktionieren ja auch. Das Lesen ist uns nicht abzunehmen.

BE: Warum ist dies Ihrer Meinung nach so?

G.G.: Unsere Gesellschaft ist, ob sie sich links oder rechts orientiert, vulgär-materialistisch. All unsere konservativen bis reaktionären Geschichten, aber auch die Gegenpositionen, die von links kommen, sind alle auf Zuwachs, Wohlstand, soziale Sicherung, zum Teil aus guten Gründen, konzentriert, so daß in diesem rein materialistischen Existenzverständnis für viele Dinge, die nicht auf Heller und Pfennig vom Nutzeffekt her zu belegen sind, deren Nutzen nicht sofort abzuleiten ist, kein Platz bleibt.

BE: Von daher wäre auch den Lehrern kein Vorwurf zu machen, denn sie sind Bestandteil dieser Gesellschaft.

G.G.: Das ist die billige Ausrede. Da bin ich also noch einmal ganz konservativ. Alles immer auf die Gesellschaft schieben, die »Opfer gesellschaftlicher Verhältnisse«, Himmel Herrgott, das ist 'ne Ausrede, die sich langsam die Hacken abgelaufen haben sollte. Wir haben doch die Möglichkeit, uns zu entscheiden. Wann hat eine Gesellschaft jemals so viel Freizeit gehabt? Ich bin ein Anhänger des demokratischen Sozialismus und mir auch historisch dieses Prozesses bewußt. Das fing mit dem Zwölf-Stunden-Tag, mit Kinderarbeit an. Was ist heute da an Freizeit? Dieses Unvermögen, mit dieser freigewordenen Zeit etwas anzufangen, fördert natürlich wieder den vulgär-materialistischen Sinn für eine neue Art von Industrie: die Freizeitindustrie, die Lückenfüller, die es den Menschen ersparen – wovor sie offenbar schreckliche Angst haben –, mal mit sich und ihren Wünschen und Sehnsüchten alleine zu sein.

BE: Ist dies vielleicht die Angst davor, für sich selbst die Sinnfrage zu stellen? Das Nachdenken über die eigene Existenz ist etwas Beunruhigendes. Und Literatur verleitet zum Nachdenken.

G.G.: Sie provoziert es ja, aber sie unterhält auch, wenn sie gut ist. Das ist ja nicht nur die bohrende Frage in der Stillage eines »Worts zum Sonntag«, die da auf uns zukommt.

BE: Zensuren, auf die ja Lehrer Schüler pressen, wo dann eigentlich Kunst verlorengehen muß, sind ja auch wieder vulgär-materialistische Kategorien. Die Zensur hat ja Tauschwert in bezug auf die Stellung in der Gesellschaft. Dieser Konkurrenzkampf, von dem in den Schulen gesprochen wird, bestimmt Startpositionen bei beruflichen Chancen. Von daher bekommt es plötzlich diesen fatalen Tauschwert, so daß jetzt – ohne Lehrer und die Institution oder Gesellschaft hier in Schutz zu nehmen oder verantwortlich zu machen – Eltern solche Erwartungen an die Schule herantragen. Das haben Sie bestimmt auch erlebt.

G.G.: Ja gut, aber der Lehrer kann doch auch listig sein, der kann das alles doch unterlaufen.
Ich bin ja viel auch in Gewerkschaftsveranstaltungen, ich kenne diese Klagen alle. Natürlich gibt es zum Beispiel in Schleswig-Holstein die Richtlinien; aber der Lehrer kann doch, wenn er will, wenn er listig ist, das unterlaufen, kann den verknöcherten Kerls in Kiel das liefern, was sie haben wollen, und unter der Decke, im augenzwinkernden Einverständnis mit den Schülern, doch mal ein paar Sachen machen, die diese Generation ja auch will. Wenn ich Diktator wäre, würde ich als Hauptpflichtfach den kreativen Müßiggang einführen. Da könnte man zum Beispiel lernen, mit sich und einem Buch allein zu sein. Das sind Dinge, die Voraus-

setzung sind; im Grunde müßten das die Lehrer erst einmal lernen, damit sie es auch vermitteln können. Daß sie es einmal fertigbringen, zehn Minuten zu schweigen, und kein doppelköpfiges Schwein läuft durchs Klassenzimmer, nichts passiert, das mal aushalten.

BE: Wie denken Sie über Schule nach? Sie haben wahrscheinlich nur leidvolle Erfahrungen mit Lehrern und Schulformen.

G. G.: Zweiter Vorschlag eines Diktators.

Für zehn Jahre absolutes Verbot für eine Reihe von Wörtern: Kultusministerkonferenz, Curriculum, Lernziel, Schulen verschulen, Umschulen. Dieses ganze Wortfeld ist so sinnentleert und transportiert immer weniger, so daß von daher auch nichts Kreatives mehr entspringen kann. Ein Blick in andere Länder zeigt, daß dort das Verhältnis zwischen Schüler und Lehrer entspannter ist als bei uns. Wie ist das möglich? Ich bin nach wie vor ein glühender Vertreter der Gesamtschule als Ganztagsschule – wenn sie vertreten wird in einem Deutsch, in dem sie denen, die es angeht, verständlich ist: nämlich den Schülern als Betroffene und auch den Eltern. Aber eine solche Schule müßte doch in der Lage sein, dieses klassische, teuflische Feindverhältnis zwischen Lehrer und Schüler nun einmal abzubauen. Das wäre doch auch eine der Voraussetzungen dafür, ich sehe jedoch wenig Anzeichen.

BE: Je stärker aber der Konkurrenzdruck in die Schule wirkt, desto intensiver gerät der Lehrer in die Rolle dessen, der Lebenschancen verteilt. Diese Funktion macht im Grunde eine angstfreie Kommunikation zwischen Schülern und Lehrern kaputt.

G. G.: Ist mir alles bekannt, wehleidig, wehleidig... Ich kann nur darauf verweisen, daß wir noch nie solche

Möglichkeiten gehabt haben und daß alle, die wehleidig ein Geschrei darüber anstimmen, mit dazu beitragen, diese Möglichkeiten zu verplanen, zu verringern, indem sie nicht genug Widerstand leisten, nicht listig genug sind, indem sie über den Raum, über den sie verfügen, nicht auf irgendeine Weise souverän verfügen.

BE: Aber überlegen Sie sich doch jetzt einmal das Klima in der Schule: Ein Lehrer versucht Freiräume zu nutzen. Er weiß genau, er hat in seiner Klasse Kinder drin, die von dem Hessischen Elternverein aufgefordert worden sind, über eventuelle politische Fehltritte des Lehrers Bericht zu erstatten...

G. G.: Das ist doch Leben, das ist doch lustig.

BE: Nein, für den Lehrer überhaupt nicht.

G. G.: Mein Gott, eine Gesellschaft reibt sich. Und in Deutschland nun sowieso mit all den Urteilen und Vorurteilen. Wenn man in diesen Beruf hineingeht, dann muß man doch von vornherein wissen, in welches Reibungsverhältnis man hinein will. Es gibt keine hundertprozentigen Lösungen. Das ist doch klar, wenn man anfängt, bestimmte Vorgänge, Entwicklungen – nicht nur von den Fakten her, von dem, was auswendig zu lernen wäre, her – deutlich zu machen, sondern auch nach Hintergründen fragt: Wie ist das eigentlich – so ein Roman, wie ist ›Der Stechlin‹, letzter Roman von Fontane, entstanden? Das war eine Sensation, ein Roman, in dem zum erstenmal demokratische Landarbeiter auftreten. Das ist ein Roman über eine Wahl. Fontane ist verrissen worden mit diesem herrlichen Buch, weil er etwas Kühnes gemacht hat. Er hat ein Buch parallel zur Zeit geschrieben. Das wäre doch interessant, setzt ein bißchen Arbeit voraus, ein paar Rezensionen ausgraben ist nicht so schwierig. Wie ist dieser Roman des Stechlin aufgenommen worden? Wie wandelt sich das? Welche Beziehungen gibt es zu Thomas Manns ›Buddenbrooks‹? Da ist auch ein Streik. Da sieht man den preußischen Landadel und die sozialdemokratischen Landarbeiter. Dort ist es die Dekadenz des Großbürgertums, des Patriziertums in Lübeck. Die Faktoreiarbeiter dort in den Betrieben machen einen Streik. Da gibt es dann Eltern, die finden das zu politisch, die reiben sich daran. Das finde ich gut, das finde ich lustig. Endlich passiert dann auch mal was in den Schulen, was die Eltern aufregt. Ich bin gegen diese Wehleidigkeit, das bringt kein Stück weiter.

BE: Wobei man ja noch unterscheiden muß zwischen Wehleidigkeit und – sagen wir mal – Erfahrungen im Laufe der Jahre, was an Be-Argwöhnung von kritischen Positionen tatsächlich gelaufen ist. Lehrer kommen dann in den Wirkungsbereich von ganz eigenartigen Mechanismen, werden dann als Vertretungslehrer durch den Kreis geschickt und verzagen.

G. G.: Ich bin nun freiberuflich. Anlässe bieten sich, wenn ich mich politisch äußere. Wie kürzlich mit drei Kollegen, zwei aus der DDR und zwei aus der BRD. Wir schreiben einen Brief an den Kanzler, weil wir glauben Grund zu haben, da zu mahnen, gerade aus deutscher Sicht den Frieden zu erhalten. Da kommen die Drohbriefe, da wird mir in Schleswig-Holstein mutwillig ein Baum, den ich gerade gepflanzt habe, rausgerissen oder abgebrochen. Da passieren solche Sachen. Soll ich mich darüber wundern? Ich weiß doch, in welche Gesellschaft hinein ich das sage.

BE: Ein junger Lehrer, der von der Hochschule kommt und vernünftige politische Ideen im Kopf hat, begibt sich dann, wenn er diese politisch frei äußert in der Schule, in die Nähe von dem Feld, was mit Berufsverbot zu beschreiben wäre. Der überlegt es sich doch dreimal, ob er den Mund aufmacht oder nicht.

G. G.: Was ich hier gesagt habe über den ›Stechlin‹ oder über Thomas Manns ›Buddenbrooks‹: Das sind revolutionäre Einsichten, nur müssen die Lehrer das mal zur Kenntnis nehmen, daß es so etwas gegeben hat in der deutschen Literatur und daß das, was das Umfeld der Literatur ist, auch vermittelt werden kann auf spannende Art und Weise.

BE: Wenn ein Lehrer auf die abenteuerliche Idee kommt, mit Sympathie ein Buch wie ›Die verlorene Ehre der Katharina Blum‹ im Unterricht zu behandeln: Der müßte gut vorbereitet sein und andauernd vorwegschieben, daß er sich damit nicht identifiziert.

G. G.: ... wenn er die ›Räuber‹ von Schiller durchnimmt, mit wem identifiziert er sich denn da?

BE: Schiller ist tot und Klassiker, Böll lebt und hat...

G. G.: Dann soll er beides gleichzeitig machen, das ist doch eine Möglichkeit. Man kann sich kritisch mit beiden Texten auseinandersetzen. Beim jungen Schiller wie beim späten Böll gibt es Momente der Kolportage, die nicht zu den Stärken des einen oder anderen Textes gehören, dennoch sind sie wichtig, haben eine Korrespondenz miteinander.

BE: Sie haben sich nach einer gewissen Abstinenz öffentlich wieder für die SPD eingesetzt. Mich interessiert, mit welchen Argumenten Sie linken Leuten gegenüber Ihr neuerliches Engagement für Helmut Schmidt und die SPD plausibel machen.

G. G.: Also erst einmal – mit Abstinenz hat das überhaupt nichts zu tun. Ich habe parallel zu anstrengenden, anhaltenden Jahren, in denen ich sehr stark politisch engagiert war in den Wahlkämpfen, zwischen den Wahlkämpfen, ein Buch geschrieben – wie das ›Tagebuch einer Schnecke‹. Dann habe ich 1972 mit den Vorarbeiten zum ›Butt‹ angefangen, und da ich ein langsamer, beharrlicher Arbeiter bin, habe ich fünf Jahre gebraucht für dieses Buch. Danach habe ich ›Telgte‹ geschrieben, und jetzt sind ›Die Kopfgeburten – oder die Deutschen sterben aus‹ fertig. Das ist wieder ein Buch, das eine Stillage fortsetzt, die ich im ›Tagebuch einer Schnecke‹ begonnen habe. ›Telgte‹ war ein Blick von heute ins siebzehnte Jahrhundert und vom siebzehnten Jahrhundert in unsere Zeit hinein, die ›Kopfgeburten‹ spielen heute eigentlich im Vorweggriff im Wahljahr 80 und haben ein Lehrerpaar zu Hauptfiguren.

BE: Wieso gerade Lehrer?

G. G.: Bei mir kommen immer Lehrer vor, ich habe eine Haßliebe zu Lehrern. Wahrscheinlich liegt es daran, daß es ein Irrtum gewesen war, mit ›Katz und Maus‹ seien meine Schulerfahrungen abgefeiert. Das geht weiter. Es kommt sicher auch dadurch, daß meine Kinder mir diese Schule immer wieder ins Haus rein schleppen – mit all diesen Neuängsten und Neunöten. Ich muß mich gar nicht groß verrenken. Natürlich war es leichter, mit Leuten wie Gustav Heinemann, Willy Brandt in direktem Kontakt als Schriftsteller zu korrespondieren. Und wie vielen fiel es mir schwer, diesem sachlichen, faktenbesessenen Realpolitiker Helmut Schmidt gegenüber mehr als eine gewisse Hochachtung vor seinem Fachwissen, vor seiner Tüchtigkeit zu bezeugen. Das hat sich bei mir zu meiner eigenen Überraschung zu Beginn dieses Jahres verändert. Dieser Mann, den wir, wie ich meine zu Unrecht – ich schließe mich da mit ein –, in die Ecke des Machers, des bloßen Pragmatikers geschoben haben, ist mit wachsender außenpolitischer Krisensituation zu einem bedeutenden Außenpolitiker geworden. In einer Zeit, in der unser Großverbündeter auf der einen Seite, die Sowjetunion auf der anderen Seite drohen, die Nerven zu verlieren, in einen schrecklichen und womöglich in einen folgenreichen Prestigeschlagabtausch hineinzugeraten, hat er mit anderen europäischen Politikern Ruhe bewahrt, Augenmaß bewiesen. Er hat uns gezeigt, auch uns vieren, die wir den Brief geschrieben haben, wie abhängig die Bundesrepublik, die reiche, die selbstherrliche, nach wie vor ist den Vereinigten Staaten gegenüber. Wir haben immer nur gesagt, die DDR sei so abhängig, und auf einmal merken wir, daß wir in bestimmten Situationen nicht wie ein Verbündeter, sondern auch wie ein Satellit behandelt werden können. Helmut Schmidt hat das deutlich gemacht, hat auch gezeigt, daß man bei bestimmten Dingen – leider – nachgeben muß. Davor habe ich Respekt. Wenn ich sehe, daß wir in diesem Jahr die Möglichkeit haben können, noch mit der Stimme durch Wahl zu entscheiden, wer uns in diese krisenbedrohten und mittlerweile schon krisengeschüttelten achtziger Jahre hineinleitet mit verantwortlicher Kompetenz: Da versuche ich natürlich, meinen Beitrag zu leisten, und mische mich in den Wahlkampf.

BE: Wenn ich Sie recht verstanden habe: Die Entscheidung für Schmidt und auch für die SPD ist eine außenpolitische...

G.G.: ...weiter, ich will doch, daß diese Dinge, die mittlerweile eingeschlagen sind und worüber wir vorhin gesprochen haben, weitergehen. Das soll doch nicht nur ein Fünfminutenbrenner sein, der Kampf um die Gesamtschule. Das soll doch mal im Verlauf der achtziger und neunziger Jahre zu etwas werden, wovon eine nachwachsende junge Generation profitiert. Natürlich fällt mir auf, daß es für Lehrer an Gesamtschulen keine berufsspezifische Berufsausbildung gibt. Die kommen unvorbereitet in diese Schule hinein, was mit zu den Schwierigkeiten dieser Schulen beiträgt. Das sind keine weltumschmeißenden Reformen, sondern noch mögliche, noch notwendige und noch zu realisierende Formen – Reformen –, und dafür braucht man Mehrheit.

BE: Was sagen Sie Leuten, die Sie nach dem Radikalenerlaß fragen? Nach der Computerisierung des alltäglichen Lebens?

G. G.: Ich habe mich dazu oft genug geäußert, der muß weg, aber ich will keine falschen Hoffnungen verbreiten. Der Ministerpräsidentenbeschluß, später Radikalenerlaß genannt, hat ja eine Bürokratie geschaffen. Man kann dann zwar, was ja geschehen ist in einigen sozialliberal regierten Ländern, das entweder ersatzlos streichen oder zu milderen Formen kommen, aber die Bürokratie ist da. Aber immerhin, verantwortet hat das und dazu gestanden Willy Brandt. Das passiert ja auch selten, daß ein Politiker offen zugibt, einen Fehler gemacht zu haben.

# Literatur und Mythos

*Rede auf dem Schriftstellertreffen in Lahti (Finnland)*


Das Thema ›Literatur und Mythos‹ macht mich vorerst verlegen, weil es die Gewißheiten und die Begriffsgläubigkeit des Literaturwissenschaftlers voraussetzt; ein Ansinnen, dem ich mich gerne verweigern will: Ich bin nicht gewiß, und die gängigen Begriffe taugen allenfalls als Sargdeckel. Auch haben mich Erfahrungen mit dem Wortfeld Mythos, Mythen, mythisch mißtrauisch werden lassen, zumal wir in Deutschland noch immer die Folgen jener Politik tragen müssen, die einen neuen Mythos schaffen wollte, doch deren Ergebnis Auschwitz hieß.

Diese Erfahrungen mit dem Irrationalismus und seinen realen bis in unsere Tage lastenden Ausscheidungen haben uns vernunftgläubiger gemacht, als es – um den Jargon unserer Tage zu benutzen – »im Kopf auszuhalten« war. Jedem Wunder wurden die Kosten nachgerechnet. Zum Chaos fiel uns die Parzellierung ein. In jede Dunkelheit leuchtete die Tranfunzel statistischer Erhebung. Wir bedienten uns der Vernunft, als sei sie ein Gegengift. Wir schnupften, inhalierten sie, injizierten einander mit Vernunft, um uns, so abgespritzt, immun zu machen gegen neuerliche Versuchungen, in denen innerhalb des konturlosen Sammelbegriffs »Irrationalismus« auch die Wörter Mythos, Mythen, mythisch wabern.

Das Ergebnis ist mittlerweile einsehbar: Ein immer engerer, jede Gefährdung abweisender Vernunftbegriff schuf sich unter dem Deckmantel vernünftelnder Sprache seinen hausgemachten Irrationalismus, gipfelnd im Mythos vom Fortschritt. Weshalb auch das Unterfutter des neuen, vernunftgesättigten Irrationalismus mit allerlei Mythen angereichert ist, deren Setzlinge dem Treibhaus der einen, der anderen Ideologie entstammen, so daß der Erfolg (mit seinen leistungsstrotzenden Erfolgsmythen) den angeblich klassenlosen und den vorgeblich pluralistischen Gesellschaften als Überbegriff gemein ist.

Und auch sie, die Vernunft, will nicht mehr in Sack und Asche laufen. Seitdem sie als A und O der europäischen Aufklärung bereits vor der Französischen Revolution vergöttlicht wurde und im Verlauf der Revolution auch folgerichtig zu Tempeln und Tempelchen kam, ist sie, wie unser Fortschrittsbegriff, zum Mythos aufgeputzt worden: die Vernunft transzendiert. Nun schaut sie melancholisch drein und verlangt, weil sie diesen saturnischen Zustand nicht aushält, nach Tabletten, die glücklich machen.

Die Gegensätze sind aufgehoben. Was man meinte, fein säuberlich und ideologisch lupenrein getrennt zu haben – hier die klärende, aufklärende, folgerichtig den Fortschritt beschleunigende Vernunft, dort die begrifflich als Irrationalismus abgeurteilte Unvernunft –, ist heillos miteinander verquickt. Wir schlingern, orakeln und liefern uns, weil handlungsunfähig geworden, neuzeitlichen Schamanen, den Computern aus. Allenfalls spricht noch aus Märchen Wahrheit, während uns die so vernünftig geknüpften Sachzwänge unserer Tage um jede Erkenntnis bringen. Mit technischer Präzision, also eindeutig und ohne zwielichtiges Geheimnis, ist uns die Apokalypse vorprogrammiert.

Was Johannes auf Patmos niederschrieb – sei es wie unter rauschhaftem Zwang, sei es mit der Gründlichkeit eines Schriftstellers, der immer wieder verbessernd den treffenden Ausdruck sucht –, dieses so vieldeutige, mit Geheimnissen wuchernde und nebenbei lustvoll mit der Zahl Sieben spielende Stück Literatur – sieben Leuchter, sieben Engel, sieben Posaunen –, das immer wieder – hier abgesehen von theologischen Haarspaltereien – kreative Neudeutungen provozierte – ich denke an Albrecht Dürers Holzschnittfolge, in der die Wörtlichkeit der apokalyptischen Offenbarung bis ins Detail bildhaft wird –, dieses Glanzstück literarischer Erhellung und Eindunkelung, dieser siebenmal versiegelte Mythos vom Weltuntergang verspricht heutzutage, platterdings eingelöst zu werden. Was heißt hier das Siebte Siegel! Der Mensch, also die Technik macht's möglich. Wir entsiegeln alles. Uns bleibt nichts verborgen. Wir dulden keine Informationslücke.

Wollte ein heutiger Johannes als Schriftsteller seine Offenbarung zu Papier bringen, es käme eine Doomsday-Kolportage, ein trivialer Science-fiction-Aufguß dabei heraus; es sei denn, der neue Johannes wäre ein Stanisław Lem. Der ginge sarkastisch bis ironisch mit den altbackenen und neubackenen Mythen um. Der ließe seinen Professor Donda seine »Dondaische Barriere«, die Grenze des Wissenszuwachses errichten, hinter der jede Zivilisation, die bestrebt ist, alles zu wissen, jedes und auch das Siebte Siegel zu brechen, also die absolute Information zum Ziel hat, zwangsläufig die totale Ignoranz des Wissens zeitigt, sich aufhebt und in die Leere fällt. Und diese Leere, das Nichts – schon wieder ein Mythos! – schafft Platz für nachhallendes, also literarisches Gelächter.

Eigentlich sollten wir froh sein, daß die göttliche Vernunft mittlerweile ihren Dachschaden so deutlich als unreparierbar zur Schau trägt. Seitdem nimmt sie uns nicht mehr so streng in die Pflicht. An ihren kategorischen Imperativen gemessen, wurde sie komisch, hüpfte wie Candide von einer Panne zur nächsten und erlaubt endlich auch uns Sprünge und Unterstellungen. Sie verlangt geradezu, daß ihr ärmlich graues Magisterröckchen, abgewetzt, wie es ist, daß ihre schlotternde Armseligkeit ein wenig aufgeputzt und angereichert wird.

Ist nicht die Literatur, als der Aufklärung ungeratenes Kind, besonders dazu geeignet, die Anfänge unserer neuzeitigen Entwicklung, Montaigne und seine Essays, zu beschwören, die Vernunft aus ihrer puritanischen Enge zu lösen und ihr die griesgrämige Rechthaberei auszutreiben? Könnten nicht sie, die Literaten, ihr, der Vernunft, die immerhin vernünftige Einsicht beibringen, daß Märchen, Mythen und Sagen nicht außerhalb unserer Wirklichkeit entstanden sind, also nicht irreal am Rande hausen und reaktionäre Finsternisse beschwören müssen, sondern Teil unserer Realität und kräftig genug geblieben sind, um uns klarer, wenn auch mit gesteigertem Ausdruck in unserer existentiellen Not und Wirrnis darzustellen, als es die überdies wortarm gewordene, nur noch im Fachjargon nuschelnde Vernunft vermag?

Nach Ende des Zweiten Weltkrieges, als ich, ein junger unwissender Mann, dessen Neugierde grenzenlos war, wie viele meiner Generation (mehr aus Trotz denn wissend) dem Existentialismus und seinen Moden zulief, las ich zum erstenmal Camus' ›Mythos vom Sisyphos‹, ohne recht zu begreifen, was mich faszinierte. Heute, gebeutelt von Erfahrungen und auch gezeichnet von der produktiven Vergeblichkeit des politischen Steinewälzens, ist mir Camus wieder nah, ist die Mär vom rastlosen Stein, der, Mal um Mal bergauf gewälzt, nicht liegenbleiben will, ist mir die heroische Absurdität des die Götter spottenden und den Stein bejahenden Sisyphos gegenwärtig. Sie beweist sich alltäglich. Dieses den Mythos in wenige Sätze fassende Bild vom heiteren Steinewälzer weist die menschliche Existenz komplexer und obendrein sinnlicher nach, als es der Informationswust unserer Tage oder gar die soziologische Überproduktion vermag.

Vielleicht ist es die archaische Strenge, die ins Einfache gesteigerte Komplexität der Mythen, die uns immer wieder einholt und uns, die wir versucht sind, in eine Unzahl statistischer Einzelheiten auseinanderzufallen, wiederum sammelt und kenntlich macht. Wie wir ja auch im Märchen uns wiedererkennen und uns seit Menschengedenken in Mythen aufgehoben sehen. Wir sind Echo und Narziß. Drei Wünsche sind uns freigestellt. Brot und Wein bedeuten mehr als Essen und Trinken. Den Jungbrunnen suchen wir, den uns die Fernsehwerbung verspricht. Jedem Goliath ist sein David gewiß. Jedermanns Traum: endlich den Fisch fangen, der zu uns spricht.

An diesen Beispielen, die nur Stichworte sein können, mag deutlich werden, daß jedenfalls meine schriftstellerische Arbeit ohne die stilbildende Kraft des Märchens nicht denkbar ist. Sie erlaubt Einsicht in eine weitere, das heißt die menschliche Existenz erweiternde Wirklichkeit. Denn so verstehe ich Märchen und Mythen: als Teil, genauer: als Doppelboden unserer Realität. Der nicht nur kindliche Wunsch der Menschen, fliegen zu können, klein zu bleiben, unsichtbar zu sein, ja, fernwirkend durch bloße Wunsch- oder Stimmkraft Gutes oder Schaden anzurichten, zum Beispiel Glas zu zersingen, und nicht zuletzt das Verlangen, die Zeit aufheben, in jeder Zeitweil des vorgeblich Vergangenen, des vorgeblich Zukünftigen gegenwärtig zu sein, diese so verstiegen anmutenden Sehnsüchte sind dennoch nicht unwirklich, nicht außerhalb der Realität, sondern bestimmen unsere Wirklichkeit in Tag- und Nachtträumen, aber auch im alltäglichen, oft gedankenlosen Sprachgebrauch. Von der Achillesferse bis zum Ödipuskomplex, vom Schlaraffenland bis zum Paradies auf Erden, von der Dreieinigkeit bis zur Bösen Sieben reichen die Relikte einer Bild-, Zeichen- und Bedeutungswelt, die wir annehmen und nicht als irrational diffamieren sollten.

Die Literatur lebt vom Mythos. Sie schafft und zerstört

Mythen. Sie erzählt die Wahrheit jedesmal anders. Ihr Gedächtnis speichert, was wir erinnern sollten.

Vielleicht gelingt es uns eines hoffentlich nicht zu späten Tages, wieder in Bildern und Zeichen zu denken, indem wir unserer Vernunft erlauben, an Märchen zu glauben, wie närrisch mit Zahlen und Bedeutungen zu spielen, der Phantasie Auslauf zu gewähren und zu erkennen, daß wir, falls wir überleben, allenfalls – und sei es mit Hilfe der Literatur – in Mythen überleben werden.

# Sich ein Bild machen

*Vorwort zum Katalog der Ausstellung »Zeitvergleich – Malerei und Grafik aus der DDR« des Kunstvereins Hamburg*


Bilder, die innerhalb der Staatsgrenzen des einen Deutschland gemalt worden sind, innerhalb der Staatsgrenzen des anderen Deutschland auszustellen, gilt noch immer als eine schwierige und oft verdienstvoll genannte Aufgabe; leichter mutet es an, die Kunstexponate des einen, des anderen Deutschland bei nächster Mondlandung dort oben zur Schau zu stellen: freilich selbst unter lunaren Bedingungen noch säuberlich getrennt und nicht gesamtdeutsch gepaart. Doch weil es wieder einmal gelungen ist, Bedenken und Vorbehalte zu schmälern, den imposanten Handelswert in Rechnung zu stellen, Banausen hier, Banausen dort zu überlisten, weil endlich in Hamburg (und nicht auf dem Mond) gezeigt werden soll, was in Leipzig und ähnlich entfernten Städten zum Bild wurde, will ich versuchen, dieses nebenbei auch nationale Ereignis mit einigen Anmerkungen zu beschweren.

Am Anfang, das heißt zu Beginn der fünfziger Jahre, gab es »drüben« – nach oft bestätigtem Vorurteil – den »sozialistischen Realismus« und den bis heute überragenden Einzelgänger Gerhard Altenbourg. Ich erinnere mich an eine Ausstellung des Berliner Galeristen Rudolf Springer, der als erster Altenbourg im Westen gezeigt und ein Fenster nach »drüben« geöffnet hat. Mich hat schon damals das thüringische Gespinst seiner Geniste und Verästelungen eingefangen; doch Altenbourg blieb die Ausnahme. In gleichem Maße, wie sich der Westen, zunehmend akademisch malend, in Gegenstandslosigkeit gefiel, feierte der Osten plakativ seine Aufbauphasen ab. Es war das Zeitalter der Gänsefüßchen und der ideologischen Abgrenzung. Man glaubte noch ungebrochen hier wie drüben im richtigen Lager zu sein. Erst spät gelang es den Malern Sitte, Heisig, Tübke und Mattheuer, den penetranten Formalismusvorwurf zu entkräften und sich ein Ansehen zu erarbeiten, dessen Gewicht heute auch von Staats wegen nicht mehr aufzuheben ist. Mit den Malern der folgenden Generation, Gille, Stelzmann, Ebersbach, Libuda – um nur einige Namen zu nennen –, versammelt sich, mit Vorzug in Leipzig, eine Kraft, die nach außen drängt und über die Grenze hinweg wahrgenommen wird. (Mit vergleichbarer Verzögerung ließ sich der Westen herab, die von Rückfällen und Aufbrüchen gezeichnete Entwicklung der DDR-Literatur zur Kenntnis zu nehmen.)

Da die Künste in Deutschland schon immer (und mehr als anderswo) das Interesse der Obrigkeit erregt haben, ist das Entstehen der beiden deutschen Staaten als Ergebnis einer gemeinsamen Verschuldung, die, wenn nicht freudige, so doch klaglose Hinwendung nach West und Ost, bei allem politischen Gefälle auch eine Geschichte in Bildern und ein Kapitel der Literaturgeschichte besonderer Art. Ein quälender Prozeß, dessen Anstrengungen im betonten Anderssseinwollen verebbten. Eine Verkettung, die sich nicht lösen ließ. Nachdem sie ihn lange genug als Schlagwort und Beschwörungsformel vernutzt haben, ist beiden Staaten der Begriff der Nation endlich abhanden gekommen; es bieten sich einzig die Künste noch an; ihnen könnte es gelingen, aus all den Widersprüchen, Ausschließlichkeiten und Abgrenzungen dennoch ein Bild zu machen.

So erschöpft und waffenstarrend zugleich die beiden Deutschland ihre mittlerweile offenbare Substanzlosigkeit zur Schau stellen, den Künstlern in und zwischen den Machtbereichen mangelt es nicht an Stoff, Reibung und Zeugungswut. Ihr patriotisches Begreifen mißt weiter als Bundestagsdebatten und ZK-Beschlüsse; es gründet auf Traditionen, die oft genug der Politik und ihren Ansprüchen zuwiderliefen.

Wahrscheinlich sind die Künste auf besondere Art Nutznießer der Teilung. Sie spüren sie schmerzhafter, denn ihnen wurde die Grenze deutlicher gezogen als etwa Wissenschaftlern, Wirtschaftsmanagern und Politikern, die immerhin – seitdem man verhandelt – Handfestes zwischen Ost und West zu verhandeln haben. Die Kunst hingegen blieb lange Zeit ein- oder ausgesperrt. Es ist ihr anarchischer Freiheitsbegriff, der immer wieder Grenzziehungen der Obrigkeiten provoziert. Deshalb wird die chronische Unerziehbarkeit der Musen – nach Phasen der Nachgiebigkeit – besondere und besonders vergebliche Strenge zur Folge haben. Die Eigengesetzlichkeit der Künste widerspricht jedem staatlichen Ordnungsprinzip und wird hier als Hohn, dort als gesellschaftsfeindlich empfunden. Dabei ist es wohl grundsätzlich die vordemokratische (nicht antidemokratische) Prägung der Künste, die den oft nur angemaßten demokratischen Anspruch der Staatsmächte verletzt. Man wünscht sich was Schmückendes, das vielen gefällt; doch über die Künste und ihre Produkte läßt sich schlecht abstimmen.

Wie aber kommt es, daß trotz aller Abgrenzungen und Maßregelungen Bücher und Bilder grenzüberschreitend wirken, der betulichen Observanz dort, der betriebsamen Ignoranz hier entkommen, ihr eigenverantwortliches Gespräch und Streitgespräch über die Grenze hinweg in Fluß halten und sich ein Bild von Deutschland machen, das den vielberufenen Realitäten spottet. Es ist von anderer, doppelbödiger Wirklichkeit und notiert die Großpolitiker beider Staaten als Randfiguren, als seien sie austauschbar, als hätten nicht sie mehr das Sagen.

Man mag dieses »Aus-der-Reihe-Tanzen« auf die altbekannte Verstiegenheit der Künste (und Künstler) schieben und sich zufriedengeben mit dieser »gesamtdeutschen« Erklärung. Man wird auf die wohlbekannten Fakten pochen, die Weltfremdheit der Kunst (und der Künstler) gut eingeübt belächeln und die Grenzziehungen unterstreichen. Und doch bleibt ein Rest, der erheblich genug ist, um Unruhe zu stiften.

Zum Beispiel wird, seitdem der Maler Werner Tübke an seinem 123 Meter langen Wandbild zum Thema »Bauernkrieg« arbeitet, mehr bewegt, offengelegt und in Erinnerung gebracht, als sich die Auftraggeber, das Zentralkomitee der SED und der Ministerrat der DDR, vor mehr als zehn Jahren träumen ließen: des großen (und offenbar letzten) Philosophen Ernst Blochs frühes Buch ›Thomas Münzer‹; und mit Ernst Bloch kommt jemand in das entstehende Bild, der sich als tagträumender Marxist und aufklärender Mystiker, als Jude und Deutscher weder in der DDR, wo ihm der Lehrstuhl genommen wurde, noch in der BRD, wo er allenfalls einen Verleger hatte, seinen Ort finden konnte. (Wem gehört nun Ernst Bloch – um nur nach dem einen Ortlosen zu fragen und doch an Uwe Johnson, Wolf Biermann und all die vielen Ortlosen zu erinnern: In wessen Staates »klassischem Erbe« sollen sie versackt, eingelocht, umgedeutet, in wachsender Unkenntnis aufgehoben werden?)

Tübkes Bild wird, ob es vollendet werden kann oder nicht, einen Maßstab setzen, dem weder der eine noch der andere deutsche Staat gewachsen sein dürfte. Indem sein Bild mit Münzer und dem Bauernkrieg Ernst Bloch und die Vogelfreiheit der Künste beschwört, ist es schon jetzt der Grenze entwachsen und setzt jene utopische Kraft frei, die der Mittelmäßigkeit der beiden Staaten – abermals ein gesamtdeutsches Gütezeichen – schon immer suspekt gewesen ist.

Und selbst wenn Tübkes Bild in der ihm vorgegebenen Manieriertheit erstarren, im Gedränge seiner Bild- und Stilzitate ersticken sollte, wird es als großer, sei es vergeblicher Entwurf unübersehbar bleiben und Folgen haben, wie etwa Otto Dix und Max Beckmann den Malern in der DDR dergestalt Herausforderung geblieben sind, daß ihre vorgeprägten und doch eigenständigen Nachfolgebilder nun die Maler im Westen erschrecken. Dort sind Dix und Beckmann ausgespart geblieben. Zwar wurde das so entstandene Vakuum notdürftig mit gegenstandsloser Dekoration, mit Konzepten von Konzepten und mit den Roßäpfeln der immer rascher galoppierenden Avantgarde aufgefüllt; doch das Loch blieb, speit aus, was ihm an ranzigem Fett zugemutet wurde, will eine Antwort hören und keine den Kunsthonig erklärenden Ausreden. (Vielleicht gelingt den »Neuen Wilden« ihr Ausbruch aus der Gefälligkeit des modernen Trends in rückwärts liegende Brachfelder; dort allerdings sind ihnen Kirchner und Nolde als Maßstab gewiß.)

Es läßt sich gröber und genauer nicht sagen: In der DDR wird deutscher gemalt. Dieser Staat und seine Bürger tragen sichtbar schwerer und ausfluchtloser an der deutschen Vergangenheit. Was immer man dort in das mal »klassisch«, mal »humanistisch« genannte »Erbe« hineininterpretiert hat, auf jeden Fall wurde die Erblast erkannt und angenommen. Zudem wurden dem jungen Staat Stalins Mitbringsel zugemutet: Der den Malern dieser Republik aufgebürdete »sozialistische Realismus« konnte nicht einfach abgeschüttelt werden, wie man im Westen das zeitweilige Diktat der »gegenstandslosen Malerei« ignorieren und also unterlaufen konnte. Vielmehr mußte dem vorgegebenen Bauauf!-Bauauf!-Pathos der bildhafte Zweifel nachgereicht, der Widerspruch eingearbeitet werden. Dieser Prozeß wird kenntlich auch durch biographische Brüche und Verletzungen, deren Narben zum Bild gehören.

Nichts will mehr positiv in die Zukunft schauen. Kein Blick nach vorne gelingt. Der Vorrat an Glanzlichtern ist aufgebraucht. Wenn heute der gestern noch neu anmutende Fassadenputz beider deutscher Staaten zu bröckeln beginnt und die Materialschäden zweier Systeme offenbar macht, wenn sich die Ideologien hier wie dort selbsttätig entblättern und also der marktwirtschaftliche wie der sozialistische Weg zwar immer noch zielstrebig, dennoch bergab führt, wenn hier wie drüben Schwerter nicht zu Pflugscharen werden dürfen, fangen die Bilder an, sich zu gleichen. Grenzenloses Erschrecken bildet sich ab. Kein Schein will mehr trügen. Visafrei reist die Angst ein und aus. Vorerst im Bild nur erkennen wir uns wieder. (Dem ist auch Trauer und die Einsicht unterlegt, daß jene, die machtvoll und gelegentlich nachdrücklich den Künsten raten wollen, selbst ratlos, wenn auch ohne Einsicht in ihre Ratlosigkeit sind.)

Als Christa Wolf vor einigen Jahren in ihrem Buch ›Kein Ort. Nirgends‹ den Dichter Heinrich von Kleist vergeblich Zuflucht suchen ließ, räumte ich in meiner Erzählung ›Das Treffen in Telgte‹ den deutschen Barockdichtern für nur wenige Tage Zuflucht ein. Diese unabgesprochene Übereinkunft mag anzeigen, wie unteilbar das Herkommen der deutschen Literatur ist. Zwar örtlich geprägt und oft genug geschunden, sind die Künste und mit ihnen Dichter und Maler ortlos geblieben und deshalb Mauerspringer aus Passion; ihnen kann nachhaltig keine Grenze gezogen werden.

# Die Vernichtung der Menschheit hat begonnen

*Rede zur Verleihung des Internationalen Antonio-Feltrinelli-Preises für erzählende Prosa in Rom*

Sehr geehrter Herr Präsident, meine Damen und Herren,
ich will versuchen, im Namen aller Preisträger des Antonio-Feltrinelli-Preises Dank auszusprechen. Das sollte leichtfallen, zumal Ehrungen dieser Art nicht nur getane Arbeit bestätigen, sondern auch Aufforderung sind, in Zukunft tätig zu bleiben. Optimismus drückt sich bei jeder Preisvergabe aus, als könne es fraglos immer so weitergehen. Unser Begriff von Fortschritt gefiel sich bisher in dieser Haltung und Pose; denn es ging ja auch immer irgendwie weiter.

Mein Dank spricht Zweifel aus in die hergebrachten Erwartungen. Unsere Gegenwart macht Zukunft fraglich, schließt sie in vielen Bereichen geradezu aus und produziert – da wir vor allem das Produzieren gelernt haben – den einzigen Zuwachs unserer Tage: Armut, Hunger, Verhungernde, verpestete Luft, vergiftete Gewässer, hier vom sauren Regen, dort vom Kahlschlag vernichtete Wälder und sich wie selbsttätig aufstockende Waffenarsenale, die der vielfachen Vernichtung der Menschheit fähig sind.

Rom, die Stadt, in der ich Dank zu sagen versuche, ist – neben ihrer gegenwärtigen und historischen Bedeutung – identisch geworden mit den Berichten des »Club of Rome«. Diese Berichte sind unsere nüchterne Offenbarung. Kein von den Göttern oder dem einen Gott verhängtes Strafgericht droht uns. Kein Johannes auf Patmos schreibt seine dunklen, den Untergang feiernden Bilder nieder. Kein Buch der »Sieben Siegel« wird uns zum Orakel. Nein, sachlich und unserer Zeit gemäß schlagen zu Buche: Zahlenkolonnen, die den Hungertod bilanzieren, die Statistik der Verelendung, die ökologische Katastrophe zur Tabelle verkürzt, der ausgezählte Wahnsinn, die Apokalypse als Ergebnis eines Geschäftsberichtes. Strittig sind allenfalls noch die Stellen hinterm Komma, nicht mehr der unabweisbare Befund: Die Vernichtung der Menschheit durch die Menschen auf vielfältige Weise hat begonnen.

Indem ich annehme, daß mittlerweile auch den Wissenschaftlern die Zukunft als gesichertes Spielfeld weiterer Entwicklung, wenn nicht abhanden gekommen, so doch fraglich geworden ist, hoffe ich, im Namen aller Preisträger zu sprechen, wenn ich nun von meiner Arbeit als Schriftsteller in wenigen Anmerkungen Bericht gebe: die Literatur und mich selbst in Frage stelle.

Mehr noch als die anderen Künste hat die Literatur eine ihrer Voraussetzungen im gesicherten Anspruch auf ihr Vorfeld, die Zukunft, gesehen. Absolute Herrscher, theologische und ideologische Dogmen, die eine und die übernächste Diktatur konnten überlebt, die Zensur aufgehoben, das Wort wieder freigesetzt werden. Die Geschichte der Literatur ist nebenbei auch eine Geschichte solcher Siege des Buches über den Zensor, des Dichters über den Potentaten. Mit anderen Worten: Die Literatur war sich einer Verbündeten immer gewiß, es mochte ihr noch so dreckig gehen, die Zukunft war auf ihrer Seite. Silone und Moravia, Brecht und Döblin überdauerten den Faschismus, wie Isaak Babel und Ossip Mandelstam den Stalinismus – obgleich sie an ihm zugrunde gingen – dennoch überlebten.

Sie, die Literatur, hatte immer den längeren Atem. Sie konnte auf Zeit setzen, ihrer Nachwirkung gewiß sein, selbst wenn sich das Echo auf Wort und Satz, Gedicht und

These Jahrzehnte später erst und manchmal erst nach Jahrhunderten entfalten konnte. Dieser Vorsprung und Vorschuß auf Zeit machte die ärmsten Poeten reich. Ihnen, deren Zuwachsrate »Unsterblichkeit« hieß, war selbst in widrigster Gegenwart nicht beizukommen; man mochte sie einkerkern, erschlagen oder ins Exil treiben, wie es bis in unsere Tage weltweit üblich ist, immer siegte am Ende das Buch und mit ihm das Wort.

So war es bis heute oder, genauer gesagt, bis gestern. Denn mit dem drohenden Verlust der Zukunft für die Menschheit ist auch die bisher gewisse »Unsterblichkeit« der Literatur zum nur noch irrealen Anspruch verkommen. Schon wird vom Wegwerfgedicht gesprochen. Das Buch, diese Dauerware, beginnt der Einwegflasche zu gleichen. Bevor entschieden ist, ob wir noch Zukunft haben, wird schon mit Zukunft nicht mehr gerechnet. Die gleiche Hybris, die den Menschen befähigt, sich selbst zu vernichten, droht nun, bevor es Nacht werden könnte, den menschlichen Geist zu verdunkeln, seinen Traum vom besseren Morgen zu löschen und jede Utopie – also auch Ernst Blochs ›Prinzip Hoffnung‹ – ins Lächerliche zu kehren.

Ein Blick auf die Machtverhältnisse in Politik und Wirtschaft zeigt an, daß – wider besseres Wissen – der Raubbau zunimmt, die Vergiftung der Lebenselemente schamlose Rechtfertigung findet und daß das Vernichtungspotential beider Großmächte (und ihrer Satelliten) schon längst jenseits der Wahnsinnsschwelle ins Unzählbare wuchert. Trotz aller Mahnrufe gelingt es keinem Gedanken, politische Gestalt zu gewinnen. Keine Kraft – bei so viel Kraftmeiern – ist bereit und fähig, den schon wirksamen und den bevorstehenden Katastrophen Einhalt zu gebieten. In sinnentleerter Geschäftigkeit vertagt sich die Verantwortung aller, die Macht haben, von Konferenz zu Konferenz.

Übrig bleiben der von Ohnmachtsanfällen geschwächte Protest und stammelnde Angst, die bald keine Worte mehr finden und in sprachlose Furcht umschlagen wird, weil – dem Nichts gegenüber – kein Laut mehr Sinn gibt.

Es könnte sein, meine Damen und Herren, daß meine Worte des Dankes Sie erschrecken und das verhindern, was ein Tag wie dieser zu Recht für sich beansprucht: eine maßvolle Feierlichkeit. Auch vermute ich, daß die anderen Preisträger meine Anmerkungen zur Situation als offenkundige »Schwarzseherei« hören, die sie nicht oder allenfalls in Grauwerten teilen können; denn schließlich geht das Leben, so banal es klingt, weiter. Neue Entdeckungen wollen gemacht, neue Erfindungen weiterentwickelt und mehr, immer mehr Bücher geschrieben werden. Und auch ich werde, weil ich nicht anders kann, vom Wörtermachen, vom Schreiben nicht lassen können. Doch weiß ich, daß jenes Buch, das zu schreiben ich vorhabe, nicht mehr so tun kann, als sei ihm Zukunft sicher. Der Abschied von den beschädigten Dingen, von der verletzten Kreatur, von uns und unseren Köpfen, die sich alles und auch das Ende all dessen ausgedacht haben, müßte mitgeschrieben werden.

Alles, was mir bisher zum Buch wurde, war der Zeit unterworfen oder rieb sich an ihr. Ich schrieb als Zeitgenosse gegen die verstreichende Zeit. Die Vergangenheit verlangte, daß ich sie der Gegenwart, damit sie stolpere, in den Weg warf. Zukunft konnte mir nur aus vergegenwärtigter Vergangenheit einsichtig werden. Zuallererst fand ich mich deutscher Zeit eingespannt und konnte meinen Weg oft nur quer durch die Zeiten nehmen, abseits der bequemen Chronologie. Epische Geröllhalden mußten abgetragen, die Wirklichkeit immer noch einmal gehäutet werden. Das will kein Ende nehmen. So viele Tote. Und überall, auch dorthin, wo das Leben Freude freisetzen könnte und Lust sich ausleben möchte, wirft das große Verbrechen seinen durch Zeit nicht aufzuhebenden Schatten.

Zwischen den Büchern gab ich der Politik, was mir überschüssig und möglich war. Manchmal bewegte sich etwas. Nach all den Erfahrungen mit der Zeit und ihrem gegenläufigen Verlauf, schrieb ich mir ein langsames Tier ins Wappen und sagte: Der Fortschritt ist eine Schnecke. Damals wünschten viele – und auch ich wünschte –, es möge springende Schnecken geben. Heute weiß ich und schrieb es zuletzt: Die Schnecke ist uns zu schnell. Schon hat sie uns überrundet. Doch wir, aus der Natur gefallen, wir, die Feinde der Natur, glauben immer noch, der Schnecke voraus zu sein.

Ob es den Menschen gelingen kann, von sich abzusehen? Sind sie, die mit Vernunft begabten, gottähnlich schöpferischen, sich ihre Vernichtung immer totaler erfindenden Menschen auch fähig, nein zu sagen zu ihren Erfindungen? Sind sie bereit, Verzicht zu üben gegenüber dem Menschenmöglichen und bescheiden zu werden vor den Resten der zerstörten Natur? Und zuletzt gefragt: Wollen wir, was wir könnten: einander ernähren, bis der Hunger nur noch Legende, das böse Märchen »es war einmal« ist?

Die Antworten auf diese Fragen sind überfällig. Auch ich kann nicht antworten. Doch in meiner Ratlosigkeit weiß ich dennoch, daß Zukunft nur wieder möglich sein wird, wenn wir Antwort finden und tun, was wir als Gäste auf diesem Erdball der Natur und uns schuldig sind, indem wir einander nicht mehr angst machen, indem wir einander die Angst nehmen, indem wir uns abrüsten bis zur Nacktheit.

# Die Zauberlehrlinge

Wer denkt sich das alles aus, diese Systeme, nach denen der menschlichen Gesellschaft das Glücklichsein zum Dauerzustand, die Gerechtigkeit zur täglichen Gewißheit, der Frieden zum ungefährdeten Alltag wird? Wessen Köpfe sind so geräumig, daß in ihnen Zukunft wohlorganisiert, um kein Detail verlegen, Platz hat? Wem ist es möglich, alles Mögliche und das Gegenteil alles Möglichen zu denken? Wen juckt es ständig, die Wirklichkeit oder genauer: die sich widersprechenden Wirklichkeiten des Irrtums zu bezichtigen?

Es gibt keinen ungenaueren Begriff als den, der den reflektierenden, analysierenden, vorausplanenden Menschen im vereinzelten Zustand oder als Gruppe erfassen, also benennen will; die vielbenutzten Wörter »der Intellektuelle« und »die Intellektuellen« sind vieldeutig geblieben und haben sich eindeutig nur als Schimpfwörter bewiesen. Aus in der Regel rechtem politischem Lager wird abschätzig bis diffamierend von »Linksintellektuellen« gesprochen. Die Linke tut so, als könne sich rechts kein Intellekt entfalten. Sie glaubt, die Intellektualität sei Teil, ja Voraussetzung des menschlichen Fortschritts. Weil von rechts angegriffen, treten die Linksintellektuellen gerne geschlossen und wie ausschließlich auf; eine nicht immer imposante, oft peinlich selbstherrliche Versammlung von Zauberlehrlingen, deren Meister schon lange abwesend sind; entrückt bevölkern sie den Olymp.

Zum Beispiel Plato. Er, dem Sittlichkeit und Tugend das Höchste waren und dessen Utopie die Tugend zum herrschenden Prinzip erhob, hat viele Schüler von intellektuellem Zuschnitt, unterschiedlichem Format und politisch gegensätzlicher Position gehabt. Diese Schüler hatten keine Scheu, im Namen der Tugend – gleich, ob sich diese auf die Revolution, die NS-Volksgemeinschaft oder auf die Diktatur des Proletariats berief – Säuberungsprozesse einzuleiten und die Untugend zu eliminieren. Wie ihr Meister waren auch seine Lehrlinge auf Utopie und utopische Endziele versessen. Bei aller gegensätzlichen Vorstellung von Tugend war deren endliche Herrschaft ein Ziel, das alle genannten Zauberlehrlinge anstrebten.

Zumeist sind es abstrakte Begriffe wie Tugend, Glück, Vernunft, Gerechtigkeit und Frieden, die, zum utopischen Prinzip erhoben, einzeln oder im Verbund zu utopischen Postulaten erklärt werden. Daß die Menschen nachweislich nur über wenig und nur selten über ausreichende Fähigkeit verfügen, tugendhaft, glücklich, vernünftig, gerecht und friedfertig zu sein, fällt bei den utopischen Endzielbeschreibungen nicht ins Gewicht: Sie haben es zu werden, zum Beispiel glücklich.

Deshalb überrascht es nicht, daß so viele Völker im Namen des besonderen Glücks ins allgemeine Unglück gestoßen, bei dauernder Anrufung der Vernunft in die ausweglose Irre geführt worden sind. Ungezählt die Kriege um des ewigen Friedens willen. Die anhaltende Knechtschaft unter dem Herrschaftszepter Gerechtigkeit. Wann immer die reine Tugend dem Volk ein Licht aufsteckte, warf die Barbarei ihren Schatten.

Nicht etwa, daß Zauberlehrlinge mit intellektuellem Anspruch den bloß funktionierenden Henker, den üblen Leuteschinder, den dummen Haudegen, den wüsten Barbaren abgeben; auch sind nicht sie es, die an der Spitze der Macht stehen, doch liefern sie den Mächtigen die feineren Machtinstrumente, den lückenlosen Begriffsapparat. Sie haben sich für Aufgaben qualifiziert, die schwierig sind und ein besonderes Köpfchen voraussetzen: Geradezu wissenschaftlich muß erklärt werden, warum nur der Irrweg zur großen Vernunft führt, warum nur Kriege den endlichen Frieden bringen können. Zu keiner Zeit hatten die Zauberlehrlinge Mühe, den intellektuellen Beweis zu führen, warum nur eine Phase der Knechtschaft – sie sagen: notwendige Disziplinierung – die allumfassende Gerechtigkeit einleiten kann. Selbst der Barbarei destillieren sie reinigende Kraft ab, die später (nach einer Phase der Normalisierung) die herrschende Tugend um so ungetrübter strahlen lassen wird. An Argumenten, die das Unglück zur unverzichtbaren Vorstufe zum ewigen Glück (sei es im Himmel, sei es auf Erden) ernennen, hat es ihnen, von Augustinus bis Marx, noch nie gefehlt.

Oft werden sie Opfer ihrer intellektuellen Beflissenheit. Während sie den Kleinbürger verachten, den Proletarier – bei aller Berufung aufs Proletariat – nicht riechen können, speichert die geführte, verführte Masse den gelegentlich aufbrechenden Haß auf die Intellektuellen. Mit dem statistisch errechneten Durchschnitt, der schließlich die Drecksarbeit, das Säubern, Knechten, das alltägliche Kriegsheldentum leisten muß, ist nicht zu spaßen: armer Robespierre. Und daß die Revolutionen beim Auffressen ihrer Kinder, dabei in Eile, weil immerfort unterwegs nach Utopia, gerne zum Nachtisch einzelne, am liebsten gruppierte Intellektuelle fressen, gehört zum Schicksal der Zauberlehrlinge.

Etliche überleben dennoch. Und viele ungebrochen. Kaum hat sie die Guillotine verschont, kaum sind sie der Diktatur des Proletariats entkommen, kaum hat der Faschismus sie ausgeschwitzt, gelingt es ihnen, ohne daß sie im landläufigen Sinn Opportunisten sind, der Gegenideologie, dem nächsten abstrakten Begriff zu Diensten zu sein; es muß das neue Angebot nur ihrem Bedürfnis nach absoluten Prinzipien entsprechen.

Wie viele haben anfangs der jakobinischen Revolution, tags drauf Napoleon, schließlich Metternich ihr funktionierendes Köpfchen geliehen? Wie viele intellektuelle Nazis – denn die gab es ja! – bringen heute noch ihre früh gesammelten Erfahrungen in den demokratischen Verfassungsschutz, in die gegenwärtige Rechtsprechung ein? Wie gut und kenntnisreich machen sich ehemalige Stalinisten nützlich, wenn es darum geht, die Freiheit des Westens vor unsicheren Elementen, zum Beispiel Sozialdemokraten, zu schützen – die kennt man doch!

Mit anderen Worten: Dem intellektuellen Zauberlehrling geht der ideologische Treibstoff nie aus. Er weiß in jeder Lage, wie sich die Wirklichkeit zu verhalten hat, damit sie nicht straffällig wird. Er verliert das Ziel, die endlich friedfertige, die total beglückte, die absolut tugendhafte, die lückenlos gerechte, die durch und durch vernünftige Gesellschaft, nie aus dem Auge. Denn er, der notorische Einzelgänger, ist auf Gesellschaft geradezu fixiert, mag sie sich klassenlos nennen oder als Volksgemeinschaft gruppieren. Diese Verklammerung – selbst wenn sie ihm stinkt –, diese Nestwärme braucht er, sonst friert ihn.

Sollte aber das Angebot an utopischer Glücksverheißung verbraucht, die absolute Tugend lächerlich, die gleichwertige Gerechtigkeit zu teuer und der endliche Frieden (selbst als nur utopische Vorstellung) zu langweilig geworden sein, wird er sich anderen abstrakten Größen verschreiben, die ideologisch wertfrei sind, zum Beispiel der Sicherheit.

Nunmehr davon überzeugt, daß der (lasterhafte, aggressive, der unvernünftige) Mensch vor sich selber geschützt werden muß, wird der intellektuelle Zauberlehrling

Systeme und zur Kontrolle Gegensysteme entwerfen, die die absolute Sicherheit zum Ziel haben. Es ist das Fürsorgeprinzip, das ihn fleißig und kreativ macht. Ob im Apparat des Staatsschutzes oder in militärischen Planungsstäben tätig, jeder Ernstfall wird von ihm vorbedacht, in Strategiespielen variiert, schließlich mit den neuesten Erkenntnissen der spezifischen Wissenschaft des eigenen Lagers wie der des Feindlagers konfrontiert und – sobald sich ein errechenbares Gleichgewicht der Kräfte ergibt – als Fallstudie abgeschlossen, damit er sich neuen, denkbaren, machbaren Ernstfällen zuwenden kann: Wie jeder waschechte Zauberlehrling kann er nicht aufhören. (Selbst wenn er sich entsetzte übers Ergebnis seines intellektuellen Wahnsinns und riefe: »Besen! Besen! Seid's gewesen...«, bliebe das Werkzeug absoluter Säuberung tätig. Nicht im zitierten Gedicht, in der Wirklichkeit unserer Tage: selbst wenn er nach dem abwesenden Meister riefe, bliebe der Lehrling auf sich gestellt.)

Das macht ihn einsam und hält ihn kühl. So bleibt er den durchschnittlichen Sicherheitsprofis und Kommißköppen überlegen. Seine Intellektualität befähigt ihn, den Feind durchsichtig zu machen, ein transparentes Feindbild zu erstellen, ja, wie der Feind zu denken, zu planen, zu handeln; selbstverständlich in Planspielen nur, die den Ernstfall vorwegnehmen.

Dennoch kann es vorkommen, daß unsere Zauberlehrlinge – gleich, in welchem Lager sie nützlich sind – ihre Identität verlieren, Opfer ihres wertfreien Intellekts werden und aus der für Sicherheit zuständigen Szene verschwinden. Da sie nur von ihresgleichen erkannt werden können, ist sogar ihre Eliminierung ein elitärer Vorgang.

Übrigens enden nicht alle in psychiatrischen Kliniken; etliche finden Muße, ihre Memoiren zu schreiben: in der Regel eitles, wirres Geschwätz, das kaum ahnen läßt, zu welch vordenkerischen Leistungen sie fähig gewesen sind, als sie noch im Kreis der »inneren Sicherheit« oder in der »Doomsday-Zentrale« tickten.

Zum Glück oder Ausgleich stehen den intellektuellen Zauberlehrlingen etliche Intellektuelle gegenüber, die keine entsprechende Lehrstelle fanden oder nie eine gesucht haben: Außenseiter, Spinner, wurzellose Neinsager, unter ihnen einige Schriftsteller. Sie kennen ihre Zunft. Sie durchschauen den Laden. Da auch sie elitär sind, sprechen sie den Zauberlehrlingen gerne den wahren Intellekt ab. Einige von ihnen waren eine Zeitlang Zauberlehrlinge, kündigten aber rechtzeitig, oder ihnen wurde gekündigt. (Die intellektuellen Kaderschmieden in Ost und West, desgleichen die west-östlichen inneren Sicherheitskreise sind sich dieser Abgänge und Ausfälle aufmerksam bewußt.)

George Orwell war so ein Fall. Der mißratene Eton-Boy, der abtrünnige Kolonial-Polizeioffizier, der revisionistische Sozialist. Bücher wie ›Farm der Tiere‹ und ›1984‹ kann nur ein Intellektueller schreiben, dem das süße Versprechen Utopia nicht fremd ist. Orwell war fähig, die ideologischen Endzielbeschwörungen seiner Zeit zu durchschauen, die fließenden Übergänge zwischen Stalinismus und Faschismus nachzuweisen, die intellektuelle Zutat im einen wie im anderen Verheißungsbrei nachzuschmecken. Er hat den Umschichtungen, Deklassierungen, Säuberungen, dem sich selbst infizierenden Terror, den offiziellen Geschichtsfälschungen und der ideologischen Dienstverpflichtung der Sprache ihre zukünftige Totalität abgelesen. Seine Gegenutopien sind heute wirksam über den Anlaß ihres Entstehens hinaus; doch als Mitte und Ende der vierziger Jahre ›Farm der Tiere‹ und ›1984‹ erschienen, wurden beide Bücher von ihrer unmittelbaren Wirkung her als Kampfansagen eines Intellektuellen verstanden, der sich gegen die Zauberlehrlinge seiner Zeit stellt.

Orwell hat früh (schon während des Spanischen Bürgerkrieges) erkannt, daß der moderne Totalitarismus intellektuell geprägt ist. Die Fähigkeit, analytisch wertfrei, so zweckgebunden wie utopisch zu denken, erlaubte es, die technische und wissenschaftliche Entwicklung für totalitäre Systeme nutzbar zu machen; ihnen war Zukunft sicher.

Der Roman ›1984‹ ist von platter Realität bestätigt, auch widerlegt oder überboten worden. Die intellektuellen Eliten der achtziger Jahre projektieren schon heute weit über das Jahr 2000 hinaus. Ob der Nuklearwissenschaft, der Elektronik, der biochemischen oder genetischen Forschung verpflichtet oder dem Sicherheitssystem der atomaren Erstschläge eingebunden, leben sie den eigentlichen Problemen unseres Planeten weit, das heißt um die utopisch planende Distanz ihres Denkens entrückt. Nicht Hunger und Dürre, die real sind, beunruhigen sie, sondern der vermutete oder tatsächliche Vorsprung des Gegners bei immer knapperer Vorwarnzeit. Nicht Ernährungs- und Sozialfragen sind ihnen angesichts zunehmender Verelendung der Menschheit als Herausforderung gestellt, sondern die Frage der Kontrolle der verelendenden Massen. Nicht die abgeholzten und absterbenden Wälder, nicht die verseuchten Flüsse und Meere fordern ihre intellektuelle Potenz, sondern großräumige Verkabelungsprojekte, genetische Manipulationen, immer noch Weltraumeroberungen und die menschenfreundliche Frage, ob Atomkriege, trotz aller berechenbaren Ausfälle, nicht dennoch gewinnbar sind.

Ein Großteil der heutigen wissenschaftlichen Intelligenz arbeitet direkt oder indirekt den Militärapparaten, der Rüstung, also den Wettrüstern beider Machtsysteme, in die Hände. Bewußt oder unbewußt – man forscht ja wertfrei – sind intellektuelle Kapazitäten dem Forschungsprogramm »Die Vernichtung der Menschheit« dienstverpflichtet. Die Arbeit an diesem Programm scheint faszinierend zu sein, denn nur wenige Wissenschaftler und Technologen erschrecken angesichts ihrer Teil- und Zwischenergebnisse. Wieder sind es die Zauberlehrlinge, denen alles denkbar Mögliche gelingt, nur eines können sie nicht, ihre Köpfe und deren zwanghaftes Klickediklickediklack abschalten, damit Stille entsteht – zum Nachdenken.

# West-östliches Höllengelächter

*Rede auf dem Internationalen PEN-Kongreß in New York*

Das uns gestellte Thema »The Writer's Imagination and the Imagination of the State« überfordert vorerst meine englischen Sprachkenntnisse, weshalb ich Sie bitte, die folgenden Anmerkungen in deutscher Sprache zu akzeptieren.

Wer aus einem Land kommt, das sich in zwei Staaten gefällt und doppelt deutsch bemüht bleibt, der Welt ihren geteilten Zustand zu demonstrieren, wer zudem seinen Wohnsitz in Westberlin hat, doch allzeit Ostberlin im Auge behält, wer überdies – er mag schreiben, so umfänglich er will – die deutsche Vergangenheit, sei es die politische, sei es die literarische, nicht los wird, dem ist das Thema dieses Kongresses einerseits konkrete Wirklichkeit, andererseits Verlockung, laut Überdruß zu artikulieren, denn allzuoft und unverbindlich wurde in Podiumsdiskussionen und Colloquien der Widerspruch zwischen Geist und Macht diskutiert, wurde der Gegensatz von engagierter Literatur zum Künstlereigenheim »Elfenbeinturm« zerredet.

Unterschlagen oder verdrängt wird bei diesen Debatten zumeist der Anteil der Intellektuellen an der Formulierung, Verfeinerung und Ausübung der Staatsmacht. Preußens Hybris ist kaum denkbar ohne Hegels Staatsphilosophie. Ein vorzüglicher Schriftsteller namens Machiavelli hat machtstaatliche Verhaltensregeln vorgeschrieben, die bis heute ihre Adepten finden, nicht nur im Kreml oder im Weißen Haus, auch in den Staaten der Dritten Welt. Literarische Vorstellungskraft wurde der Vorstellungskraft des Staates förderlich; wenngleich Machiavellis stilbewußter Scharfsinn, kaum staatlicherseits begriffen, ins Vulgäre und in der Regel vom Machtgebrauch in anhaltenden Machtmißbrauch umschlug. Nicht besser sieht es mit der literarisch-utopischen Vorstellungskraft aus. Von Thomas Morus bis Karl Marx ließe sich nachweisen, was aus Utopia wird, sobald es dem Staat gefällt, irdische Paradiese einzuzäunen.

Unsere Gegenwart ist geprägt vom Konkurs der herrschenden Ideologien, vom Bankrott aller von Staats wegen verordneten oder verheißenen Glückseligkeiten. Mittlerweile ist sattsam bekannt, wie ausgezehrt der Staatskommunismus Gefangener seiner selbst ist, auch wenn seine Macht andauert; entsprechend ritualisiert hangelt sich der Kapitalismus von Krise zu Krise. Wer heute noch »The american way of life« für einen begehbaren Pfad hält, muß Heuchler genug sein, um die angrenzenden Slumgebiete, den weltweiten Hunger ignorieren zu können. Und was blieb von den Evangelien, vom geschriebenen Wort, dessen Autorenschaft Gott nachgesagt wurde? Gewiß, es gibt Christen, die die Bergpredigt wörtlich nehmen. Ich habe sie in Polen erlebt unter Mitstreitern der Solidarność-Bewegung, ich begegnete ihnen unter den Sandinisten Nicaraguas; doch der Kirche als dem Staat übergeordnete Macht ist die christliche Lehre abhanden gekommen. Der gegenwärtige Papst mag noch so reiselustig die Betonpisten der ärmsten Länder küssen, nach Rom zurückgekehrt, wird seine Bank weiterhin gotteslästerlich »Bank des Heiligen Geistes« heißen: Flucht in Mysterien und unbeugsam kanonisches Recht; die Kirche weiß, was ihr frommt.

Wo also ist, inmitten so ruinös besetzten Geländes, ein Platz übriggeblieben, auf dem unser angezeigtes Wechselspiel »The Writer's Imagination and the Imagination of the State« Platz finden könnte?

Mit einem Beispiel aus jüngster Zeit will ich versuchen, deutlich zu machen, was mit unserem Thema praktisch gemeint sein könnte:

Im Herbst des vergangenen Jahres fand während sechs Wochen in Budapest ein Kulturforum als Nachfolgekonferenz des Helsinki-Abkommens statt. Die Vertreter aller europäischen Staaten, außer Albanien, dazu die Vertreter der Vereinigten Staaten und Kanadas, fünfunddreißig an der Zahl, saßen in gewohnter Konferenzordnung und machten Vorschläge, wie denn, trotz ideologischer Gegensätze, der kulturelle Austausch zwischen den europäischen Staaten gefördert werden könne.

Eine Konferenz mehr und hier kaum erwähnenswert, wenn nicht die Regierungen aller beteiligten Staaten übereingekommen wären, jeweils Künstler, wohnhaft in ihrem Staatsbereich, nach Budapest einzuladen. Und sie kamen: Maler, Bildhauer, Architekten, Theaterdirektoren, Choreographen, Komponisten und Schriftsteller. Auch ich reiste an, sah mich der Delegation der Bundesrepublik Deutschland zugeordnet, die neben der Delegation der Deutschen Demokratischen Republik saß. Auch ich hatte mich vorbereitet und machte, wie die anderen Künstler und Literaten davor und danach, meinen formulierten Vorschlag, indem ich den seit der Helsinki-Konferenz versammelten Staaten eine gesamteuropäische Kulturstiftung vorschlug, die geeignet wäre, den Ost-West-Gegensatz zu überbrücken, und ihren Sitz in Budapest haben sollte.

Bald fiel auf, daß auf dieser Konferenz, über alle herkömmlichen Sprachunterschiede hinweg, zwei Sprachen gesprochen wurden. Einerseits monoton einschläfernd die offizielle Sprache der Ost und West beherrschenden Staatsmächte: dieses beharrende Pochen auf unüberwindlich anmutenden Gegensätzen; andererseits die Sprache der kunterbunt versammelten Künstler und Schriftsteller: Nicht etwa abstrakt, verblüffend pragmatisch machten sie Vorschläge aus jeweils ihrer Berufserfahrung. Sie achteten wenig die ideologischen Grenzziehungen und kamen sich dabei näher, aus Staatssicht offenbar gefährlich nah.

Denn als die eingeladenen Künstler nach vorgesehener Zeit wieder nach Hause fuhren, beugten sich die offiziellen Vertreter der fünfunddreißig Staaten über den Korb, gefüllt mit durchaus vernünftigen, weder die Sicherheit der UdSSR noch die kapitalistische Marktwirtschaft gefährdenden Vorschlägen. Sie benötigten nur eine Woche, um all den Künstlerfleiß zunichte zu machen. Nicht einmal ein nichtssagendes Schlußdokument brachten sie zustande. Einzig der Zustand gegenwärtiger Politik wurde erschreckend deutlich: erwiesene Unfähigkeit. Eine Konferenz mehr. Außer Spesen schlug nichts zu Buche. Doch seien wir nicht hochmütig. Auch unser Kongreß wird Mühe haben, seine Notwendigkeit zu beweisen.

Die Vorstellungskraft des Staates hat Kafkas Erzählung ›In der Strafkolonie‹ und zudem die verstiegensten Science-fiction-Romane überboten; von Staats wegen organisierter Wahnsinn, die täglich drohende Selbstvernichtung des Menschengeschlechts, fordert die Vorstellungskraft der Literatur heraus. Was, außer Hohngelächter, könnte ihr dazu einfallen?!

# Als Schriftsteller immer auch Zeitgenosse

*Rede auf dem Internationalen PEN-Kongreß in Hamburg*

Die Spiegelung von Zeitgeschichte durch jeweils gegenwärtige Literatur setzt Autoren voraus, die sich als Zeitgenossen begreifen, denen selbst die trivialsten politischen Vorgänge kein außerästhetischer Störfaktor, vielmehr realer Widerstand sind, die nicht mit jedem geschriebenen Wort der Zeitlosigkeit einverleibt sein möchten und mangelnde Distanz zum augenblicklichen Geschehen durch erzählerische Einfälle auszugleichen vermögen; als bewußten Gegnern akademisch entschlackter Dichtkunst ist ihnen deshalb, solange es Literatur gibt, der Prozeß gemacht worden: von Staats wegen oder von Inquisitoren, denen bis heute die Aura literaturpäpstlicher Großkritik kleidsam ist.

Dennoch will ich mich nicht in vorgefaßten Begriffen – dort Elfenbeinturm, hier engagierte Literatur – verlieren, vielmehr von meinen Schreib- und Leseerfahrungen berichten, die nie frei waren von zeitgeschichtlichen Belastungen und politischer Dreinrede; bis in meine Ausflüchte und Versteckspiele hinein war ich als Schriftsteller immer auch Zeitgenosse: eine Verkettung, zu der allerdings nicht nur deutschsprachige Autoren verurteilt sind. Ein exemplarisches Beispiel bietet der Spanische Bürgerkrieg.

In seinem Verlauf wurde vor fünfzig Jahren der Zweite Weltkrieg vorbereitet. Alle bis heute herrschenden oder schon wieder latenten Ideologien hatten sich ineinander verbissen, wobei die bürgerlichen Demokratien aus Kommunistenfurcht den Putsch der Falange verschämt hinnahmen, das linke Lager jedoch, zum Schaden der Republik, zusätzlich durch stalinistischen Terror geschwächt wurde. Ein immer noch offener und zugleich verdrängter Streit, obgleich die Literatur jener Zeit den Zerfall der antifaschistischen Substanz vielfach gespiegelt hat und den kommenden Verrat, den Hitler-Stalin-Pakt ahnen ließ. Von Neruda und Hemingway über Orwell, Malraux, Bernanos bis zu Koestler, Renn, Kisch und Regler waren Schriftsteller aus aller Welt als Augenzeugen dabei und in ihren Büchern oft hellsichtiger als die Politiker der dreißiger Jahre; ihre Zeugnisse beschämen noch heute.

Aus Gustav Reglers Buch ›Das Ohr des Malchus‹ zitiere ich eine Szene, in der ein versprengter Haufen der Internationalen Brigade nur knapp der Liquidierung durch ein kommunistisches Kommando, unter Befehl des berüchtigten André Marty, entgeht: »›Ich hatte es zuerst nicht glauben wollen‹, sagte ein junger jüdischer Bursche, den ich früher in meiner Telefonabteilung gehabt hatte. ›Aber dann fing er an zu fluchen wie ein Meschuggener. Nichts als Geseires über Trotzkisten und Konterrevolutionäre. Na, da haben wir Bescheid gewußt.‹ Er kratzte sich die Haare. ›Aber haarscharf ist's ihm vorbeigelungen!‹ – ›Warum hat er eigentlich nicht geschossen?‹ fragte der aus meiner früheren Telefonkompanie. ›Weil er ein Feigling ist, weil er wußte, er geht dann drauf. Henker sind immer feige. Der Beruf ist doch schon feige. Auch Adolf ist feige und Stalin nicht minder!‹«

Eine rüde Prosa, wie mitgeschrieben. Für Kunst war wenig Zeit. Unausweichlich nah herangerückt an den faschistischen und stalinistischen Terror mußte der fehlende Abstand durch festgehaltene Augenblicke ersetzt werden. Orwells ›Mein Katalonien‹ ist gleichfalls den verkürzenden Zwängen dieser Stillage unterworfen und dennoch bis heute gültig geblieben, wie seine späteren, gleichnishaften und aus Distanz geschriebenen Bücher, die allerdings ohne die Erfahrung »Spanischer Bürgerkrieg« nicht jene Wirkung hätten, die sie heute noch zu umstrittenen oder gar verbotenen Büchern macht.

Wollte man zudem den Biographien aller Autoren folgen, die in Spanien dabei waren, wäre allein im deutschsprachigen Bereich ein ganzes Kapitel vonnöten. Von Fall zu Fall würde sich zeigen, welches Risiko Autoren eingehen, die sich ihrer Gegenwart stellen: ins Exil getrieben alle, einige in den Tod, viele späterhin angepaßt oder verstummt, andere ausgestoßen als Renegaten, ihre Bücher dem Reißwolf des Vergessens geliefert. Und doch wüßten wir ohne sie nur jenen Teil der Geschichte, der sich an politische Machtverschiebungen, an militärische Siege, Verträge und Vertragsbrüche, an Daten und regierungsamtliche Dokumente hält. Solche Geschichtsschreibung geht über den einzelnen in der Masse der Leidenden hinweg. Übersichtlich ordnet sie, was vorgestern noch chaotisch zuhauf lag. Der Blick von unten bleibt ausgespart. Die Unterlegenen hinterlassen in der Regel nur wenige Dokumente. Lücken, die dem Historiker bewußt werden, wenn sich unübersehbar Schriftsteller zu Wort melden, die sich in böser Zeit nicht – was verständlich gewesen wäre – in ihre Befindlichkeit retteten, sondern ausgesetzt blieben, hinsahen, speicherten und ihre Gegenwart wahrnahmen: mehr oder weniger beteiligt, mehr oder weniger verletzt.

Wäre also der Schriftsteller, wie im Nebenberuf, als Lückenbüßer der offiziellen Geschichte in Dienst zu nehmen? Er füllt aus, was im historischen Prozeß so groß- wie breitspurig übersprungen wird: etwa Grimmelshausens ›Simplicissimus‹ als Ergänzungsband zur Geschichte des Dreißigjährigen Krieges; man könnte auch Babels ›Budjonnys Reiterarmee‹, Célines ›Reise ans Ende der Nacht‹ und Remarques ›Im Westen nichts Neues‹ als solche Dienstleistungen abbuchen; und gelegentlich bemühen Historiker in Fußnoten und Anmerkungen die Literatur als erwähnenswerte Zuarbeit.

Dabei wird gerne übersehen, daß der Schriftsteller als wahrnehmender Zeitgenosse den Geschichtsverlauf nicht etwa ordnet, sondern ihm seine Absurdität erhält, die großen Daten unter tausend Kleindatierungen begräbt, durch Perspektivwechsel die Unterlegenen ins Blickfeld rückt, der Angst, Not, ja, der Feigheit das Wort redet, also die sogenannten Helden auf menschliches Maß bringt und die Geschichte auf den Kopf stellt. Nicht etwa politische Großereignisse und Entscheidungsschlachten sind ihnen Stoff, vielmehr ist es der Alltag unter der Fuchtel herrschender Meinung, den sie Schicht nach Schicht freilegen und beredt machen.

Ich nenne drei Autoren und Buchtitel, die für mich beispielhaft jenen Typ des Schriftstellers und jene Art von Literatur darstellen und belegen, denen ich verbunden bin und deren anhaltende Wirkung sich nicht zuletzt aus zeitgenössischen Bezügen speist: Dos Passos, Emilio Gadda, Alfred Döblin und ihre drei Stadtromane: ›Manhattan Transfer‹, ›Die gräßliche Bescherung in der Via Merulana‹ und ›Berlin Alexanderplatz‹.

Alle drei Autoren haben in der Nachfolge von James Joyce geschrieben, ohne den Urheber moderner epischer Literatur auf das nichtende Nichts zu verkürzen, ohne ein Rüchlein epigonaler Abhängigkeit. Sie entwerfen literarische Wirklichkeit aus dem funktionierenden Chaos großstädtischer Bezüge und Schichtungen. Ihre Helden stehen auf der Verliererseite, das Scheitern ist ihnen vorgeschrieben: Weder gelingt dem entlassenen Häftling Franz Biberkopf, trotz wiederholter Anläufe, sein neues Leben, noch kann in Rom der Kommissar Ingravallo seinen Fall, den Raubmord in der Via Merulana, klären, und auch der

Traum der Tellerwäscher vom Aufstieg zu Reichtum und Macht, dieser amerikanische Traum, wird zunichte. Doch eingebettet in Alltäglichkeiten und faktenversessenes Geröll, versteckt in Nebenhandlungen und Abschweifungen, verpuppt in Wortspielen oder nackt vorgestellt in Zitaten, ist in allen drei Büchern, neben mythischen Eruptionen, Zeitgeschichte gegenwärtig: hier die endzwanziger Jahre und der Zerfall der Weimarer Republik, dort die Dollar-Hybris in Vorahnung der großen Depression und schließlich die Banalität des frühen italienischen Faschismus. Indem nicht die herrschenden Mächte, sondern private Verzweiflungen ihre Daten setzen, werden die politischen Zustände zum jeweiligen Unterfutter allen Geschehens: Hier hält noch die Oberfläche, dort platzen die Nähte schon. Oder umgekehrt gefolgert: Der Machtanspruch jeweils vorherrschender Politik, ihr Begehren, jeden Lebensbereich und auch die Träume zu besetzen, diese vertraute Gefräßigkeit, muß sich bescheiden und wird ausgesperrt, weil die Obsessionen der tragisch-komisch scheiternden Helden stärker sind.

Der Transportarbeiter Franz Biberkopf, der zwischendurch als Zeitungsverkäufer am Alexanderplatz steht, rät einem Alten, der ins Geschäft einsteigen möchte: »...Verbindung mußt de haben und einen guten Platz. Wenns regnet, ist es naß. Zum guten Geschäft gehören Sportkämpfe, Regierungswechsel. Bei Eberts Tod, sagen sie, haben sie ihnen die Zeitungen weggerissen. Mensch, mach bloß nich solch Gesicht, ist alles bloß halb so schlimm...«

Döblin, Dos Passos, Gadda, diese drei Autoren sind exemplarisch für die zwanziger Jahre. In ihren epischen Stoffmassen keimt die kommende Barbarei, ohne daß einer der Autoren prophetisch über die Leser hinwegspricht oder gar blanke Agitation betreibt; denn auch solche gegenwartsbezogene Literatur hat es nach Agitpropmuster immer wieder gegeben. Bücher, Gedichte, Theaterstücke der direkten Aktion, die mit linker, aber auch rechtsgerichteter Eindeutigkeit nichts außer ihrem Appell vor sich hertrugen. Bestimmten Zeitperioden verhaftet, von Pathos und Eifer bestimmt, sind sie einzig als Dokumente ideologischer Trivialliteratur, vergleichbar den Traktaten zänkischer Pfaffen, interessant geblieben; dem Anspruch, literarischer Spiegel ihrer jeweiligen Gegenwart zu sein, konnten sie nicht genügen.

Zum Lastenträger dogmatisierter Ideologie, zur Karikatur seiner selbst geriet der vielberufene »positive Held«; wie jene Forderung nach »sozialistischem Realismus« heute allenfalls komisch anmutet, wenngleich der Ruf nach dem Positiven und das Verlangen nach Helden neuerdings Konjunktur haben: Sei es, um das amerikanische Selbstbewußtsein zu stärken, sei es der erbärmliche Versuch, mit literarischem Nachschlag den Vietnamkrieg zu gewinnen.

Der Schriftsteller als Zeitgenosse, wie ich ihn meine, wird immer verquer zum Zeitgeist liegen. Als Beispiel und zur Erinnerung nenne ich Uwe Johnson, dessen Werk, von den frühen Romanen bis zu den vier Bänden der ›Jahrestage‹, Zeugnis ist seiner und unserer Zeit. Um jedes Detail besorgt, nahezu buchhalterisch hat er, bei strengem literarischen Anspruch, wie nebenbei die Entstehungsgeschichte der Deutschen Demokratischen Republik, den hier fließenden, dort abrupten Übergang vom Nationalsozialismus zum Stalinismus niedergeschrieben, freilich so unerbittlich, daß seine Bücher dort, wo sie ihren Ursprung haben, offiziell nicht vorhanden sind; ein deutscher Autor mehr, der von Staats wegen nicht zur Kenntnis genommen werden darf.

Und was macht seine Bücher angeblich so gefährlich, was trägt ihnen die fragwürdige Ehre ein, verboten zu bleiben? Ich greife aus dem vierten Band der ›Jahrestage‹ von hundert Beispielen eines auf. An mangelnder Bereitschaft zum landläufigen Opportunismus scheitert der Lehrer Kliefoth, als im Herbst des Jahres neunundvierzig ein Lied zu nationalen Ehren kommen soll. Zitat: »Kliefoth sei über die Nationalhymne gefallen: verkünden solche wie Frau Lindsetter, bloß damit sie eines musikalischen Verstandes sich berühmen dürfen. Denn wessen ein Staat außerdem bedarf, das wurde im November in den Stunden-Plan der Fritz Reuter-Oberschule eingebunden, das Lied. Im Zweivierteltakt, schlicht symmetrischer Dreiteiligkeit, begleitete es den gereimten Vorsatz eines mehrfachen Subjektes, eines Wir, aus Ruinen auferstanden zu sein, der Zukunft sich zuzuwenden und einem einzelnen Subjekte, ›dir‹, ›Deutschland einig Vaterland‹, zum Guten zu dienen, ›daß‹ (final) die Sonne über diesem Lande scheine ›schön wie nie‹...«

Mit immer den Gegenstand um und um wendender Ironie entkleidet Johnson das »gutmütig pompöse Stück« und gibt preis, daß dessen Melodie Plagiat ist, abgeschrieben von einem Film-Song des Jahres sechsunddreißig, »Wasser für Canitoga«; Hans Albers sang damals.

Für staatstreue Gemüter mag sich das peinigend lesen, wie Johnson Zeile um Zeile Beweis führt und im Gefüge seiner Erzählung obendrein erkennen läßt, in welchem Maße die Gründung des »ersten deutschen Arbeiter- und Bauernstaates« Fälschung, Verfälschung ist. Außer Kliefoth scheitert an dieser Affäre der Musiklehrer Buck: Der eine setzt sich zur Ruhe, der andere geht in den Westen ab, wo sich andere Plagiate als staatstragend beweisen.

Uwe Johnsons nichts als gering achtender Rückblick auf die frühen fünfziger Jahre, deren Prägung bis heute gültig ist, wird durch den Erzählrahmen der ›Jahrestage‹ dem Leser gegenwärtig gemacht, denn der Erzählort New

York und die alltägliche ›New York Times‹ geben das Zeitgeschehen, den Vietnamkrieg und – von Tag zu Tag bedrohlicher – die bevorstehende Okkupation der ČSSR durch die Armeen des Warschauer Paktes preis.

Diese erstaunliche literarische Anstrengung – ein Ozean von Worten zwischen Manhattan und Mecklenburg –, diese keine Abschweifung scheuende Zumutung, diese epochale Leistung ist – bei allem beflissenen Respektrespekt-Gemurmel – in Ost und West, dort schweigend hier geschwätzig, ignoriert worden. Uwe Johnson starb im Alter von neunundvierzig Jahren. Ich bezweifle, daß dieser Autor und sein Werk derzeit als Maßstab zur Kenntnis genommen werden. Bei ihm wäre zu erfahren, was Literatur außer dem Abfeiern eigenwüchsiger Befindlichkeit spiegeln und brechen, in Scherben belegen und aus Bruchstücken fügen kann: die konsumierbar gewordene Barbarei unserer Zeit, die sich wechselseitig bestätigenden Verbrechen, Zeitgeschichte und ihr Treibgut von Küste zu Küste. Bei Uwe Johnson beweist sich, wie epische Fron zu großer Literatur ausschlagen kann.

Anstelle wird gegenwärtig in kleiner literarischer Münze gezahlt.

Oder noch billiger: Es wird dieses aufpolierte Kleingeld als postmoderne Währung in Umlauf gebracht, feierlich schönredend; da geschieht kaum mehr als des Ichs ewiger Heuschnupfen.

Sei es, um meinem allzu deutschsprachigen Befund selbsttätig zu widersprechen, sei es, um jüngste Leseerfahrungen am vorgegebenen Thema zu prüfen, nenne ich einen Autor, der – weiß Gott, ein anderes Temperament als Uwe Johnson – seiner Heimatländer Geschichte in zwei epischen Gewalttätigkeiten zu Buche schlagen ließ: Salman Rushdie und seine Romane ›Mitternachtskinder‹ und ›Scham und Schande‹.

Um Mitternacht des 15. August 1947, als Indien unabhängig wurde, kommen die Mitternachtskinder zur Welt. Rushdie hat sie mit wundersamen Gaben ausgestattet, so daß sie auf phantastische Weise zu Zeitgenossen der indischen Staatswerdung erwachsen: Zeitverläufe, datiert von Haß, Pogromen, Kriegszügen, Hungersnöten und Landesteilungen, die der Autor in Geschichten und Gegengeschichten betet, in Wortfluten ersäuft, mit ätzender Satire beizt, zu Mythen erhebt, die in Kloaken enden.

Auf der Reise nach Bombay – denn diese Stadt ist Rushdies Ort aller Geschichte – berichtet Salem, der Mitternachtsheld, Ereignisse kurz vor seiner Geburt: »Am 4. Juni fuhren meine schlecht zusammenpassenden Eltern mit dem Grenzzug nach Bombay. (Es wurde gepoltert, Stimmen hielten sich fest, als ging's ums liebe Leben, Fäuste schrien auf: ›Maharadsch! Machen Sie auf, einen Moment bloß! Ohé, um der Milch Ihrer Güte willen, hoher Herr, seien Sie uns gewogen!‹ Und auch – in einem grünen Blechkoffer unter der Mitgift verborgen – ein verbotener, mit Lapislazuli eingelegter, fein geschmiedeter Spucknapf war da.) Am selben Tag hielt Earl Mountbatten von Birma eine Pressekonferenz ab, in der er die Teilung Indiens verkündete und seinen Countdown-Kalender an die Wand hängte: siebzig Tage bis zum Machtwechsel ... neunundsechzig ... achtundsechzig ... tick-tack.«

Diese Art, politisches Geschehen, mehr noch, die großkotzigen Sternstunden der Politik den vier Mägen der Literatur einzuverleiben, mußte Anstoß erregen und hat Salman Rushdie in Indien und Pakistan Feinde gemacht. Seine Polemik gegen Indira Gandhi und die von ihr ausgerufene Sterilisierungskampagne setzt satirisch ein, wird plötzlich aggressiv direkt und steigert sich schließlich zum Höllenspuk, der Gelächter freisetzt, als sei die schwarze Göttin Kali in die Ministerpräsidentin gefahren.

Witzig plaudernd leitet Rushdie seine Schmährede auf die Witwe ein: »Der Einfluß von Frisuren auf den Verlauf der Geschichte: das ist eine weitere kitzlige Sache...hätte die Mutter der Nation einheitlich gefärbte Haare gehabt, so hätte der Notstand, den sie ausrief, womöglich keine dunklere Seite gehabt. Aber sie hatte weißes Haar auf der einen und schwarzes auf der anderen Seite; auch der Notstand hatte eine weiße Seite – eine öffentliche, sichtbare, dokumentierte, mit der sich Historiker befassen – und eine schwarze, heimliche, makabre Seite, die verschwiegen wurde und mit der wir uns daher befassen müssen.«

Dieses Zitat bezeichnet exemplarisch den Ort des Schriftstellers, sobald ihm Geschichte zum Stoff wird. Er will die Kehrseite ans Licht bringen. Er wühlt im Fluchtgepäck, er stochert im Kot der Mächtigen. Keine Leiche ist ihm erhaben genug: Er muß sie fleddern. Sein Blick auf zeitgenössisches Geschehen ist bewußt vorschnell und will die Politik fassen, bevor sie sich als Geschichte tarnt. Immerfort muß er Fassaden abklopfen, Fundamente abgraben, und jedesmal, wenn er der Gesellschaft schönste Übereinkünfte auffliegen läßt, sind es Krähen oder gar Pleitegeier, die ihren Lärm machen.

Man lese doch endlich den großen Roman ›Verbrannte Blüten‹ – im Original: ›Petals of Blood‹ – des afrikanischen Schriftstellers Ngugi wa Thiong'o, der seinem Land Kenia zu Diensten war, indem er das Macht- und Korruptionsgeflecht kolonialer und nachkolonialer Zeit aufhob. Ich zitiere eine beliebige Stelle: »Der Mann, der in das Büro kam, war derselbe, der mich und Nding'uri verraten hatte. Wie ich später hörte, hatte er einen Vertrag mit jener Gesellschaft, um den Transport ihrer Waren überallhin zu besorgen. Nachdem er hineingegangen war, sagten die Angestellten: Jetzt erleben wir wirklich Uhuru. Vor der Unabhängigkeit war es keinem Afrikaner erlaubt, die

Waren der Gesellschaft anzurühren, es sei denn als Arbeiter. Und jetzt geht Mr. Kimeria mit Millionenwerten um!«

Ist Kenia zu weit weg? Ist dieses Geflecht nicht unseres auch? Ist unser Herr Flick nicht im Großformat, was Mr. Kimeria in Mittelgröße darstellt? Wäre nicht der Schulterschluß der vielen Flicks, die Hitler finanzierten und noch aus KZ-Häftlingen Geschäftsgewinne sogen, mit den zu vielen Flicks, die gegenwärtig die Bundesrepublik Deutschland korrumpieren, einen Roman wert, der unter Beton und Fußgängerzonen jenen Sumpf offenlegte, der die Stunde Null überdauerte und auf dem wir allesamt fußen: selbstgefällig, wenngleich irritiert durch anhaltenden Gestank, der auch durch tapferes Fächern mit dem Grundgesetz nicht zu vertreiben ist?

Doch angenommen, es schriebe jemand, begabt mit Sprache, diesen Roman, es stiege einer der jüngeren Schriftsteller gut ausgerüstet in den Sumpf Flick, reizte ihn, offenkundig zu blubbern und in epischer Breite Blasen zu werfen, angenommen, es käme der Sumpf, nach Flick benannt, zwischen Buchdeckeln zu Papier, was hätte der von mir herbeigewünschte Autor zu erwarten?

Um von eigenen Erfahrungen abzusehen: Es erginge ihm wie Wolfgang Koeppen, als er Ende der fünfziger Jahre seinen Roman ›Das Treibhaus‹ und mit ihm das Innenleben der Bundeshauptstadt Bonn veröffentlichte. Kolportage, grobe Vereinfachung, leitartikelnde Schwarzweißmalerei hießen die Vorwürfe von rechts, und die gegenwärtige Linke, so es sie gibt, würde entweder, dem Zeitgeist folgend, postmodern säuseln oder althergebracht den Klassenstandpunkt, die Perspektive vermissen. Einig wäre man sich in der überlieferten Einschätzung zeitbezogener, der Gegenwart aufsitzender Literatur: Es fehle dem ansonsten begabten Autor an Distanz, es komme nicht genügend »raunendes Imperfekt« auf, über Sümpfe schreibe man besser, nachdem sie trockengelegt seien. Außerdem zeitige sich unsere Gegenwart allzu trivial, Politdeutsch nehme überhand, wer wolle in hundert Jahren noch wissen, wer welchem Untersuchungsausschuß vorsaß, und außerdem seien doch Flick und Kohl Karikaturen ihrer selbst, also nicht literaturfähig.

Übertreibe ich? Ein Zitat mag beweisen, daß selbst unsere Klassiker, sobald sie sich allzu detailgenau ihrer Gegenwart näherten, Gefahr liefen, verrissen zu werden: »Gegen vier war man von dem Ausfluge zurück und hielt wieder vor dem ›Prinzregenten‹, auf einem mit alten Bäumen besetzten Platz, der wegen seiner Dreiecksform schon von alter Zeit her den Namen ›Triangelplatz‹ führte. Die Wahlresultate lagen noch keineswegs sicher vor; es ließ sich aber schon ziemlich deutlich erkennen, daß viele Fortschrittlerstimmen auf den sozialdemokratischen Kandidaten, Feilenhauer Torgelow, übergehen würden, der, trotzdem er nicht persönlich zugegen war, die kleinen Leute hinter sich hatte. Hunderte seiner Parteigenossen standen in Gruppen auf dem Triangelplatz umher und unterhielten sich lachend über die Wahlreden, die während der letzten Tage teils in Rheinsberg und Wutz, teils auf dem platten Lande von Rednern der gegnerischen Parteien gehalten worden waren. Einer der mit unter den Bäumen Stehenden, ein Intimus Torgelows, war der Drechslergeselle Söderkopp, der sich schon lediglich in seiner Eigenschaft als Drechslergeselle eines großen Ansehns erfreute. Jeder dachte: der kann auch noch mal Bebel werden. ›Warum nicht? Bebel ist alt, und dann haben wir den.‹ Aber Söderkopp verstand es auch wirklich, die Leute zu packen.«

Sie werden es sogleich herausgehört haben: Solches und mehr schrieb Theodor Fontane in seinem letzten Roman ›Der Stechlin‹, der in seinem Todesjahr 1898 veröffentlicht wurde und wütende Kritik hervorrief: So was gehöre nicht in die Dichtkunst, Wahlkampf, der von den Sozis auch noch gewonnen werde, nicht literaturfähig sei das.

Heute lesen wir Fontanes Romane, als seien sie alle, in ihrer plaudernden Vielfalt, rückbezüglich, fern jeder Gegenwart geschrieben worden; wie wir vergessen haben, wieviel Geifer in deutscher Kritik aufkochte, als Thomas Mann mit seinem Roman ›Doktor Faustus‹ aus der Emigration zwar nicht heimkehrte, wohl aber zurückkam und den Deutschen die Leviten las.

Bücher dieser Art – und ich gab Beispiele – sind schmerzhaft. Sie stoßen ab und fordern heraus, weil sie dem Leser, bei allem »Es war einmal«, penetrante Gegenwart zumuten.

Unser Thema »Zeitgeschichte im Spiegel zeitgenössischer Literatur« kann nicht den gesamten Bereich literarischer Produktion fassen. Wenn ich ausschließlich Prosabeispiele anführte, ist mir dennoch bewußt, daß ich, um mich knappzuhalten, eine Vielzahl Gedichte und Theaterstücke, Tagebücher und Autobiographien aussparen mußte. Über ihre zeitgenössische Zeugniskraft – ich denke an Hochhuths ›Stellvertreter‹, an das ›Nachkriegstagebuch‹ von Max Frisch, aber auch an Gottfried Benns 1933 gehaltene und bis heute entsetzlich gebliebene Rede ›Der neue Staat und die Intellektuellen‹ – könnte im Verlauf dieses Kongresses diskutiert werden, wobei den ausländischen Gästen die deutsch-deutschen Querelen als Dauerthema, so hoffe ich, erspart bleiben mögen.

Die Bedrängnisse unserer Zeit sind umfassender als der uns vorgeschriebene Dunstkreis. Unter dem zum Fluch gewordenen Schutz der beiden Großmächte, bedrückt von täglich wachsender Rüstungslast und entsprechend wachsendem Elend, lebt das Menschengeschlecht angesichts täglich drohender Selbstvernichtung. Dieser existentiellen Lage darf sich die Literatur nicht entziehen, es sei denn, sie wäre bereit, sich dem gegenwärtigen Zeitgeist zu fügen und sich in videogerechter Unverbindlichkeit zu verlieren; dann wäre sie keine Literatur mehr, sondern allenfalls der sensible Annex der Unterhaltungsindustrie.

Vor knapp einem halben Jahr lehrte der Internationale PEN-Kongreß in New York, wie ohnmächtig wir Schriftsteller Gefahr laufen, in die politischen Raster »Antikommunismus« und »Antiamerikanismus« gezwängt zu werden. Es waren zugereiste Schriftsteller, Amos Oz aus Israel, der Inder, Pakistani und zugleich Brite Salman Rushdie und – neben anderen – nicht zuletzt Breyten Breytenbach und Nadine Gordimer aus Südafrika, die die Zwänge und Nöte ihrer Länder zu Gehör brachten.

Als Breyten Breytenbach kürzlich sein Pariser Exil verließ, um in seinem Land, dem er von 1975 bis 1982 für Gefängnishaft gut war, einen Literaturpreis in Empfang zu nehmen, hielt er, der die Geschichte Südafrikas in tausend und mehr Spiegelscherben gefaßt hat, eine Rede, die auch uns ins Stammbuch geschrieben steht. Aus diesem Manifest will ich zuletzt zitieren: »Die politische Kaste der Weißen wird zu gegebener Zeit vor den Schranken der Geschichte stehen und verurteilt werden – für Verbrechen, die eine Minderheit beging, weil sie sich in ihrer Verwirrung für etwas Besonderes hielt, für die Korrumpierung der Werte und Maßstäbe einer zivilisierten Welt, für die besessene Zerstörung eines Landes.«

# Verlegerrede

Meine lieben Verleger von nah und fern,

die Sie sich freundlich um Ihren Autor versammelt haben, um mit ihm eine Kassette zu bestaunen, in der, Buchrücken neben Buchrücken, des Autors Tintenfluß gesammelt steht. Zehn Bände sind es geworden, denn früh, doch nicht zu früh, vor etwas mehr als dreißig Jahren, wagte sich Ihr Autor mit einem Band Gedichte und Zeichnungen an die damals noch teilnahmslose Öffentlichkeit, indem er einen Verlag bemühte, der sich, der Neigung des Verlegers Reifferscheid folgend, neben dem Hauptgewicht Juristerei vorerst leichtgewichtig in Literatur versuchte.

Schon bald danach bediente Ihr Autor diesen Verlag mit einem dickleibigen Roman, der nicht wenige Leser fand. Er verbat sich fortan jegliche Optionsklausel, machte von Buch zu Buch seinen Vertrag und begann sich dennoch vor mehr als einem Jahrzehnt – mittlerweile gewitzter im Umgang mit Verlegern geworden – um die Zukunft seines Verlages Sorgen zu machen, also in erster Linie um die Autoren; denn was – Sie werden mir zustimmen – ist das namhafteste Verlagsgebäude ohne Autoren: ein erschreckend leeres Gehäuse.

Also forderte mit seinesgleichen der Autor dem Verleger ein Statut ab, das alle im Verlagsgebäude versammelten Schriftsteller vor nichtswürdigem Verkauf an Meistbietende und den Verleger vor Torheiten dieser Art schützen sollte. Schließlich gab es abschreckende Beispiele genug: In der Regel fielen die jungen, noch unbekannten Autoren, kaum hatte man ihren Verlag verscherbelt, ins literarische Nichts. Überdies wußte der Autor, daß es unter Verlegern, wie unter Autoren auch, Halunken gibt. Seinen Verleger hielt er für ein Schlitzohr; er sollte sich getäuscht haben.

Denn als der Autor nach mehr als dreißig Jahren Schreibarbeit in vermeintlich abgesicherter Treue seinem Verleger so viele Bücher anvertraut hatte, daß der Verlagsleiter der Literaturabteilung die Meinung vertreten konnte, mit diesem Lesestoff lasse sich unter der Überschrift ›Werkausgabe‹ zehnbändig eine Kassette füllen, und zudem ein bevorstehender runder Geburtstag solch gewichtige Veröffentlichung nahezulegen schien, stellte sich heraus, daß der Verleger, den der Autor beileibe für nichts Schlimmeres als ein Schlitzohr gehalten hatte, klammheimlich die treugläubige Versicherung der Autoren aus dem Gesellschaftsvertrag gestrichen, die Autoren hingegen in gutem Glauben gelassen, hinterrücks Verkaufsverhandlungen angestrebt und sich der groben Täuschung schuldig gemacht hatte.

Schließlich mußten sich die treugläubigen Autoren, nachdem ihr Statut nun auch noch lauthals aufgekündigt worden war, mitansehen, wie sie als leibeigene Handelsware und mit ihnen ihr ein und alles, ihre dicken und dünnen Bücher, von einem Konzern gekauft wurden, den kürzlich ein anderer, noch größerer Konzern hatte kaufen wollen; diese Kauf- und Freßlust und die Angst, gekauft und gefressen zu werden, sind derzeit des real existierenden Kapitalismus geistiger Ausweis.

Verkauft und verraten schrien die Autoren auf; das durften sie immerhin. Die sonst harthörige Öffentlichkeit hörte sie schreien und fragte sich: Was schreien denn diese Autoren so laut? Hat man ihnen ein Leid angetan? – Man hatte, stand in vielen Zeitungen zu lesen, die auch von den neuen Eignern gelesen wurden. Jetzt erst merkten die holländischen Konzernherren, daß ihnen der Verkäufer eine Laus in ihre Konzernmasse gesetzt hatte, obendrein eine, die schleunigst weiterverkauft werden wollte, denn sie fühlte sich in der ihr fremden Konzernmasse nicht wohl, wollte um jeden Preis in literarischem Unterfutter behaust sein und schrie deshalb leidvoll.

Da bemühten sich die holländischen Konzernherren, wie es vernünftigen Kaufleuten zusteht, um ein Gespräch mit den verkauften und verratenen Autoren. Einsicht kam auf, verständnisvolle Worte linderten den anhaltenden Schmerz. Ausschau sollte gehalten werden nach geeigneten literarischen Gehäusen, denn viele Verleger waren begierig, den abgestoßenen literarischen Schwanz des Luchterhand Verlags zu kaufen; samt Autoren, versteht sich, denn was wäre ein literarisches Gehäuse, teuer erstanden, ohne Autoren? Und was – außer vogelfrei – sind Autoren, die kein Statut sichert? Es gehört zur Verkaufsmasse, diesmal unkündbar und auch sonst wasserdicht.

So weit so gut. Leider müssen die holländischen Konzernherren, die schließlich Kaufleute sind, immer noch im eigenen Interesse und – weil versprochen – auch im Interesse der Autoren bis heutzutage und womöglich weiterhin verhandeln; und mir fehlt für diese kleine Rede ein positiver Schluß, den ich Ihnen, meinen versammelten Verlegern, und besonders dir, liebe Helen Wolff, gerne zur Feier meiner zehnbändigen Werkausgabe geboten hätte.

# Das geschändete Bild

*Rede im Schloß Bellevue, Berlin*

Wenn ich auch weiß, daß Bilder nur annähernd zu beschreiben und Wörter darauf aus sind, Bedeutung festzuklopfen, muß dennoch versucht werden, ein Bild zu benennen, das öffentlich geschändet wurde.

Acht Meter breit, annähernd vier Meter hoch mißt die Leinwand. In der dargestellten Räumlichkeit gehen Innen- und Außenraum ineinander über. Die Gestik aller Figuren, ob Mensch oder Tier, drängt zu den Bildrändern, als wolle sie das Format sprengen. In dem Außen- wie Innenraum hängt eine nackte Glühbirne, die kaltgezacktes Licht wirft. Als erhelle das elektrische Licht nicht genug, stößt eine Frau aus offenem Fenster mit langem, im Bildzentrum dominierenden Arm die Petroleumlampe. Sie will das Geschehen bis in den letzten Blickwinkel ausleuchten: das getroffen wiehernde Pferd; den unbewegten Kopf des Stiers, der sich, grell abgehoben vom massiven Körper, im Profil und doch doppeläugig zeigt; vom Schrecken getrieben, springt nacktärschig das Mädchen auf; zwischen erhobenen Händen, mit jeweils gespreiztem Griff, schreit eine Frau; und betont deutlich hält der gestürzte Reiter in seiner rechten verkrampften Hand, die nicht loslassen will oder kann, eine Blume. Die Gleichzeitigkeit des Bildgeschehens gehorcht unsichtbarer Gewalt, die von außen kommt, zuschlägt, Wirkung zeigt. Doch selbst dort, wo der äußere Raum durch ein lukenartig geschnittenes Fenster markiert ist, gibt sich diese Gewalt nicht zu erkennen. Der gestürzte, den unteren Bildrand begrenzende Reiter, die beiden Frauen im rechten und linken Bildfeld schreien gen Himmel. Kommt von dort her die unsichtbare Gewalt?

Was geschah, auf daß, vorherrschend grau in grau gemalt, dieses Bild zum Bild unseres Jahrhunderts werden konnte, gültig noch und wiederum angesichts gegenwärtiger Schrecken? Wohin sind, da nur Opfer die Szene beherrschen, die Täter entkommen? Alles schreit: das elektrische Licht, die Menschen, das Pferd. Weil einzig der Stier vieldeutig stumm bleibt, steigert er das Geschrei. Und so könnte dieses Bild heißen, hieße es nicht ›Guernica‹.

Ich sah es mehrmals, als es noch, nach New York exiliert, im Museum of Modern Art fremd blieb zwischen so viel Kunst. (Einzig ein Triptychon des Malers Max Beckmann hing ähnlich verschollen im benachbarten Saal und lud zum Bildvergleich ein. Jeweils der bis zur Schmerzgrenze gesteigerte Ausdruck. Streng abgeschieden, dennoch einander nah: der deutsche, der spanische Maler.)

Inzwischen ist Picassos ›Guernica‹ heimgekehrt, das heißt nur wenig entfernt vom Prado-Museum, doch zu ihm gehörend – und deshalb in Nachbarschaft zu Goyas ›Schwarzen Bildern‹. In einem Gebäude, das eigens für dieses Wandbild und dessen Vorstudien und Entwürfe freigestellt wurde, wird der bildgewordene Schrecken, das gellend stumme Geschrei in einem klimatisierten Raum, geschützt vor Anschlägen durch Spezialglas, zur Ansicht gebracht.

Nur räumlich dem heimischen Bürgerkrieg entrückt, begann Pablo Picasso im Frühjahr 1937 mit den Vorarbeiten. Bereits im Sommer konnte das Ergebnis im spanischen Pavillon der Pariser Weltausstellung dem Publikum gezeigt werden. 1936, im ersten Kriegswinter, hatte die Regierung der Republik den Auftrag erteilt. Ein Raum, groß genug für ein breit ausladendes Wandbild, wurde gemietet, blieb aber während Monaten ungenutzt, bis eine besondere Nachricht aus dem Alltag des Spanischen Bürgerkrieges den Maler anstieß, dieses Bild, sein Bild, unser Bild zu malen.

Die kleine Stadt, einst Hauptstadt des Baskenlandes, liegt nahe dem Meer, nicht weit von Bilbao entfernt. Am 26. April 1937 wurde Guernica vom späten Nachmittag bis in den Abend hinein bombardiert. In Wellen luden Flugzeuge, die fabrikneu waren und zum Modernsten gehörten, das die Kriegstechnik vor Ausbruch des Zweiten Weltkrieges aufzubieten hatte, Bomber vom Typ Heinkel 111 und vom Typ Junkers 52, ihre Last ab: Brandbomben und Sprengbomben bis zum Gewicht von fünfhundert Kilogramm. Kampfflugzeuge wurden erprobt. Flächenbombardement als Uraufführung.

An diesem Tag, einem Montag, war Markttag und die Innenstadt belebt. Chaos und Flucht nach den ersten Einschlägen. Kaum war die Bombenlast abgeworfen, beschossen die Flugzeugbesatzungen die Fliehenden mit Maschinengewehren. Von den rund 7000 Einwohnern Guernicas waren nach dem Angriff 1654 tot und 889 verletzt.

Nicht aus diesen und jenen, aus deutschen Flugzeugen warfen deutsche Besatzungen Bomben deutscher Fabrikation. Verantwortlich für den Terrorangriff war die deutsche Legion Condor, eine Eliteeinheit.

Aber nicht Haß auf die Deutschen, nicht Abscheu gegenüber dem putschenden General Franco, nicht seine erklärte Parteinahme für die bedrohte Republik; das Entsetzen des Malers Picasso schlug bildhaft um. Kein Feind wurde deutlich gemacht. Kein einziges faschistisches Symbol und auch kein Hinweis auf deutsche Täter finden sich – und sei es versteckt – in der komplexen Komposition. Einzig die Opfer waren dem Maler gegenständlich.

Ihrem Schmerz, ihrem Erschrecken, ihrem Geschrei gab er Ausdruck mit den Mitteln der Kunst, um seiner Kunst zu genügen, aber auch, damit die Welt sah und hörte; doch die Welt sah und hörte nicht.

Als das Wandbild ›Guernica‹ im Weltausstellungspavillon der spanischen Republik zu Ansicht kam, war den Rechten die jede Konvention sprengende Gestaltung zuwider, fehlte den Linken, besonders den Kommunisten, die ablesbare parteiliche Tendenz. Eine Minderheit sah, hörte und sprach verstört von Kunst.

So ist es bis heute geblieben. Als epochemachendes Werk der Kunstgeschichte, als Höhepunkt der »Moderne« akzeptiert und mittlerweile gleichmütig toleriert, ist Picassos ›Guernica‹ weiterhin der gezielten Mißdeutung, der Schändung freigegeben, auch jener Infamie, vor der kein Spezialglas das museal aufbewahrte Original schützen kann.

Ende September 1990 hatten Zeitschriften (›Gong‹, ›stern‹, ›Der Spiegel‹) eine technisch einwandfreie Reproduktion des Bildes, verbunden mit einem Anzeigentext, in hoher Auflage verbreitet. Das war wenige Tage vorm Tag der deutschen Einheit, vorm Glockengeläut. Fettgedruckt stand unterm rechten Bildteil, in vier Zeilen gebrochen, als Aufmacher die Schlagzeile »Feindbilder sind die Väter des Krieges«. Die schmale Textkolumne, neben den rechten Bildrand gerückt, warb für die Bundeswehr und machte mit halbfetter Schrift die Bundeswehr als unterzeichnenden Autor bekannt. Abermals gab sich die Bundeswehr mit diskret plaziertem Signum, dem Eisernen Kreuz, schüsselförmig von Schrift umrundet, als verantwortlich für die mit Steuergeldern finanzierte Anzeige zu erkennen.

Der Werbetext, dem Picassos ›Guernica‹ beispielhaft als »Feindbild« zu dienen hatte, indem er mit der Überschrift »Feindbilder sind die Väter des Krieges« Auskunft über Ursache und Wirkung gab, behauptete auf dreiundzwanzig Zeilen Länge, daß die Bundeswehr kein Feindbild habe und nur totalitäre Regime Feindbilder verwendeten: »Sie zeichnen das Bild vom bösen Feind, um die Opfer begründen zu können, die sie dem Volk ständig abverlangen.« Im weiteren Verlauf des Werbetextes ist von der kriegsstiftenden Gefahr der Feindbilder zu lesen und von den Tugenden der Bundeswehr, die ihren Auftrag nie mit Feindbildern begründet habe: »Nicht ›Wogegen?‹, sondern ›Wofür?‹ lautet die Frage nach dem Sinn des Einsatzes.« Dann zählt der Text auf, was alles zu verteidigen sei, um schließlich die Bundeswehr zu definieren: »Sie ist unsere Versicherung gegen Wechselfälle, die niemand vorhersagen kann.«

Man könnte vermuten, es solle für die Bundeswehr als einer Unterabteilung der Allianz-Lebensversicherung geworben werden, zumal der Werbetext eine Vielzahl solch biederer Beschwichtigungen reiht.

Doch nichts, keine Zeile erklärt dem Leser dieser Anzeige, warum Picassos ›Guernica‹ exemplarisch als Feindbild zu taugen hat. Unterschlagen wird der Anlaß für die Entstehung des Bildes. Ignoriert wird, daß kein Feind, wohl aber dessen schreiende Opfer zum Bild wurden. Durch Verschweigen wird weggelogen, daß es deutsche Piloten, Flugzeuge, Bomben und Maschinengewehrgeschosse gewesen sind, die die baskische Stadt Guernica zerstört und 1654 ihrer Bürger ermordet haben; keine Fußnote will den Namen der kriminellen Vereinigung, die Legion Condor, preisgeben. Schamlos und nach üblem Vorbild wird getextet. Indem die Bundeswehr Picassos ›Guernica‹ schändet, kehrt sich ihr Harmlosigkeit suggerierender Text ins Gegenteil: Er konstruiert ein Feindbild und bedient sich jener Methoden, die unter der Herrschaft des Faschismus und Stalinismus Praxis gewesen sind.

Kleingedruckt findet sich links unterm Bildrand der Titel des Bildes und der Vor- und Zuname des Urhebers. Hinterm Copyright-Zeichen firmiert die VG Bild-Kunst, Bonn. VG heißt: Verwertungsgesellschaft. Es ist anzunehmen, daß den Picasso-Erben ein Teil der Verwertungsgebühr überwiesen worden ist, korrekterweise mit einem Belegexemplar. Doch weil es sein könnte, daß die Erben nicht ahnen, Judaslohn kassiert zu haben, schien es mir geraten, über ein Hamburger Anwaltsbüro die Erbengemeinschaft zu informieren, zumal mir jede Rechtsgrundlage fehlt, gegen die Bundeswehr Anzeige zu erstatten. Unter ihrem Werbetext steht, abermals kleingedruckt: »Wollen Sie mehr zu diesem Thema wissen? Schreiben Sie an das Streitkräfteamt, Postfach 14 01 89, 5300 Bonn 1.«

Für meine Widerrede war und ist das Streitkräfteamt nicht die Adresse. Nachdem ich, außer in der Zeitschrift ›art‹, keine kritische Reaktion auf die kalkulierte Ungeheuerlichkeit dieser für die Bundeswehr werbenden Anzeige zu Gesicht bekommen hatte – weder der Deutsche Künstlerbund noch die Abteilung Bildende Kunst der Berliner Akademie der Künste sahen sich durch die Schändung des Picasso-Bildes angestoßen; und auch im Bundestag ist dieser Fall beschwiegen worden –, habe ich meinen Protest ein halbes Jahr lang ausgetragen, wissend, daß mir, gemeinsam mit Günter de Bruyn, diese Lesung an besonderem Ort bevorstand.

Vor eineinhalb Jahren, als die DDR sich noch ihrer Machtfülle gewiß zu sein schien, wurde die Einladung des Bundespräsidenten ausgesprochen. Seitdem ist mehr geschehen, als sich in Geschichtsbüchern wiederfinden wird. Mittlerweile sind die nunmehr vereinigten Deutschen einander fremder als vorbedacht. Anstelle politischer Teilung spaltet soziale Deklassierung das größer gewordene Land. Geprellt von Wahlbetrügern, sind die Neubürger abermals abgeschrieben und mögen sich vergessen vorkommen, spätestens seitdem die Golfkrise wie zwangsläufig in Krieg umschlug und die Kehrseite deutscher Friedfertigkeit zutage trat. Jetzt wissen wir, daß der verbrecherische Waffenhandel mit dem Irak nicht nur von bundesdeutschen Firmen – unter ihnen solche von Weltrang – zu verantworten ist; nein, die Bundesregierung betrieb wissend, duldend und mit Hilfe von Bürgschaften tätig dieses folgenreiche Verbrechen; wir werden, um das Bonner Milieu genau zu benennen, von einer »Ehrenwerten Gesellschaft« regiert.

Man mag sich fragen: Was zählt die vor einem halben Jahr geschaltete, sozusagen verjährte Feindbild-Anzeige der Bundeswehr, wenn doch ruchbar geworden ist, daß das zuständige Ministerium wie fauler Fisch vom Kopf her stinkt. Wen juckt die Schändung eines, zugegeben, bedeutenden Bildes, wenn unlängst in führenden Feuilletons jeglicher »Gesinnungsästhetik« die Gesellschaftsfähigkeit abgesprochen wurde? Wen könnte mein Protest gegen die posthume Beleidigung der von Deutschen ermordeten Bürger der Stadt Guernica – 1654 an der Zahl – hinterm Ofen hervorlocken, wenn doch Schamlosigkeiten dieser Machart unter Brüdern konsensfähig sind? Allenfalls wird man, auf gute Manieren bedacht, die Geschmacklosigkeit des »Amtes für Streitkräfte« rügen, wie man etwa Bayer Leverkusen zu rügen hätte, wenn es der Werbeabteilung dieses Konzerns einfiele, mit einer perfekt gedruckten Reproduktion des Isenheimer Altars für schmerzbetäubende Tabletten zu werben. Und schon wäre der nächste Skandal kurzfristig aktuell.

Ein wenig altmodisch komme ich mir vor inmitten solch beschleunigter Kommunikation. Gewohnt, daß das

Verdikt »Moralprediger« seit Heinrich Bölls Zeiten haftet, weiß ich, wie gängig jene Lumpenmoral ist, nach der gewesen sein soll, was gewesen ist. Dennoch beanspruche ich ein ungeschriebenes Recht, das Menschenrecht auf Vergangenheit. Mehr noch: Indem ich diese Polemik unter dem Titel ›Das geschändete Bild‹ meinem Gastgeber, dem Bundespräsidenten, widme, vertraue ich seinen vielgehörten Reden, seinem Wort, das die Last deutscher Vergangenheit nicht ausspart.

Er weiß, was Guernica bedeutet. Seine Generation – und auch meine noch – wurde von Guernica und den Folgen gezeichnet. Gegen den zur Vergeßlichkeit aufrufenden Zeitgeist hat er wiederholt und seine Amtsführung erschwerend Sätze gesprochen, die auch die nachgeborenen Generationen dieser Vergangenheit verpflichten. Ich will ihm seine Amtsführung nicht leichter machen. Mein Wort kann vielleicht Anstoß geben – sein Wort hat manchmal Gewicht.

Der Bundesverteidigungsminister ist verantwortlich für eine Werbeanzeige zugunsten der Bundeswehr, deren Tendenz den Dienst in ihren Einheiten zuschanden macht. Gerade weil die Bundeswehr an einem Krieg beteiligt war, dessen heillose Folgen unübersehbar und dessen Opfer ungezählt sind, ist der Schaden, den diese Anzeige verursacht, kaum zu begleichen; sie kann nicht hingenommen werden.

Indem ich Richard von Weizsäcker bitte, den Bundesverteidigungsminister aufzufordern, sich bei den Bürgern der Stadt Guernica zu entschuldigen, erwarte ich nicht viel – keinen Rücktritt, wer tritt schon zurück! –, wohl aber, daß der höchste Repräsentant der Bundesrepublik Deutschland sein Amt wahrnimmt.

# Es gibt sie längst, die neue Mauer

DIE ZEIT: Herr Hein, als wir Sie vor einiger Zeit um einen Beitrag baten, schrieben Sie zurück, Sie seien dabei, Ihren Elfenbeinturm zu renovieren. Der Schriftsteller in der DDR hatte ja auch eine Ersatzfunktion: Als öffentliche Figur war er der Adressat von Bittstellern. Sind Sie dieses Engagements müde?

CHRISTOPH HEIN: Nein, so extrem ist das nicht. Wenn das der Fall wäre, hätte ich früher gar nicht schreiben können. Ich habe nur die Gefahr gesehen und davor gewarnt, daß diese Ersatzfunktion scheinbar immer wichtiger wird. Ich empfinde es als eine Befreiung, daß diese Funktion von anderen übernommen wird. Bestimmte Briefe können jetzt an den Staatsanwalt gehen, nicht mehr an irgendeinen, der sich für einen ungerecht Behandelten einsetzt. Das spart Zeit.

GÜNTER GRASS: Wenn ich mich politisch eingemischt habe und es weiter tue, dann nicht, weil die Anforderung von außen an mich herangetragen wird, sondern weil ich mich auch als Bürger definiere. Ich zahle Steuern in diesem Land. Mich interessiert wie jeden anderen Bürger auch, was mit diesen Steuern geschieht. Ich könnte mir vorstellen, daß Christoph Hein zu einem späteren Zeitpunkt, wenn er sich mal erholt hat von der Überbeanspruchung, die Frage ganz anders beantwortet. Nicht etwa, weil jemand seine Hilfe gegen den Staatsanwalt braucht, sondern weil er es richtig findet dreinzureden.

DZ: Wie war das mit der Renovierung des Elfenbeinturms gemeint?

C. H.: Das ist eine Wunschvorstellung. Ich stecke noch in derart vielen Gremien drin und werde immerzu gebeten, irgendwas zu retten, irgendwelche Kulturinstitutionen. Der Satz mit dem Elfenbeinturm meint mehr eine Hoffnung als einen Ist-Zustand.

G. G.: Elfenbeinturm ist eine wunderbare Metapher. Wenn ich ein Manuskript anfange, dann muß ich abtauchen, muß ich das Dauergeräusch von Öffentlichkeit ausknipsen und mich mit den Geräuschen umgeben, die zu meinem Text gehören. Aber es kommt etwas hinzu, und das betrifft, trotz der verschiedenen und oft gegensätzlichen Lebenserfahrung der Schriftsteller in den beiden ehemaligen Staatsgebieten, die gemeinsame Erfahrung, daß das Schweigen der Intellektuellen in der Endphase der Weimarer Republik mit dazu beigetragen hat, daß dieses schwache Gebilde zerschlagen werden konnte, daß dieser erste Versuch, eine Demokratie zu etablieren, gescheitert ist. In einem Land, in dem Bücher verbrannt worden sind und dann Menschen, ist, was in anderen Ländern vielleicht erlaubt sein mag, der absolute Rückzug in den Elfenbeinturm fragwürdig.

C. H.: Mich hat schon immer das Verstummen des alten Racine und des alten Shakespeare sehr interessiert. Oder das Verstummen etwa eines Tucholsky. Das ist die Folge eines enormen Engagements.

G. G.: Das kann uns auch passieren. Wenn es so weiterläuft, wie es gegenwärtig läuft, verschlägt's einem die Sprache. Hildesheimers Verstummen habe ich respektiert. Aber diejenigen, die du angesprochen hast, Shakespeare, Racine, haben, bevor sie ihr Gärtlein bestellten, sich eingemischt und sind regelrecht gescheitert.

C. H.: Für mich ist es einfach befreiend, diese Ersatzfunktion nicht mehr erfüllen zu müssen. Ich brauche die

Ruhe. Oder wie Grass sagt, um arbeiten zu können, brauche ich die Geräusche der Arbeit und nicht noch andere. Und wenn ich höre, einer sei verstummt, dann geht es mir wie jenem Zeitgenossen von Voltaire, der sagte: »Ich freue mich immer, wenn ich wieder mal höre, Voltaire sei gestorben. Ich weiß, dann kommt in einem Vierteljahr die neue Schrift raus.«

DZ: Könnte es nicht sein, daß auch für das politische Engagement des Schriftstellers die Nachkriegsepoche zu Ende gegangen ist? Alles stand doch immer noch im Zusammenhang mit dem, was die großen Autoren des Exils vorgemacht haben: Widerspruch gegen Hitler, gegen den Faschismus. In diesem Schatten hat sich alles bewegt, bis hin zum Projekt des Sozialismus und der Aussöhnung mit dem Osten. Jetzt wird der Einspruch, die Teilnahme des Schriftstellers sehr viel schwieriger.

G. G.: Ich halte diese These vom Ende der Nachkriegsepoche für einen Wunschtraum der Leitartikler. Wir erleben gegenwärtig, wie durch politische Versäumnisse der jüngsten, der angeblichen Nachkriegsära die Vergangenheit wieder aufbricht. Wir werden noch oft von unserer Geschichte eingeholt werden. Zum anderen: Ich bin froh darüber, daß wir aus diesem Status der beiden gesellschaftlichen Systeme und aus dem Kalten Krieg rauskommen, daß sich zwangsläufig die Horizonte weiten. Aber schon wieder beginnt die Ängstlichkeit, über den eigenen Tellerrand zu gucken, die Sehnsucht nach geordneten Verhältnissen bei zunehmender Konfrontation. Ich hätte mir gewünscht, daß verantwortliche Politiker in der Bundesrepublik beim deutschen Vereinigungsprozeß, der sehr rasch beschlossen und durchgezogen wurde, doch mal den Rat unter anderem einiger Schriftsteller eingeholt hätten. Gerade aufgrund unserer Arbeit wissen wir genauer als Politiker, daß sich

Leben nicht in Legislaturperioden abspielt, daß vierzig Jahre ein Zeitraum sind, den man weder mit Geld noch mit neuen Gesetzen verdecken kann, und daß jeder Politiker, der das ignoriert, dafür bitter bezahlen muß. Dieses Überspringen der Zeit, das heißt auch das Ignorieren der Beschädigungen und der Prägungen, ist ein Versäumnis, das einem Romancier nie unterliefe.

C. H.: Ich fürchte, das wird ein Wunschtraum bleiben. Insofern bescheide ich mich eher damit, ein politischer Schriftsteller in dem Sinne zu sein, in dem Kafka einer war, der etwas, was atmosphärisch vorhanden ist und was man nicht benennen kann, benannt hat. Und was anders gar nicht zu formulieren ist.

G. G.: Es wäre zum Beispiel sinnvoll gewesen, bevor man die Treuhand in die Welt setzte, noch einmal ›Das Schloß‹ zu lesen.

DZ: Warum werden die Apotheker nicht gefragt? Warum sollten die Schriftsteller gefragt werden?

C. H.: Es wäre natürlich wünschenswert, daß die Apotheker sich zu Wort melden, aber ich fürchte, der Grund, daß sie es nicht tun, liegt darin, daß wir in einer arbeitsteiligen Gesellschaft leben. Dummerweise ist es eben so, daß in den Zeitungen nur die Journalisten schreiben und nicht die Apotheker und daß die Politiker mit sehr viel weniger Ausbildung als ein Apotheker oder Schriftsteller die Politik machen. Die Berechtigung dafür nehmen sie nur aus der arbeitsteiligen Gesellschaft. Um über ein paar Geschichten nachzudenken, hat der Apotheker keine Zeit. Der Schriftsteller hat sie sich zu nehmen. Das ist seine Pflicht.

G. G.: Deshalb wurde der Apotheker Fontane Schriftsteller.

C. H.: Und dann ist eben eine bestimmte Erkenntnis nur von einem Schriftsteller zu haben, weil der beispielsweise ›Kindheitsmuster‹ geschrieben hat und da ein Nachdenken eingesetzt hat, für das andere in der Gesellschaft nicht die Zeit haben oder auch keine Lust. Wegen dieses Nachdenkens darf man vielleicht zu Recht erwarten, daß der Schriftsteller zu aktuellen Fragen etwas zu sagen hat.

DZ: Die Erfahrung lehrt aber, daß die deutschen Schriftsteller nicht immer viel Glück hatten mit ihren Einmischungen. Als es die DDR noch gab, kurz vor ihrem Ende, gab es den Aufruf »Für unser Land« – ein Versuch von Intellektuellen der DDR, noch ein letztes Mal etwas zu wenden. War das richtig? War das ihre Aufgabe?

C. H.: Ich weiß nicht, ob es ihre Aufgabe war, aber ich denke, die daran Beteiligten haben einfach ihr politisches Programm geäußert. Ich fand es etwas anachronistisch, aber ich gebe ihnen natürlich das Recht dazu. Es gab meines Wissens zwei Millionen Unterschriften, das heißt, der Aufruf war getragen von einem größeren Teil des Volkes, also von einer erheblichen Minderheit. Da haben sich Bürger zu Wort gemeldet. Da waren unter anderem auch ein paar Autoren dabei. Ob es ein Fehler war, ich weiß es nicht. Ich habe diesen Appell »Für unser Land« nicht unterschrieben, ich war dagegen, aber nicht, weil er keine Chance hatte, siegreich zu sein. Ich möchte auf meiner Seite stehen, nicht auf der siegreichen. Es interessiert mich überhaupt nicht, etwas zu sagen, was sich ein halbes Jahr später als richtig erweist. Ich möchte das machen, was ich für richtig halte, auch wenn der Verlauf der Geschichte etwas anderes beweist. Dann hat meinetwegen eine andere Seite gesiegt, die dann nicht die meine ist. Auf der siegreichen Seite zu stehen, das interessiert mich weniger.

G. G.: Ich stimme zu, daß dieser Aufruf ungeschickt formuliert war, noch bestimmt von einem Jargon, unter dem man gelitten hat, den man bekämpft hat und von dem man sich distanziert hat. Ich habe mich auch gefragt: Warum haben die das gemacht? Sie haben gespürt, wenn wir jetzt nicht versuchen, unsere Sache selbst in die Hand zu nehmen, und sei es auch nur eine Zeitlang, werden wir verschluckt werden von den nachfolgenden Vorgängen, dann werden wir, wie es dann ja auch geschehen ist, ausgeschlossen. Daher der Aufruf. Natürlich ist die Geschichte darüber hinweggegangen, natürlich wurden die berühmten Nägel mit Köpfen gemacht. Wie sieht das Ergebnis aus? Ist es denn nicht wieder aus der Sicht und aus der Erfahrung eines Schriftstellers richtig zu fragen: Wäre es nicht besser gewesen, mit den Alliierten von damals einen Rahmen abzustecken, in dem die Deutschen das Recht gehabt hätten, sich souverän und in Ruhe eine Form des Zusammenlebens zu suchen? Also das Tempo so zu bestimmen, daß nicht zu den schon vorhandenen Beschädigungen der vierzig Jahre DDR-Geschichte noch weitere hinzukommen? Es ist schon ein miserables Kunststück: nach Trennung, Mauerbau, Stacheldraht und Schießbefehl ohne jeden Zwang eine zweite Spaltung, eine zweite Teilung zu installieren. *Dieses* Versagen steht, mit weit größeren Folgen, der vielleicht unzulänglichen Formulierung des kritisierten Aufrufes gegenüber. Der Aufruf hat nach einer Möglichkeit gesucht, erst selbst etwas zu werden und dann die Annäherung zu suchen. Das ist versäumt worden, und es kann sein, daß dieser heute so verhöhnte Aufruf rückblickend einen ganz anderen Stellenwert bekommt.

DZ: Jetzt verklären Sie den Aufruf. Hier wurde doch versucht, eine Sache, die gescheitert war, noch einmal unter neuen Vorzeichen zu starten. War es denn im Herbst 1989 der Augenblick zu sagen, jetzt versuchen wir es endlich? Ist nicht damit der Kredit, den die Schriftsteller haben, fahrlässig verspielt worden?

C. H.: Ich weiß nicht, welcher Kredit verspielt worden sein soll.

DZ: Die Reputation der Schriftsteller, die darin besteht, daß sie, wie Grass gesagt hat, die Dinge etwas klarer sehen als andere.

C. H.: Es gab doch sehr, sehr verschiedene Ansichten in Westdeutschland wie in Ostdeutschland, sehr verschiedene Autoren. Da war ein breites Spektrum. Sie können da alles finden. Insofern bin ich nicht sicher, was das Verspielen von Reputationen irgendwelcher Art betrifft. Außerdem haben mittlerweile ganz andere Entwicklungen eingesetzt, die auch schon zu Verklärungen der alten DDR führen. Ich stimme Grass zu: Mit dieser neuen Mauer hat es eine große Schwierigkeit. Die alte Mauer stand nicht zwischen den beiden Teilen des Volkes. Das war ein Regierungswerk und wurde vom Volk nicht angenommen. Die jetzt entstandene Mauer ist nicht von der Regierung gewollt, sie hätte es wahrscheinlich liebend gern, wenn sie nicht vorhanden wäre, aber die ist nun wirklich in der Nation. Und sie abzubauen, das wird weitaus schwieriger werden und sehr viel länger dauern. Hinzu kommt die fehlende gegenseitige Kenntnis. Es war für die DDR-Bevölkerung nicht möglich, Westdeutschland kennenzulernen, aber die Augen waren dahin gerichtet, man informierte sich über westliche Medien, die erreichbar waren. Das war in Westdeutschland ein bißchen anders. Die DDR war erreichbar, aber sie war ohne Interesse. Man fuhr dann doch eben lieber nach Italien. Und das hat sich auf eine verheerende Weise ausgewirkt. Die ostdeutsche Bevölkerung hat sicherlich eine falsche Vorstellung vom Westen, und sie stürzte sich auf Westdeutschland, das von dieser Liebesäußerung etwas genervt wurde. Die westdeutsche Haltung blieb im Grunde gleich, man interessierte sich nicht dafür. Es sei denn, wie Grass mal sagte, für das »Schnäppchen«. Da seh' ich zur Zeit noch überhaupt keine Chance, diese Mauer in einer absehbaren Frist abzubauen. Ich fürchte, es wird eine Generationsgeschichte werden.

DZ: Gibt es für Sie einen Abschiedsschmerz?

C. H.: Einen Abschied sicher. Natürlich: ein politisches System, mit dem man zu tun hatte auf angenehme oder weniger angenehme Weise, hat sich verabschiedet. Auch von dem, was man nicht allzusehr liebt, gibt es einen Abschied. Aber einen Abschiedsschmerz? Der ist bei Intellektuellen weniger ausgeprägt. Willkommen und Abschied, Abschied und Willkommen, das ist dann doch eher zutreffend. Ich bin gespannt auf dieses gewissermaßen zweite Leben, das ich in meinem kurzen Leben erleben werde. Einer meiner großen Irrtümer: Ich hatte angenommen, daß wir im Laufe des Jahres 1990 sehr viele große Tote haben würden. Ich nahm an, sehr viele würden einfach sterben oder Selbstmord begehen, weil eine Illusion oder Utopie zusammenbrach. Das war, wie sich zeigt, ein Irrtum. Sie veröffentlichen alle dicke Bücher, in denen sie sich rechtfertigen. Es geht in einer Weise zu Ende, wie ich's mir hab' nicht vorstellen können. Aber ich will noch einmal auf diesen Appell zurückkommen. Bedenken Sie eins: Es gab so etwas wie, ich will nicht sagen Widerstand, das ist ein sehr großes Wort, aber ein Widerstehen. Das waren nicht hundert Prozent der DDR-Bevölkerung und auch nicht neunzig, sondern vielleicht fünf Prozent. Und die hatten in diesem Herbst 89 viel erreicht. Und dadurch entstand eine Euphorie und eine Hoffnung. Die wurde ihnen einfach zwei, drei Monate später aus den Händen geschlagen.

Sie hatten auf ein selbstbestimmtes Leben gehofft, und dann kam halt doch der normale Gang der Entwicklung. Sie hatten auf Demokratie gehofft, und übrig blieb halt doch nur Parteiendemokratie, und das ist etwas anderes. Diese Hoffnungen mußten enttäuscht werden, und diese Enttäuschung ist vielleicht einer der Gründe für die Unzufriedenheit. Ich wurde in letzter Zeit zu einer Tagung eingeladen, die hatte den Titel »Exil im eigenen Land«. Das allerdings fand ich geradezu obszön und ärgerlich. Eine Exilerfahrung erlebt niemand in der ehemaligen DDR, wie verheerend er auch sein Schicksal empfindet. Wir haben Ostdeutschland nicht verloren. Ein politisches System ist abgestorben, das ist alles. Exil – das ist etwas anderes.

G. G.: Erich Loests Buch ›Durch die Erde ein Riß‹, diese wirklich bewegende Autobiographie, schildert nicht nur den Verlust des Jugendglaubens an den Nationalsozialismus, sondern auch den Verlust der antifaschistischen Ideologie, des Glaubens also, zu jenen Deutschen zu gehören, die die Vergangenheit bewältigt haben und auf der richtigen Seite stehen. Bei Loest wird das sehr deutlich, dieser nahtlose Übergang aus der einen Ideologie in die andere, das abermalige Zusammenbrechen, der erneute Verlust, und das gibt diesem Buch Gewicht – eine Autobiographie, die nur mit den Erfahrungen in der DDR geschrieben werden konnte.

C. H.: Ich würde dennoch dabei bleiben: Diese Verluste, von Loest genau beschrieben oder auch von Franz Fühmann, der ein ähnliches Schicksal hatte, nämlich von der einen Ideologie gefangen zu sein und, durch den Wunsch, es wiedergutzumachen, ganz schlimm in die nächste zu geraten, diese Verluste sind ja auch Verluste – wie der Verlust der ersten Liebe. Aber der Verlust der Heimat, etwa Danzig, ist etwas anderes. Wenn ich mit der Mark Brandenburg verwoben bin – die habe ich nicht verloren. Mit dem politischen System gingen bestimmte Hoffnungen zu Ende, aber meine Hoffnungen waren auf Veränderungen gerichtet, insofern habe ich etwas verloren, was ich nie besaß.

G. G.: Ich würde schon gerne wissen, wie sieht es in einem wirklichen Stasi-Mann aus, der jahrelang geglaubt hat, den richtigen Dienst getan zu haben. Nur jemand wie Schädlich mit seiner Erfahrung der DDR konnte so eine Figur wie Tallhover erfinden. Das ist so ein Vorschein dessen, was an Literatur aus dieser ganz anders gearteten Verlusterfahrung entstehen könnte.

DZ: Werden Bücher mit dem inneren Monolog eines Stasi-Beamten in Zukunft noch jemanden interessieren?

C. H.: Wenn jemand Molière gesagt hätte, daß sich nach seinem Tod keiner mehr für Tartuffe interessieren werde, hätte Molière wahrscheinlich heftig genickt in der Hoffnung, daß es nach seinem Tod etwas besser zugeht. Tartuffe lebt, und die deutsche Einigung ist maßgeblich unter seiner Leitung erfolgt. Der Stasi-Offizier wird aussterben mit dem Titel Stasi, das ja. Ob dieser Menschentyp ausstirbt? Es wäre als Ziel uns allen innigst zu wünschen.

G. G.: Nicht mal die Karriere ist vorbei. Ich weiß nicht, wie viele Stasi-Offiziere jetzt schon im Bundesnachrichtendienst sind, wie hier nahezu ohne Karriereknick weiter gearbeitet wird, auch in der Wirtschaft. Das ist ein neues Kapitel, das sich da auftut. Die Geschichte der DDR ist mit dem Absterben des Staates nicht zu Ende. Die Strukturen, die einmal gelebten, haben eine Ausdauer und eine Zählebigkeit, die in einem absoluten Gegensatz zu unserem Tempo steht, mit dem wir leben, mit dem wir zum Beispiel die deutsche Vereinigung zusammengenagelt haben.

C. H.: Ich bin da anderer Meinung: Ich denke, daß der Einigungsprozeß in seiner Schnelligkeit nicht von den Politikern bestimmt wurde. Die Programme, die ein Modrow oder ein Kohl damals entwickelt hatten, waren am Tag danach das Papier nicht wert. Das wurde rasant von der Straße her beschleunigt. Aber es gab, und da sind die Bedenken von Grass angebracht, auch keine Versuche, eine Beruhigung zu bewirken und auf ein paar Sachen zu verweisen, die notwendigerweise kommen. Wenn ich auf die D-Mark zeige und ankündige, daß die in Kürze kommt, dann hätte es noch zwei, drei klärender Worte bedurft, was die Folge davon sein wird: Zusammenbruch des Exports, der Betriebe, Arbeitslosigkeit. Das war damals bekannt, es wurde von verschiedenen Seiten, etwa den Bürgerbewegungen, darauf hingewiesen, und es wurde als Propaganda beiseite gefegt. Diese Leute aus den Bürgerbewegungen, die darauf verwiesen, galten plötzlich als »rote Socken«. Ich bedaure, daß es deshalb nicht zu einer wirklichen Einigung kam. Wir haben uns nicht geeinigt, wir sind Westdeutsche geworden. Ich verstehe, daß das aus westdeutscher Regierungssicht etwas einfacher war. Man mußte nichts verändern. Das ist scheinbar leichter, als wenn sich beide Seiten an den Tisch setzen und etwas wie eine Einigung aushandeln. So blieb die eine Seite als Bittsteller vor der Tür und wurde dann eingemeindet. Der Einigungsprozeß wird dadurch zwei, drei Jahrzehnte länger dauern.

DZ: Haben die Intellektuellen Anteil gehabt am Zustandekommen der Revolution, also mitgeholfen, das System zu beseitigen, oder haben sie nicht umgekehrt gerade dadurch, daß sie versucht haben, immer wieder die Repression aufzulockern, dazu beigetragen, einen auf lange Sicht unhaltbaren Zustand erträglicher zu machen?

C. H.: Es gab die eine Möglichkeit, die, wie ich denke, von den DDR-Intellektuellen geleistet wurde, nämlich auf zunehmende Liberalisierung hinzuwirken, und das würde auch heißen, daß sie damit möglicherweise dieses System verlängert haben. Die andere Möglichkeit, um mit Marx zu sprechen: Ich muß den Druck verstärken, um ihn ins Bewußtsein zu heben. Hätte ich den Panzerkommunismus befördern müssen, um ihn eher zum Ende zu bringen? Wir wollen eines nicht vergessen: Erstaunlicherweise ist dies alles ohne Blutvergießen zu Ende gegangen. Ich denke, das hat mit diesen Stufen der Annäherung zu tun. Die Staatssicherheit war offenbar in dem Glauben, sie schaffe es noch, die Kurve zu bekommen, für sich oder für den Staat. Es lief zunächst auf Krenz, dann auf Modrow zu und schließlich auf de Maizière. Wäre es von Honecker gleich auf Kohl gegangen, dann wäre es möglicherweise auch zum Blutvergießen gekommen. Ohne Helsinki wäre es nicht zu all dem gekommen. Wenn wir das Jahr 1953 perpetuiert hätten, wäre es überhaupt kein Problem gewesen. Die paar Männchen, die da auf der Straße standen, das war 1953 kein Problem, und das wäre auch 1989 kein Problem gewesen. Weil eben diese »Aufweichung« stattgefunden hatte, bekamen diese Leute auf einmal eine solche Kraft, eine solche Bedeutung. Natürlich muß in diesem Zusammenhang wieder der Name Gorbatschow fallen. Aber auch das ist die Folge einer Folge von Prozessen, die auf Liberalisierung hinausliefen und nicht auf die Verhärtung.

DZ: Herr Hein, Sie haben am Anfang des Gesprächs von einer Erleichterung gesprochen. Was passiert, wenn die Schriftsteller nicht mehr in dieser Weise gebraucht werden? Günter Kunert hat vor einiger Zeit sinngemäß gesagt, die Schriftsteller werden gesellschaftspolitisch ihre

Bedeutung verlieren, und das ist gut so, jetzt können sie sich endlich am Sonett abarbeiten...

C. H.: Ich habe im Oktober 1989, da war das erste Mal eine DDR-Zeitschrift bei mir zu einem Interview – auch eine neue Erfahrung –, gesagt, wissen Sie, Literatur ist, wenn Proust beschreibt, wie er Tee trinkt, und ich werde mich künftig solchen Sachen widmen. Ich habe dieselbe Sehnsucht wie Flaubert, doch ich denke auch daran, daß er gesagt hat: Ich habe mein ganzes Leben versucht, in einem Elfenbeinturm zu wohnen, aber ein Meer von Scheiße schlägt an seine Mauern. Ich fürchte, die Geschichte ist noch lange nicht zu Ende. Deswegen teile ich Grass' Unbehagen an der Formulierung »Ende der Nachkriegszeit«. Ich kann nur hoffen, daß die Oder-Neiße-Grenze eine Grenze bleibt. Ich komme aus Schlesien. Ich kann jeden verstehen, der etwas älter ist als ich und von dort herkommt und Sehnsucht nach der alten Heimat hat. Ich hoffe dennoch, daß diese Grenze sich nicht verändert, denn das hieße wieder Unglück und Leid. Die Nachkriegszeit ist erst am ersten Tag des neuen Krieges zu Ende.

# Mein Traum von Europa

*Rede in Sevilla aus Anlaß der bevorstehenden Weltausstellung*

Als meine Frau und ich vor mehr als fünf Jahren im indischen Bundesstaat Bengalen unterwegs waren, stieß ich mich gelegentlich an übriggebliebenen Kolonialstühlen, diesen englischen Sitzmöbeln, die zu bequemer Arroganz einladen; also nahm ich in bestimmter Haltung Platz und fühlte mich sogleich als Europäer: überlegen und aus Gewohnheit ein wenig schuldig.

Das war damals, als uns Gorbatschow erste Hoffnung auf ein »europäisches Haus« machte und wir im Gästehaus der Tagore-Universität Shantiniketan, dieser Melancholie verbreitenden Reformruine, einer baltischen Sprachlehrerin und einem russischen Wissenschaftler aus dem Ural begegneten. Fern unserem geteilten, der Aufsicht zweier Großmächte unterstellten Kontinent, sprachen wir miteinander wie Europäer, die sich, verwirrt durch indische Alltagsschrecknisse, nähergekommen waren, als ihre Herkunft hätte versprechen können.

Europa als Projektion. Europa als etwas, das nur von außen gesehen da ist. Europa als Bühne für ein Gedankenballett und Gelegenheit, mit Pirouetten und Sprüngen zu brillieren. Europa und der Rest der Welt, ein Thema, dem aber die Bequemlichkeit englischer Kolonialstühle nicht mehr sicher ist; weshalb ich Ihnen, meine Damen und Herren, aus eher beunruhigter Position zureden will: Denn alles, was gestern noch fest verankert zu sein schien, ist ins Schlingern, ins Rutschen geraten.

Mit mir teilen einige unter Ihnen sicher die Neigung, gelegentlich nach Büchern zu greifen, die vor Jahrzehnten aufregende Jugendlektüre gewesen sind, damals, als wir meinten, am Anfang zu stehen: frei von Terminzwängen und Einladungen zu wichtigen Kongressen. So ging es mir kürzlich mit einem Buch des spanischen Schriftstellers Miguel de Unamuno, der zugleich Baske und Europäer gewesen ist. In seiner so witzigen wie todtraurigen Erzählung ›Nebel‹ spielt Unamuno immer wieder mit dem literarischen Gattungsbegriff Novelle und bietet den Kritikern, die notorisch alles besser wissen, ersatzweise das Wort »Nivola« an: Wann immer er gegen die klassischen Gesetze der Novelle verstoße, befinde er sich waghalsig im noch unentdeckten Gelände der Nivola.

Ich bin versucht, dem mir gestellten Thema ähnlich listig auszuweichen, weil ich mich außerstande sehe, großspurig weltweit zu reden; schon die europäische Dimension verpaßt uns zu weite Schuhe. Zwar habe ich diesen Vortrag unter den Titel ›Mein Traum von Europa‹ gestellt, doch kaum liegt mir der Atlas aufgeschlagen, juckt es mich, Unamunos Technik der alles verkleinernden Ironie zu variieren und meine Rede mit Hilfe des Diminutivs zu vermenschlichen: Allenfalls könnte es mir gelingen, ›Mein Träumlein von Europa‹ zu entfalten.

Ich liebe den Diminutiv. In seinem Namen lassen sich keine Staatsakte feiern. Der Welt wäre geholfen, wenn man ihr den Diminutiv als Arznei verschriebe; weshalb ich auch am liebsten von unserem Europalein sprechen würde. Und wenn es erlaubt wäre, mein kürzlich wieder so groß gewordenes Land »Deutschländchen« zu nennen, könnte diese Verkleinerung sogar den angrenzenden Nachbarn gefallen. Zudem behaupte ich, daß der Diminutiv die verkleinerte Kraft hätte, zu entlasten, denn die Bürger dieses Landes und dieser Stadt sind dreifach geschlagen: Großereignisse stehen auf dem Programm, die meinem zärtlichen, immer um Nachsicht bittenden Diminutiv Platzverbot erteilt hätten.

Wenn sich hier die Weltausstellung ins Gigantische versteigt, werden demnächst in Barcelona olympische Rekordleistungen hochgejubelt; es sei denn, man entschlösse sich dazu, die jeweils letzten Sprinter, Speerwerfer, Hoch- und Weitspringer, Schwimmer, Zehnkämpfer und Marathonläufer mit Gold-, Silber- und Bronzemedaillen zu ehren. Eine solche diminutive Entscheidung wäre gewiß im Sinne von Unamuno und auch dem zukünftigen Europa dienlich.

Noch bedenklicher sieht das letzte Großereignis aus, das in diesem Jahr abgefeiert werden soll: die Entdeckung Amerikas durch Kolumbus. Die Folgen dieser Entdeckung – wenn es denn eine gewesen ist – lassen gleichfalls keinen Diminutiv zu: Völker wurden ausgerottet, Hochkulturen zerstört. Entrechtete Sklaven blieben übrig. Was gibt es da zu feiern!

Eher bestünde Anlaß, diese nicht nur spanische, vielmehr europäische Schande zu überdenken, zumal sich das gegenwärtige Europa gegenüber dem machtlosen Rest der Welt immer noch wie eine Kolonialmacht verhält. Desgleichen die USA: Der europäischen Tradition gnadenloser Ausbeutung verpflichtet, reagieren sie jeweils mit Strafaktionen, sobald dieses Wirtschaftsprinzip bedroht zu sein scheint. Als kurz vor Weihnachten 1989 – in etwa zeitgleich mit dem blutigen Machtwechsel in Rumänien – US-Streitkräfte Panama überfielen, fand mit dem Test neuer Waffensysteme nicht nur eine Generalprobe für den bald fälligen Golfkrieg statt; dem Rest der Welt sollte eine angeblich neue, doch, genau besehen, schrecklich alte Weltordnung eingepaukt werden: die Herrschaft des weißen Mannes.

Der zählt nur seine Toten. Der duldet nur seine Maßstäbe. Seitdem die Lehre Christi an Schlagkraft verloren hat, heißt dessen Angebot neuerdings Demokratie. Diesen Exportartikel bietet er gratis an. Mit ihr und der Zugabe »freie Marktwirtschaft« will er alle Welt beglücken. Doch unser auf Ausbeutung spezialisiertes Verhalten gegenüber den Staaten der Dritten Welt gilt als schlechtes Zeugnis. Wo Verelendung den Alltag bestimmt, läßt sich schlecht mit in Hochglanzkatalogen deklarierten Menschenrechten prahlen. In den Slums von Calcutta oder Rio de Janeiro für unsere »freiheitlich demokratische Grundordnung« zu werben hieße, das dort herrschende Elend zu verspotten. Als Missionare unglaubwürdig geworden und seit dem Untergang der Sowjetunion auch des ideologischen Feindbildes beraubt, stehen wir reich und zugleich ärmer da: bar jeder Idee, hochgerüstet erschöpft und einzig der Schäden gewiß, mit denen der Fortschritt uns abstraft.

Unsere Geschichte, die die Geschichte gewaltsamer Eroberung und gnadenloser Unterdrückung ist, hat uns eingeholt. Die Dritte Welt steht vor unserer Tür und klopft an. Wer aber immer noch meint, er könne die Entdeckung Amerikas als europäische Großtat feiern, dem halte ich die Aufzeichnungen des Bartolomé de Las Casas, dieses Zeugnis völkermordenden Terrors vor Augen: Es hat nie an Warnungen und Anklagen gefehlt.

Als 1917 der Putschist Lenin die Februarrevolution abwürgte und der Diktatur des Zentralkomitees einer einzigen Partei zur Herrschaft verhalf, hat ihm, besonders weitsichtig, die Sozialistin Rosa Luxemburg das Ende der Sowjetmacht vorausgesagt. Und wenn heute der mexikanische Schriftsteller Carlos Fuentes darauf hinweist, daß der Zusammenbruch des kommunistischen Herrschaftssystems nicht etwa ein Sieg des Kapitalismus ist, denn dessen Folgen – Ausbeutung und Verelendung – sind unabweisbar, steht abermals als Menetekel eine Warnung an die Wand geschrieben.

Mit meinen Worten: Die drei spanischen Großereignisse – Olympiade, Weltausstellung und Kolumbus-Jahr – sollten Anlaß sein, von jener Selbstgerechtigkeit Abschied zu nehmen, die der europäischen Geschichte mit den Brandzeichen christlicher oder kommunistischer, faschistischer oder kapitalistischer Embleme eingeprägt ist; denn wo wir auch hinkamen, ob nach Indien oder Peru, nach Java oder an die afrikanische Goldküste, gleich, welchen Weltteil wir uns untertan gemacht haben, wir Europäer waren immer zum Fürchten. Deshalb bin ich der Meinung, daß ein vereintes und zugleich demokratisches Europa nur dann Wirklichkeit werden kann, wenn es sich seiner schrecklichen Geschichte bewußt wird und für deren Folgen verantwortlich zeichnet.

Wird dieser alte Kontinent, der sich als Erste Welt ausgibt, fähig sein, uns diese letzte Anstrengung abzuzwingen? Die Realität gibt Zweifel ein. Das gegenwärtige Europa wird, indem es von Kongreß zu Kongreß, von Wirtschaftsgipfel zu Wirtschaftsgipfel vertagt wird, mehr und mehr zur Schimäre. Keine politisch gestaltende Kraft geht von ihm aus. Jämmerlich, wie sich das westliche Europa taub stellt, sobald die ost- und mitteleuropäischen Länder ihre jüngst gewonnene Freiheit durch langfristig wirksame Investitionen sichern wollen; allenfalls ist man bereit, ein schnelles Geschäft zu machen und – freundlich herablassend – die Polen für ihre Geduld zu loben und den Tschechen und Slowaken zu ihrem standhaften Präsidenten zu gratulieren. Als Jugoslawien auseinanderbrach, bewies sich die europäische Ohnmacht auf besonders beschämende Weise: Das Nichtstun der anderen verlockte die Deutschen dazu, auf dem Balkan als Schrittmacher und Ordnungsmacht aufzutreten; ein historisches Kostüm, das schlecht kleidet.

Und noch ein Hinweis auf den schimärenhaften Anschein Europas: Zwar tagt in Straßburg ein Parlament, das sich den Namen des alten Kontinents gegeben hat, doch ist dieses Europaparlament eher als parlamentarische Spielwiese zu begreifen, weil ihm keine ausreichenden Kompetenzen zugestanden werden, weil eine Vielzahl von Beschlüssen dieses an sich demokratischen Gremiums in den Wind gespuckt sind, weil diesem Parlament nur das Schattenboxen erlaubt ist und ihm die entscheidende Machtbefugnis fehlt, die notwendig wäre, um sein gigantisches Gegenüber, die in Brüssel ansässigen Behörden, zu kontrollieren. Die dort heimisch gewordene Ministerialbürokratie ist dieser Stadt nicht nur zur häßlichen, ihren einstigen Charme verunzierenden Last geworden, vielmehr hat sie sich zu einem Wasserkopf ausgewachsen, dem zwar ständig neue Verordnungen, Milchquoten, Normen und Subventionen einfallen, doch kein Gedanke mehr zuzutrauen ist, der kraftvoll genug wäre, dem Traum von Europa Gestalt zu geben.

Natürlich weiß ich, daß Brüssel als Vergabestelle einzelnen Ländern Wohltaten erweist. Gepriesen sei, als melkbare Kuh, die regionale Strukturförderung, soweit sie nicht der überregionalen Korruption förderlich ist. Ob Griechenland oder Irland, Portugal und der Süden Italiens, die Bauern in Spanien, Frankreich und Deutschland, sie alle hängen am Brüsseler Tropf. Ich will nicht verkennen, daß mittlerweile auch ost- und mitteleuropäische Länder ihren Anteil an diesen finanziellen Ausschüttungen haben. Und ohne Zweifel wird es gelingen, demnächst einen europäischen Binnenmarkt zu eröffnen, das heißt, einen Konkurrenzkampf zu entfesseln, nach dessen streng von den Regeln der freien Marktwirtschaft bestimmten Verlauf die Stärkeren siegen und als Sieger den Markt beherrschen werden. Womöglich gelingt es sogar, trotz englischer Widerrede, doch mit französischem Einverständnis und unter deutscher Obhut, eine europäische Währung in Umlauf zu bringen. Doch alle diese schon zu Buche schlagenden oder nur angekündigten Erfolge sind ausschließlich ökonomischer Natur; es haftet ihnen der Makel chronischer Geistlosigkeit an. Ein uniformes, durch chronisches Konsumverhalten geeintes Europa zeichnet sich ab, dessen Machtzentren Großkonzerne und Banken sein werden. Da wird kein Platz bleiben für Diminutive und ähnliche Späße, die an Verkleinerungen gefallen finden. Vergeblich schaue ich mich nach meinem sonst so hilfreichen Freund Unamuno um; der hat sich im »Nebel« seiner »Nivola« verflüchtigt.

Sie werden bemerkt haben, daß mir ein so geartetes Europa keinen Traum, nicht mal ein Träumlein wert ist. Mehr noch: Ich fürchte mich vor der Ausgeburt dieser Profitmaximierung. Schon aus dem gegenwärtigen Ohnmachtsverhältnis des Straßburger Europaparlaments zur Brüsseler Machtzentrale läßt sich ableiten, wie groß die Verluste an demokratischen Rechten bei solch gewinnbringendem Geschäft sein werden. Ein nur ökonomisch geeinter Kontinent, der vor allem den Gesetzen des Marktes zu gehorchen hat, macht vorstellbar, welche sozialen Folgen drohen, wenn dem geplanten Europageschäft nach altbewährtem Börsenbrauch ein »Schwarzer Freitag« widerführe. Der einzige Zuwachs von gigantischem Ausmaß hieße Arbeitslosigkeit. Und schon jetzt sei die Frage erlaubt: Wer oder welche Kraft wäre dann in der Lage, den damit verbundenen sozialen Verfall aufzuhalten, wenn sich doch weltweit und allgemein jede Doktrin versteift, nach der mit dem Zusammenbruch des kommunistischen Herrschaftssystems auch das Ende des demokratischen Sozialismus eingeläutet worden sei?

Ob in Frankreich oder Deutschland, allerorts beginnt man, der europäischen Linken den Prozeß zu machen, wohl wissend, daß die demokratisch legitimierte Linke während Jahrzehnten der unbequemste und am schärfsten verfolgte Gegner des Kommunismus gewesen ist. Manche dieser inquisitorischen Aburteilungen muten an, als wolle man den McCarthyismus unseligen Angedenkens wiederbeleben. Der Zusammenbruch der Sowjetmacht scheint das westliche Bündnis um den Verstand gebracht zu haben; seines Feindbildes beraubt, begreift sich der Kapitalismus als einzig übriggebliebene Doktrin, um sich sogleich zu ideologisieren und seine bisher flexiblen marktwirtschaftlichen Theorien zum Dogma zu härten. Indem der Kapitalismus als »einzig wahre Lehre« keine Alternative zulassen will, wird er sich selbst zum Feind und leitet so seinen Niedergang ein.

Solch vorauszusehendes Unheil sollte nachdenklich machen. Vielleicht könnte Rückbesinnung auf die Anfänge der europäischen Aufklärung hilfreich werden; denn als sich unsere moderne Welt mit ihren Möglichkeiten und Risiken zu entfalten und sozial neu zu schichten begann, traten als legitime Kinder dieses Prozesses sogleich Kapitalismus und Sozialismus auf; und zwischen ihnen, häufig das Lager wechselnd, der Liberalismus. Sie bereiteten dem Feudalsystem ein Ende. Diese drei Ideen haben, im Guten wie im Bösen, unsere Gegenwart vorbestimmt. Ihr streitbares Verhältnis zueinander erlaubte nach jahrzehntelangen Kämpfen Ansätze von sozialem Ausgleich, die Eindämmung klerikaler Bevormundung und den allmählichen Zugewinn demokratischer Grundrechte. Wer heute meint, man könne auf einen der drei zerstrittenen Brüder, den Sozialismus, verzichten, sollte bedenken, daß der dann vorherrschende Kapitalismus außer Kontrolle sein wird. Jetzt schon ist vor diesem neuerlichen Ausbruch der Barbarei zu warnen.

Ist nicht nach leiderfahrenem Rückblick zu erkennen, daß es die europäische Arbeiterbewegung gewesen ist, die den rüden Manchester-Liberalismus zivilisiert und dem Kapitalismus soziale Verpflichtungen auferlegt hat? Neben vielen anderen Funktionen fiel der Arbeiterbewegung und den Gewerkschaften die Aufgabe zu, Bremse dieses starkmotorigen Fahrzeugs zu sein. Wer diese Bremse ausbauen, verschrotten, auf die Müllkippe der Geschichte werfen will, wird einen ungebremsten Kapitalismus erleben bei jetzt schon beginnender Talfahrt.

Wieder einmal ist die Menschheit bei einer einzigen Wahrheit gelandet, an die sie zu glauben hat. Und diese dogmatisierte Wahrheit soll – gleich nach dem Golfkrieg siegestrunken ausgerufen – die neue Weltordnung bestimmen. Einen »Dritten Weg« darf es nicht geben. Schon herrscht Utopieverbot. Dabei wüßte ich gegenwärtig keinen größeren Mangel: Nichts fehlt mehr als vorauseilende Ideen und Entwürfe, die geeignet wären, die Zukunft unseres von Selbstzerstörung bedrohten Planeten zu bestimmen. Durch ungehemmten Energieverbrauch, durch Wachstum um jeden Preis haben wir die schützende Ozonschicht beschädigt, wenn nicht demnächst irreparabel zerstört. Die rücksichtslose Ausbeutung der Reserven unseres Erdballs, zu denen auch die Regenwälder in Lateinamerika, Afrika und Asien gehören, mag zwar gewinnbringend sein, doch dem Reichtum und Überfluß der westlichen Ober- und Mittelschicht entspricht die zunehmende Verelendung jener Milliarden zählenden Unterschicht, die offenbar nur noch von statistischem Wert ist.

Die Habenichtse der Dritten Welt vermehren sich. Wo sie dahinkümmern, ist kein Bleiben mehr. Sie sind in Bewegung geraten. Ihre Not erzeugt einen Druck, der durch Überbevölkerung gesteigert wird. Von Süd und Ost kommend, nähern sie sich und sind nicht mehr abzuweisen. Und dennoch glaubt Europa, sich dieser neuen Völkerwanderung als Festung entziehen zu können.

Schnell werden abweisende Gesetze erlassen. Latente Fremdenfeindlichkeit wird bis zu Ausbrüchen von Gewalt geschürt. Festungsmentalität breitet sich aus. Dabei ahnen wir, daß all dem, der zu erwartenden Klimaveränderung, der um sich greifenden Verelendung und den Folgen der Bevölkerungsexplosion, keine Festung standhalten wird. – Wie aber, wenn nicht als Festung, soll ein vereintes Europa Zukunft haben?

Ich will nun doch meinen Traum riskieren, wohl wissend, daß mir bei dieser Entblößung – zumal in Spanien – der Erfinder der »Nivola«, mein spöttischer Freund Unamuno, über die Schulter schaut. Und schon empfiehlt sich der Diminutiv und rät mir, allenfalls ein »Träumlein« auszuplaudern, dem ich aber dennoch und wenigstens die Lebensdauer einer Seifenblase wünsche.

Mein Träumlein von Europa beginnt mit einer Gründungsveranstaltung, auf der gleich zu Anfang die Staaten der Dritten Welt entlassen werden, indem ihre Schuldenlast gestrichen wird. Mehr noch: Dieser Schuldenerlaß soll Teil der Präambel einer gesamteuropäischen Verfassung sein. Ferner ist man bereit, im Sinne einer neuen Weltwirtschaftsordnung, den nun schuldenfreien Ländern gleiche Marktchancen einzuräumen, damit der hausgemachte Kinderglaube an die freie Marktwirtschaft keinen Schaden nimmt.

Dem Rat aller europäischen Zentralbanken folgend, sieht mein Träumlein nun vor, daß alle Finanzmittel für Baumaterialien und militärische Abwehrschirme, die notwendig wären, um eine fugendichte Festung Europa zu errichten, nach weisem Verzicht auf diesen absurden Festungsbau überall dort Verwendung finden sollen, wo unausweichliches Elend die seit langem befürchtete Völkerwanderung auslösen könnte.

Mein Träumlein wird immer schöner: Nun wollen sogar alle in Europa vereinigten Staaten von heute auf morgen auf jeglichen Waffenexport verzichten. Nie wieder sollen die Spitzenleistungen europäischer Vernichtungstechnologie schnöden Gewinn bringen. Keine Vorwände mehr für weitere Golfkriege. Sogar die Deutschen haben darauf verzichtet, ihr todbringendes Können weiterhin unter Beweis zu stellen. Weder in Libyen noch sonstwo: keine Giftgasfabriken mehr!

Folglich ist in meinem Träumlein sichergestellt, daß das Europaparlament, mit Sitz in Straßburg, keine bloße Spielwiese mehr ist; es darf regelrecht Kontrolle ausüben. Seine Beschlüsse sind nicht mehr nur Sprechblasen, sondern von zwingender Gewalt. Ein gutes Dutzend nationale Hoheitsrechte, die bisher wie heilige Kühe gehütet wurden, wird in den gesamteuropäischen Stall getrieben; sogar England und Frankreich leisten Verzicht. Und weitere Wunder liefert mein Träumlein frei Haus: Der häßliche Wasserkopf Brüssel schrumpft und beginnt, menschliche Züge zu zeigen. Das Gespenst des Bürokratismus verflüchtigt sich. Mit dem Subventionsunwesen verschwindet die Korruption. Das Recht auf Wohnung und das Recht auf Arbeit werden Grundrecht. Bei so viel erwiesener demokratischer Tugend zahlt jedermann gerne Steuern. Und weil wir nun nicht mehr im Pferch nationaler Grenzen wie eingesperrt sind, kommen wir einander ganz nah; sogar die Separatisten wollen versuchsweise Europäer sein.

Mein Träumlein will nicht enden. In ihm findet Kultur nicht nur auf Kongressen statt, vielmehr steht sie das ganze Jahr über in Blüte. Jetzt erst erkennen wir, wie vielfältig reich wir sind und wie blöd es war, einzig die ökonomische Einheit zu suchen. Schaut nur, wie wenig Müll anfällt, seitdem uns die Konsumräusche vergangen sind! Schaut nur, wie schön unsere Städte sind dank autofreien Verkehrs! Schaut nur, wie die Natur uns dankbar ist! Flüsse und Seen atmen auf. Keine Ölpest bedroht unsere Küsten. Die vormals totgesagten Wälder erneuern sich. Die Drogensucht war einmal. Und über uns will sich sogar das Ozonloch schließen...

Hier reißt der Film. Aus der Traum. Von seinen Wirklichkeiten umstellt und durchsetzt, ist Europa noch immer oder schon wieder die Summe seiner nationalen Beschränktheiten. Latenter und offener Bürgerkrieg zerreißt Jugoslawien. In Stücke zerfallen, grenzen sich die Einzelteile des einstigen Giganten Sowjetunion gegeneinander ab, bewaffnet natürlich.

Der Terror in Nordirland und die Anschläge baskischer Terroristen gehören zum europäischen Alltag. Obgleich auf dem Papier vereint, sind die Deutschen sozial gespalten und einander fremd geblieben. Und diese Deklassierung setzt sich nach Polen und bis in die Tschechoslowakei hinein fort. Dem reichen Norden Italiens ist der arme Süden lästig. In Belgien stehen Flamen und Wallonen gegeneinander. Nirgendwo sonst wird das Wort Nation so groß geschrieben wie in Frankreich. Allein Fremdenhaß, der immer offener in blanken Faschismus umschlägt, ist grenzüberschreitend und beansprucht Zukunft für sich. Zugegeben: Mein Traum von Europa, der nur ein Träumlein sein wollte, ist geplatzt.

Soll so meine Rede enden? Dem Schriftsteller ist jederzeit eine Ausflucht möglich, sei es in die Novelle, sei es in die »Nivola« oder in den Roman, die fiktive Welt, die dennoch Wirklichkeit für sich beansprucht. Ich spreche von einer besonderen Form des Erzählens, die von Literaturwissenschaftlern gerne dem sogenannten pikaresken Roman unterstellt wird, hier jedoch beispielhaft meinen Schluß einleitet, weil diese Art des Erzählens in ganz Europa Wurzeln geschlagen hat.

Es begann hier, in Spanien. Und schon muß ich mir widersprechen: Es begann auf der Iberischen Halbinsel, wo nachwirkende maurische Erzählkunst den Pikaro als Romanheld freisetzte, auf daß er die arabischen Hintergemächer und Karawansereien, die Märkte und Moscheen verlassen und in spanischer Gestalt und Sprache neu erstehen konnte. Nach wenig bekannten Vorgängern hat Cervantes mit seinem ›Don Quijote‹ das Ur- und Vorbild aller weiteren pikaresken Romane geschrieben. Bei ihm findet sich auch in der Gestalt des Sancho Pansa die bauernschlaue und den Helden ergänzende Nebenfigur, die dem europäischen Leser später in weiteren Büchern vertraut wird: Ich nenne Diderots ›Jacques le Fataliste‹ und des Flamen Charles de Costers ›Tyll Ulenspiegel‹, zu dem dessen Freund und Diener Lamme Goedzak gehört.

Doch in der Regel ist es die exemplarische Einzelfigur, die jeweils ihrer Zeit den Hohl- und Zerrspiegel vorhält: hier liebenswert komisch, dort reich an faulen Ausreden, doch immer sonderlich genug, um bei Sterne ›Tristram Shandy‹ zu heißen, um als Gontscharows ›Oblomow‹ über die russische Literatur hinaus einen Begriff fürs geistreiche Nichtstun zu prägen.

In Deutschland nahm Grimmelshausen mit seinem ›Simplicissimus‹ das maurisch-spanische Vorbild wahr. Und mit der ›Landstörtzerin Courasche‹ hat dieser Autor auf die spanische »Picara Justina« zurückgegriffen und mit ihr ein Weibsbild geschaffen von gleichfalls europäischer Statur.

Bis in unser Jahrhundert hinein hat diese totale Art des Erzählens Schule gemacht; wer wollte verkennen, daß James Joyce mit dem ›Ulysses‹ gewiß den ersten und zugleich überragenden modernen Roman geschrieben und dennoch mit seinem ruhelosen Sonderling Leopold Bloom in neuer Ausprägung den alten Pikaro vorgestellt hat. Den kann keine der beliebten Totsagungen der Literatur aus der Welt schaffen. Der produziert, von jeweils anderer Wirklichkeit verhext, immer neue Mythen: etwa die Stadt als menschenfressenden Moloch, durch- und einsichtig gemacht bis ins letzte Hinterzimmer; wobei eine verschlungene Linie zwischen Lesages Roman ›Der hinkende Teufel‹ bis hin zu Alfred Döblins ›Berlin Alexanderplatz‹ und John Dos Passos' ›Manhattan Transfer‹ zu erkennen ist.

Ja, bis nach Amerika hat der pikareske Roman seinen Schatten geworfen. Ist doch mit Melvilles ›Moby Dick‹ zum ersten Mal ein Tier, der Wal, dominierender Einzelgänger, dem in menschlicher Gestalt nur noch der einbeinige Kapitän entspricht.

Ich könnte noch viele Autoren und Titel nennen, etwa des Polen Gombrowicz' Roman ›Ferdydurke‹, auch Hašeks ›Soldat Schwejk‹ und – aller metaphysischen Kafka-Interpretation zum Trotz – dessen am ›Schloß‹ scheiternden Landvermesser in dieses gesamteuropäische Romanpanorama einbinden. Leicht ließe sich nun die lateinamerikanische Literatur ins Spiel bringen; nicht zu vermeiden ist der Hinweis auf Salman Rushdies außergewöhnlichen Roman ›Mitternachtskinder‹, dessen Held von Bombay aus den Zustand Indiens spiegelt; ich könnte jetzt ausufern und meinen Oskar Matzerath, wie er die Trommel schlägt, an die Hand nehmen, doch will ich unsere, des europäischen Lesers Ahnengalerie schließen.

Wenn es gelingen könnte, zwischen der maurisch-arabischen Herkunft des spanischen Ritters von der traurigen Gestalt und jenem adligen Müßiggänger von russischem Ausmaß, zwischen Don Quijote und Oblomow einen Bogen zu spannen, dürften sich fortan, wenn nicht die europäischen Nationen, dann doch die Liebhaber europäischer Literatur vertrauter sein, als die Politik unserer Tage begreifen will: So weitläufig und weltoffen sind die kulturellen Übereinkünfte unseres Kontinents.

# Über das Sekundäre aus primärer Sicht

*Rede zur Verleihung des Großen Literaturpreises der
Bayerischen Akademie der Schönen Künste in München*

Preisvergaben haben es in sich. Autoren können ein Lied davon singen; und sie haben auch eins gesungen, ob Max Frisch seinerzeit in Zürich oder ich dazumal – lang ist's her – in Bremen. Preisträger haben es in sich! Und Vorsicht ist geboten, sobald sie danksagen.

Doch bevor ich meinen Dank ausspreche, sind Fragen zu stellen. Etwas ist geschehen, muß sich verschoben haben, außer Kontrolle geraten sein. Was hat, haben mich meine wenigen Freunde gefragt, dazu geführt, daß dir der Bayerische Staatspreis zusprochen wird? Welches Kalkül steckt dahinter? Wieso wollte man nicht abwarten, bis du in absehbarer Zeit siebzig bist? Oder hast du dich etwa um den Freistaat Bayern verdient gemacht?

Geduld, Freunde, hört meine Vermutungen. Es könnte zu dieser Preisvergabe gekommen sein, weil die allein regierende Staatspartei zur Zeit einzig mit sich und ihrem Vorleben beschäftigt ist. Probleme stehen an: Ein Heiliger war nicht heilig, ein Großflughafen muß demnächst umbenannt werden. Ein Kalkül sehe ich nicht, es sei denn, man wollte Brandenburg, mithin den Preußen zuvorkommen. Die letzte Frage kann ich bejahen: Ja, ich habe mich um Bayern verdient gemacht. Schon vor Jahrzehnten ist mir der Heilige nicht heilig gewesen. Meine Warnungen vor alleinregierenden Staatsparteien, meine Kritik an jeglicher Parteiherrschaft betrafen nicht nur die Einheitspartei des Arbeiter- und Bauernstaates, auch DDR genannt, ihre Roß und Reiter nennende Direktheit wurde auch hier, im Freistaat, als Sakrileg mißverstanden, bis, nun ja, bis es hüben wie drüben, trotz aller Freundschaft von Metzger zu Metzger, verzwickt wurde. Jetzt plötzlich und spät, wenn nicht zu spät sieht man ein, daß dieser Autor überlanger Bücher nicht nur – was nie bezweifelt wurde – ein Naturtalent ist, sondern auch über ein Frühwarnsystem verfügt, auf dessen rechtzeitige, wenn auch zu schrille Signale man hätte hören sollen. Also steht ihm ein Preis zu, zumal er heidnisch-katholisch genug ist, um selbst hierzulande adoptiert zu werden.

So etwa mag eine Entscheidung zur Reife gekommen sein. Doch ich bin sicher: Es trug sich anders zu. Die Bayerische Akademie der Schönen Künste hat souverän entschieden. Und ich bedanke mich.

Aber nicht nur Preisvergaben, auch Danksagungen haben es in sich. Der Preis wird für mein literarisches Werk vergeben, von dem anzunehmen ist, daß es gleichfalls etwas in sich hat. In viereinhalb Jahrzehnten entstanden, mit seinen epischen, lyrischen, szenischen Auswucherungen, aus Zeitgenossenschaft entworfen, widerfuhr ihm von Buch zu Buch Kritik, so daß sich die Frage nach meinem Verhältnis zu dieser Kritik stellen könnte. Wer so lange den Buckel hinhält und sich sogar gelegentlich öffentlichen Auspeitschungen unterwerfen mußte, der soll gefälligst seine Narben vorzeigen. Ist doch interessant. Hat es sehr weh getan? Wie lebt man mit lebenslänglich anhaltender Kritik?

Mir könnte die Feststellung genügen: Ich bin Kritik gewohnt, sie überrascht mich nur selten. Weder war sie besonders hilfreich, noch hat sie nachhaltigen Schaden angerichtet. Und da es mir als Schriftsteller nicht an Selbstbewußtsein mangelt, fällt es mir auch nicht schwer, den Autor als Arbeitgeber zu begreifen: Ohne ihn gäbe es die Kritiker nicht, ohne sein vorliegendes Werk müßten sie sich selbst zerfleischen; arbeitslose Sozialfälle wären sie ohne den Schriftsteller, der sie in Lohn und Brot hält, indem er ihnen wiederholt Gelegenheit bietet, an den Früchten seiner Arbeit zu partizipieren, er nährt sie.

Doch da ich es mir nicht leichtmachen will, habe ich meine Dankesrede grundsätzlicher gefaßt und unter den ein wenig hochtrabenden Titel ›Über das Sekundäre aus primärer Sicht‹ gestellt; schließlich rede ich vor einer Akademie, die es in sich hat, vergleichbar Preisvergaben und Danksagungen, die es gleichfalls in sich haben.

Schneller Szenenwechsel vom Ich zum Wir; denn sobald ich von mir absehe – was gar nicht schwerfällt –, liest sich die Frage nach der Kritik anders und komplexer. Auffallend ist zum Beispiel eine seit Jahren immer deutlicher werdende Tendenz, derzufolge sich das Sekundäre vor das Primäre geschoben hat. Mehr noch: Die permanente Selbstfeier des Sekundären bestimmt nicht nur den Zeitgeist, sie verkörpert ihn. Das Sekundäre erlaubt sich, als Original aufzutreten. Nicht das neuerschienene Buch ist Ereignis, sondern der sekundäre Reflex. Nicht das Theaterstück des Autors Shakespeare darf uns anrühren, verwirren, entsetzen, in Frage stellen, vielmehr soll die Inszenierung genannte Verwurstung des Shakespeare-Textes bedeutsam sein: ein auf zehn bis zwanzig Prozent verknappter Digest, den Fremdzitate und Zitate aus Fremdzitaten aufmotzen müssen, damit er mit Hilfe von Geräuschen, Gebrüll und motorischem Gestampfe wieder auf passable Spiellänge kommt. Wie hieß nur der Autor? – Den hat es sowieso nie gegeben.

Zwar waren wir es gewohnt, auf Programmankündigungen ganz groß und fettgedruckt den Namen Karajan zu lesen und darunter verschwindend klein die Information zu finden, daß unter anderem etwas von Mozart, Mahler oder Beethoven der Interpretation anheimfallen werde, doch mittlerweile hat sich die Selbstherrlichkeit der Dirigenten in allen Kunstsparten breitgemacht, selbst Gemäldeausstellungen – gleich, aus welchem Jahrhundert – sind Anlaß für Inszenierungen. Der Ausstellungsmacher tritt als der eigentliche Künstler auf, entsprechend bläht sich der zur Ausstellung gehörende Katalog, in dem die einzelnen Werke nur noch als Material stillhalten dürfen für etwas, das über die Einzelwerke hinausreicht, ja diese sogar beliebig und austauschbar macht.

Da das vorherrschende Sekundäre dazu neigt, sich selbst zu bespiegeln und – bei tunlicher Aussparung des primären Werkes – nur noch mit Querverweisen auf seinesgleichen zu deuten, vermehrt sich von Buchmesse zu Buchmesse die Zahl sekundärer Bücher, die sich als Original ausgeben. Die postmoderne Philosophie, die solchen Etikettenschwindel unter Brüdern und Schwestern konsensfähig macht, wird mitgeliefert und ist im Preis inbegriffen.

Nun könnte man sagen: Immerhin gibt der Autor das Stichwort, sein Buch, sein Bild, sein Theaterstück, seine Musik stiftet an, er ist es, der – wenngleich in der Regel unterbezahlt – die vielen Arbeitsplätze – in der Regel gutdotierte – im Bereich des Kulturbetriebs schafft; doch selbst dieser eher bescheidene Hinweis auf den Autor als Urheber könnte sich demnächst als gegenstandslos erweisen, weil mittlerweile das Sekundäre autark ist: Es herrscht nicht nur vor, es beherrscht den Betrieb und vermehrt sich auf parasitäre Weise.

Eine Vielzahl von Festivals, Foren, Workshops und sich international nennenden Begegnungen dieser und jener Spielart bedienen einander wechselseitig, wobei eine Technik der Selbstdarstellung entwickelt worden ist, die auf das Produzieren von Primärereignissen spezialisiert wurde. Man möchte dabeisein. Die Täuschung gelingt zumeist. Und der Verdacht, aus zweiter Hand abgefüttert zu werden, also in einen glitzernden Secondhandshop geraten zu sein, wird in der Regel dadurch zerstreut, daß zu den diversen Kongressen und Foren Gäste aus dem nächstliegenden Zoo, doch auch aus weitentfernten zoologischen Anlagen – koste es, was es wolle – eingeflogen worden sind: exotisch anmutende Exemplare, die immer noch glauben, als Autor firmieren zu dürfen. Ich rede von jener Kulturabteilung, die sich, innerhalb der Sparte Reisekultur, aufs Spesenmachen versteht. Ich rede von der Hybris des Sekundären. Meine Rede handelt vom Ausverkauf. Wir werden aus zweiter Hand bedient.

Doch da meine kühnsten Übertreibungen der vorherrschenden Anmaßung womöglich nicht gewachsen sind, will ich mit einigen Behauptungen nachhelfen. Bei den Angeboten aus zweiter Hand geht es nicht mehr, um ein die Literatur mißbrauchendes Beispiel zu nennen, um Thomas Mann und dessen Lebenswerk, allenfalls ging es eine Zeitlang darum, teils spekulierend, teils tüftelnd herauszufinden, anhand welcher Personen im fiktiven Erzählstrom der überlieferten Bücher sich die Homosexualität des Autors nachweisen lasse.

Weil aber der Umgang als Leser mit den Romanen und Erzählungen langwierig, sprich: zeitraubend und außerdem verstörend, weil zu direkt ist, griff man zu den Tagebüchern; sie boten verwertbares Material an. Sie ließen sich leicht flöhen. Sie verhalfen zu Aha-Erlebnissen. Ihre einschlägigen Stellen wurden in einer Flut von Artikeln abgehandelt und weitergereicht; eine zweite Hand wusch die andere.

Am Ende war Thomas Mann ertappt, in seinem Wesenskern gedeutet und auf den Punkt gebracht. Frech konnte eine sekundäre Findung zur Erkenntnis aufgeblasen und als Sichtblende vor das Werk des Urhebers gestellt werden. So abgeblendet wird er uns vorerst nicht mehr verstören können. Endlich haben wir ihn im Griff. Wurde auch Zeit. Glaubte wohl, den Zauberer spielen zu können. Meinte, als Autor hinter dem Werk verschwinden zu dürfen. Aber nun haben wir ihn doch noch heimgeholt nach langer Emigration. Jetzt ist er unser. Wir kennen ihn durch und durch. Wir müssen ihn nicht mehr lesen.

Hier will ich anknüpfen und einen weiteren Fall sekundärer Besitznahme nennen, denn es stand zu befürchten, daß das Werk des Schriftstellers Uwe Johnson, noch bevor es als kompliziertes Erzählgeflecht den Leser erreicht und beglückt hat, durch Abschöpfung privater Delikatessen verstellt werden könnte. Der Autor konnte die Zugriffe seines Biographen nicht mehr abwehren, wohl aber kann, wie inzwischen geschehen, sein Verlag ihn schützen, indem er verhindert, daß sich der chronische Neid des Sekundären am Primären rächt.

Diesen und weiteren Abschottungen aller Zugänge zum Original entspricht das zur Zeit auf ungezählten Kongressen abgehandelte Lieblingsthema subventionierter Kulturbetreiber, es heißt: »Vom Ende der Lesekultur«. Mit bedauerndem Tremolo wird der Sieg der neuen Medien verkündet. Schon ist der lesende Mensch durch den visuell konsumierenden abgelöst. Die diesen Wandel beklagen oder verkünden, geben sich zwar immer noch – wenn auch ein wenig verschämt – als Lesende aus, doch besteht ihre Lektüre zumeist aus sekundären Gewinnabschöpfungen, deren Marktlage vorerst gesichert ist.

Und wo bleibt die Kritik? Ich meine die hergebrachte, die noch altmodisch vom Buch zehrt. Sie beginnt sich gemein zu machen mit den Zulieferern aus zweiter Hand. Schon hat sie akzeptiert, daß das Schaugeschäft die Tendenz bestimmt. Der einzelne Entertainer, der sich als Quartett aufspielt, der literarische Stammtisch gibt den Ton an. Wer mag noch lesen bei so viel Fernbedienung?

Schalten wir ab. Blicken wir, wenn nicht ins Buch, dann doch aufmerksam um uns. So viele Wirklichkeiten, die sich nackt, häßlich, mit Resten von Anmut zu erkennen geben; doch sehen wir sie tatsächlich, das heißt unverstellt? Es muß nicht verwundern, daß sich die Vorherrschaft der zweiten Hand auch im gesellschaftlichen und damit politischen Bereich beweist. Kräftig langt sie zu, denn die Schlammschlachten des sich gegenwärtig hinziehenden Wahljahres wollen mit Sekundärmaterial munitioniert werden. Zuwachsrätlich lächelnd bieten die Wirtschaftsweisen als Gurus der Konjunktur Daten an, die ins hoffnungsvoll Positive hochgerechnet wurden. Und die im Primären handlungsunfähige Regierung greift in ihrer Not auf Dossiers zurück, die der einstige Gegner, ja der erklärte Feind während Jahrzehnten erstellt und gehortet hat.

Mit diesem Pfund aus zweiter Hand läßt sich wuchern. Noch nie ist der Staatssicherheitsdienst der DDR so erfolgreich gewesen wie nach dem Untergang des von ihm gesicherten Staates. Endlich darf seine Saat aufgehen. Denn weil nicht vom Primären geredet werden soll – das hieße, von der Arbeitslosigkeit, vom Elend der Obdachlosen, von der gescheiterten deutschen Einheit und von der aufgetürmten Schuldenlast zu sprechen –, wird sekundäres Gift in Umlauf gebracht, fein dosiert oder massiv angereichert. Es liegt ja genug auf Vorrat; denn eins muß man der Stasi lassen, sie ist fleißig gewesen, und Fleiß ist, wie wir von Kindheit an wissen, eine Sekundärtugend.

Nach diesen Ausflügen in die allgemeine Befindlichkeit ziehe ich mich zurück. Zurück zum Autor, also zum Preisträger, der es in sich hat. Ist es nicht anmaßend, wenn er einzig sein Tun als das Primäre begreift? Spielt er sich nicht gottähnlich auf, wenn er das Original, dieses Ergebnis eines altmodischen Schöpfungsaktes, als fortdauernde Premiere feiert? – Ich glaube nicht. Er weiß und sagt, daß er nicht allein steht. Sein Werk knüpft an und setzt fort, was andere Autoren begonnen haben. Er sieht sich in Tradition. Und unbekümmert ist seine Gewißheit, daß sein Werk Leser finden wird, gleich, wie klein oder groß ihre Zahl sein mag; und ist die Zahl groß, um so besser.

Denn wer liest, läßt sich auf ein primäres Erlebnis ein. Ein Erlebnis ohnegleichen. Nichts kann den Vorgang des Lesens ersetzen. In einer Welt der Surrogate verhält sich der Leser einzigartig. Nichts drängt sich telegen schwatzhaft zwischen ihn und das Buch. Er imaginiert, was ihm abstrakt als Satzspiegel vorliegt. Er ist mit dem Buch allein. Und diese Einsamkeit des Lesers mit dem Buch entspricht der oft jahrelangen Einsamkeit des Autors mit seinem Manuskript. Es ist der Leser, der die ihm vorliegende Erzählung, die von anderen totgesagt wurde, belebt, durch seine Vorstellungskraft ergänzt und manchmal sogar bereichert. Er sorgt dafür, daß der Faden nicht abreißt. Er benutzt das Buch, und sei es als Spiegel.

So sind es denn Leserbriefe, die dem Autor – und also auch mir – den Roman, die Erzählung, das Gedicht zurückspiegeln in freilich angelesener Gestalt, verwandelt sogar oder verfremdet. Ich erinnere mich insbesondere an Leserbriefe, die auf meinen Roman ›Der Butt‹ Antwort gegeben haben. Einige dieser Briefe kamen aus Krankenhäusern, in denen sich Leser und Leserinnen mit Hilfe dieses dickleibigen Schmökers über langwierige Heilungsprozesse hinweggebracht hatten. Dem Autor wurde sogar versichert, es habe dieses fettleibige, unflätig lebenshungrige und hemmungslos vor sich hin erzählende Buch aufs lebendigste zum Heilungsprozeß beigetragen.

Seitdem weiß ich, daß das Erzählen eine medizinische

Dienstleistung primärer Art sein kann. Und gewiß ist mir auch, daß unsere Welt, sollte sie jemals zur Besinnung kommen, nicht am Sekundären genesen ist. Das Buch hat es in sich, wie Preisvergaben es in sich haben. So auch der Preisträger, der aus erster Hand danksagt.

# Wir sind als Richter nicht tauglich

*Rede zur Verleihung der Hermann Kesten-Medaille
in Darmstadt*

Meine Damen und Herren, liebe mutmaßliche Freunde,

mit diesem literarischen, in unsicherem Gelände tappenden Hinweis will ich uns an einen Schriftsteller erinnern, der, weil aufs Genaue aus, gerne als Meister der behutsamen Annäherung den konjunktivischen Mutmaßungen huldigte und sich so streng wie liebenswürdig allen Zuordnungen, etwa der, als »Dichter der deutschen Teilung« zu gelten, verweigert hat. Um mich deutlich zu machen, will ich meine Dankesrede mit einer Geschichte einleiten, deren Ärgernisse so lange zurückliegen, daß ich versucht bin, nunmehr den Märchenton anzuschlagen.

Es war einmal ein Mann, jung an Jahren und hoch aufgeschossen, der in Mecklenburg und Leipzig als Schüler, dann Student folgenreich zu zweifeln begann, weil er in einem Land lebte, dessen Ziele weitgesteckt waren, doch dessen Alltag in fürsorglich befohlener Enge verlief. Als der junge Mann begann, diesen Widersprüchen mit Wörtern beizukommen, und sich schließlich, weil von unumgänglichen Geschichten bedrängt, als Schriftsteller begriff, wurde ihm bald deutlich, wie fremd er seinem Land war und welche Worte ihm unerlaubt sein sollten: Die Sachwalter des Sozialismus wünschten seine Sicht des sozialistischen Alltags nicht gedruckt zu sehen.

Weil er sich aber unbedingt zwischen zwei Buchdeckeln erleben wollte und ihm ein westlicher Verleger Zusagen gemacht hatte, wechselte er seinen Wohnort. Nicht etwa, daß er, weil mitten im Kalten Krieg, das eine gegen ein anderes Land, das gleichfalls deutsch hieß, mit lauter Erklärung austauschte, nein, er packte »überlegsam« – sein Lieblingswort – das Notwendigste und fuhr mit der S-Bahn von Ost- nach Westberlin. Dort legitimierte er sich durch polizeiliche Ummeldung und nahm im Stadtteil Friedenau Wohnung, um an seinen Manuskripten zu arbeiten.

Bald erschien im Westen sein erster Roman, der beifälliges Erstaunen erregte; doch wenig später wirkte seine Wortwahl bei öffentlichem Gespräch anstößig. Er war nicht bereit, sich dem westlichen Sprachgebrauch zu fügen und erklärtermaßen als ein Flüchtling aufzutreten, der das andere Land – auch Sowjetzone genannt – hatte verlassen müssen. Karg und spröde teilte er sich mit. Kein Ausrufezeichen war ihm geläufig. Er sprach von einem notwendig gewordenen Umzug und der S-Bahn als immer noch tauglichem Verkehrsmittel in einer Stadt, die staatlich weder Ost noch West gehöre, die vielmehr der Aufsicht der vier Besatzungsmächte unterstellt sei. Übrigens habe er aus beruflichen Gründen von dieser Bewegungsfreiheit Gebrauch gemacht. Die S-Bahn sei zu empfehlen. Mehr wisse er nicht zu sagen.

Nun gab es aber einen anderen Schriftsteller, dessen Autorität im Westen Geltung hatte. Viel älter und ausgestattet mit weltläufigen Erfahrungen, hatte er eindeutige Entscheidungen treffen müssen, als seine Bücher in Deutschland verboten und verbrannt worden waren. In Holland arbeitete er in einem Emigranten-Verlag, in Amerika wurde er emigrierten deutschen Schriftstellern behilflich: Seine Flucht war kein Umzug gewesen. Deshalb verlangte er von anderen, so von dem jungen Schriftsteller, der die S-Bahn benutzt hatte, ein klippklares Bekenntnis zur Freiheit, das hieß zur westlichen Demokratie.

Bald sah sich der junge Mann, der meinte, nicht das ideologische Lager, sondern nur den Wohnort gewechselt zu haben, wie unter Anklage gestellt. Die sich als frei verstehende Welt verlangte ihm Bekenntnisse ab, die er verweigerte, wie er schon seiner sozialistischen Welt, in der gleichfalls das Wort Freiheit auf Abruf verfügbar war, solch plakative Eindeutigkeiten verweigert hatte. Man nannte ihn starrköpfig; dabei war er nur eigensinnig.

Nun sah er sich in Ost und West fremd. Der ältere Schriftsteller, der seine Werke selber »Antidiktaturromane« nannte und als streitbarer Moralist galt, ließ nicht locker. Als Emigrant fand er weithin Echo. Schon sollte, weil sich etliche Zeitungen in Empörung gefielen, dem jüngeren Schriftsteller ein Rom-Stipendium aberkannt werden. Schon glaubte der Außenminister des sich deutsch nennenden westlichen Staates ein Machtwort sprechen zu müssen. Tonbänder wurden geprüft, Worte geklaubt, Verdächtigungen in Umlauf gebracht. Es ging um Freiheit an sich, um den Viermächtestatus von Gesamtberlin und um die kleine Verkehrsfreiheit der S-Bahn, mit der es bald auch vorbei war: Als starke Tatsache wurde quer durch die Stadt die Mauer gebaut.

Sie werden es bemerkt haben: Hier ist mit märchenhaftem Anklang von Uwe Johnson, der zu früh gestorben ist, und von Hermann Kesten, der, so alt wie unser Jahrhundert, in Basel lebt, mehr als nur andeutungsweise die Rede. Beiden bin ich aus Erinnerung verbunden. Zwei Schriftsteller, die sich, ihren Streitfall betreffend, unerbittlich im Recht sahen, die jeweils aus ihrer Sicht und Erfahrung recht hatten und die sich überdies geradezu beispielhaft als Rechthaber in Position zu bringen wußten. Soviel mir bekannt wurde, ist zwischen beiden kein Raum für Verständnis oder gar Versöhnung gewesen. Es ging ums Prinzip. Und da in beiden Deutschländern das Prinzipielle hoch gehandelt wurde, hat es bis heute seinen Marktwert behaupten können.

Ich habe mich damals an diesem Streit nicht oder nur mit spöttischen Schlenkern beteiligt. Mein Respekt vor Hermann Kesten war zwar groß, kannte aber Grenzen; und Uwe Johnson bis in den letzten Hintersinn seiner Wortwahl zu verstehen war oft nur Glückssache. Frech, wie ich mir dazumal zu sein erlaubte, bewertete ich das wochenlange Gezänk über die Frage »Flucht oder Umzug« als einen überdehnten Witz: Doch weil dieser Zank, immer wieder neu motiviert, bis in alle Gegenwart anhält, weiß ich inzwischen: Es ging todernst dabei zu. Zwar war der Wörterkrieg jener Jahre lächerlich, doch nicht zum Lachen: wie unser gegenwärtiger Streit auf Dauer lächerlich anmutet, doch niemand wagt zu lachen.

Und weil ich sie nicht nur exemplarisch, sondern auch komisch finde, gefiel es mir, Ihnen diese alte und immer neue Geschichte aufzutischen, zumal ich heute die Hermann Kesten-Medaille verliehen bekommen habe. Mich dafür zu bedanken kann nur bedeuten, alle Scherben aufzulesen, die damals zerschlagen wurden und die, kaum gekittet, wiederholt und immer dann zu Bruch gingen, wenn deutsche Schriftsteller versuchten, einander zur Räson zu bringen; so geschieht es in ungebrochen übler Tradition seit über fünf Jahren und seitdem die S-Bahn wieder ungehindert zwischen Ost- und Westberlin verkehrt.

Ich weiß nicht und wage kaum zu ahnen, wie Hermann Kesten, an den wir uns als geachteten Präsidenten des westlichen PEN-Zentrums erinnern, auf den gegenwärtigen Streit der PEN-Brüder und -Schwestern reagiert hat; mir jedenfalls will vorkommen, als fülle abermals und einzig das Prinzip die hochgehaltenen Spruchbänder. Bekenntnisse werden abverlangt, Gesinnung wird erschnüffelt. Zu Schuldeingeständnissen darf genötigt werden. Bloßer Verdacht macht schon anrüchig. Und die Gerechten schämen sich nicht ihrer Fehllosigkeit.

Wie Sie wissen, habe ich in dieser Sache Partei ergriffen: Ich werde dem West-PEN nicht mehr angehören können, wenn er den Ost-PEN weiterhin vor der Tür läßt. Meiner Erfahrung nach haben wir, denen in der alten Bundesrepublik eine einigermaßen funktionierende Demokratie hilfreich gewesen ist, indem sie Schutz geboten und uns ernsthafte Anfechtungen erspart hat, kein Recht, über Kollegen zu urteilen, die während Jahrzehnten den alltäglichen Pressionen einer Diktatur ausgesetzt gewesen sind und die, falls sie zeitweilig schwach wurden, mit ihrer Schwäche, auch uneingestanden, leben müssen. Deshalb sollten wir nicht im Dreck wühlen und den Nachlaß eines Sicherheitsdienstes aufwerten, als seien wir die Urteilsvollstrecker jenes Staates, der nicht zuletzt an seiner menschenverachtenden Praxis zugrunde gegangen ist. Nichts stößt mir widerlicher auf als die Durchlässigkeit einer namhaften Behörde, die, streng legal, die Medien aus dem ihr anvertrauten Fundus bedient und vorgibt, jenen Teil der Gesellschaft, der ohnehin geschädigt ist, mit wohldosiertem Stasigift kurieren zu wollen. Scheinheilig sagt man: So kommt die Wahrheit an den Tag. Also wird mit Fleiß Säuberung betrieben. Und alle Prognosen sagen den Saubermännern und auch Frau Saubermann eine gute Konjunktur voraus.

Nein, so finden wir nicht zueinander. Keine Siegerpose ist jenen erlaubt, denen zur weißen Weste allzeit das Fleckenwasser zur Hand war. Denn mühelos ist zu erinnern, wie offensichtlich in Westdeutschland – ganz ohne staatlichen Zwang! – Gesinnung gewechselt, das Rückgrat gekrümmt, die Selbstzensur akzeptiert und untertänigst gebuckelt wurde, sobald aus politischen Gründen in den oberen Etagen, ob Intendant oder Chefredakteur betreffend, ein Wechsel geboten war. Bundesdeutsche Gegenwartsgeschichte: Unser Sicherheitsorgan, der Bundesnachrichtendienst, hieß noch lange über seine Gründungsphase hinweg, nach einem Nazigeneral mit einschlägiger Erfahrung, »Organisation Gehlen«. Und noch ein Beispiel, uns Schriftsteller betreffend: Wie schwindsüchtig war das Entsetzen, als sich herausstellte, daß die CIA jahrzehntelang eine hervorragende Kulturzeitschrift namens ›Der Monat‹ finanziert hatte. Wir sind als Richter nicht tauglich, und nur wenn wir unser Fehlverhalten in Rechnung stellen, darf kleinlaut nach den Fehlern der anderen gefragt werden.

Wer wirklich wissen will, wie eingeengt sich Schriftsteller unter den Bedingungen einer Partei- und Staatsdiktatur zu behaupten versucht haben, der lese den Briefwechsel zwischen Christa Wolf und Franz Fühmann aus den Jahren 1968 bis 1984, der jetzt als Buch vorliegt. Aus diesen Briefen, unter ihnen auch solche an »führende Genossen«, sprechen Verzweiflung und Ausdauer, von Zorn beförderter Mut und schlimmste Befürchtung, Trotz, der notfalls auf die Sprünge helfen mußte, und Resignation, der kein Witz mehr gelingen wollte. Wenn Franz Fühmann schreibt: »...Dein Buch ist gut! Du bist damit auf einer neuen Stufe. – Ich weiß, was das heißt. Händedruck, Christa, Salut, und im übrigen stehn wir wohl auf verlorenem Posten...«, antwortet Christa Wolf: »...Übrigens, komischerweise bin ich ganz guter Stimmung. Vielleicht, weil alles immer noch klarer wird – auch auf verlorenem Posten kann man gute Laune haben, nicht?« Mir hat die Lektüre dieser Briefe noch einmal deutlich gemacht, wie wenig wir voneinander wissen und wieviel Anlässe wir im Westen haben, unseren ostdeutschen Kollegen mit Hochachtung zu begegnen. Im Zweifelsfall haben sie jenen Mut bewiesen, den viele von uns, weil begünstigt, nicht unter Beweis stellen mußten oder an dem es mangelte, weil, selbst unter den Bedingungen relativer Freiheit, die Mutigen nicht in Mehrzahl auftreten.

Ich schließe mit einem Wunsch und – an das Präsidium des westdeutschen PEN-Zentrum gerichtet – mit der Bitte, sich nicht weiterhin zu verweigern, sondern offen zu sein für die Einigung der deutschen PEN-Zentren, der die Vereinigung folgen möge, damit wir uns endlich gemeinsam den internationalen Aufgaben stellen können. Überall auf der Welt werden in erschreckend zunehmendem Maß Schriftsteller verfolgt, abgeurteilt und – wie kürzlich in Nigeria geschehen – trotz aller Proteste hingerichtet. Der Fall unseres Kollegen Ken Saro-Wiwa, der mit acht anderen Verurteilten erhängt wurde, hat den Zynismus großmächtiger Konzerne wie Shell bewiesen: Nur zu lauer Haltung oder routinierten Gesten sind sie fähig. Und als sich der Bundeskanzler aus nacktem wirtschaftlichen Interesse als offizieller Gast der chinesischen Armee gefiel, wurden zugleich deren Opfer verraten und verkauft. Wir sind nur wenige und nicht mächtig. Und doch bleiben die Verfolgten, unter ihnen viele Schriftsteller, auf unsere Solidarität angewiesen. Wer die Hermann Kesten-Medaille vergibt, mahnt diese Solidarität an; wer sie empfängt, ist ihr verpflichtet.

# Eine deutsche Biographie

*Rede zur Verleihung des Fallada-Preises in Neumünster*

Meine Damen und Herren, lieber Fritz Rudolf Fries,

Dank für die mir erwiesene Ehrung möchte ich der Jury des Fallada-Preises und dem Laudator sagen, und da so eingehend und kenntnisreich von meiner literarischen Arbeit die Rede war und des Autors »ich« so direkt angesprochen wurde, soll zu Beginn meiner kurzen Notizen zu Fallada meine erste Begegnung mit einem Werk dieses Autors stehen: Während der Kriegsjahre fand ich als etwa Vierzehnjähriger im Bücherschrank meiner Mutter, in dem es kunterbunt zuging, jenen Erfolgsroman, dessen Titel sprichwörtlich wurde: ›Kleiner Mann – was nun?‹

In beengten, kleinbürgerlichen Verhältnissen aufwachsend und mit den Geldsorgen und Konkurrenznöten meiner Mutter, der Kolonialwarenhändlerin, vertraut, war mir, der jugendlichen Leseratte, Falladas Roman ein gefundenes Fressen. Zum frühestmöglichen Zeitpunkt wurde dem späteren Autor bestätigt, daß die Ängste, Wünsche und Träume der Kleinbürger literaturträchtig sind.

Und da sich diese Ängste, Wünsche und Träume bis in die gegenwärtige Zeit als überlebensfähig erwiesen haben und offenbar vitaler sind als manch zukunftsweisende, doch inzwischen abgelegte Ideologie, mehr noch, weil neuerdings mit altbekannter Brutalität entfesselte Arbeitslosigkeit um sich greift, ist wieder einmal Falladas Roman ›Kleiner Mann – was nun?‹ wie von heutzutage.

1932 erschienen, wurde er, vielleicht seines Erfolges wegen, vielleicht auch, weil der Autor sich, nach kurzer Haft, den neuen Machtverhältnissen scheinbar anpaßte, von den Nazis nicht verboten, stand deshalb als Buchclub-Ausgabe im Bücherschrank meiner Mutter und war für mich, bedingt durch so frühe Lektüre, prägend.

Doch weil mir der Fallada-Preis aus wohlmeinenden, aber auch bitterbösen Gründen in Neumünster verliehen wird, muß ich mein Augenmerk auf diese Stadt richten, die mir kürzlich auf einem Foto des Jahres 1926 in aller Breite als Stadtansicht vorlag, und im rechten Blickfeld lagert dominierend die Strafanstalt. Der Prozeß gegen Rudolf Ditzen, uns bekannt als Hans Fallada, fand zwar am 26. März 1926 vor dem Landgericht in Kiel statt, aber die zwei Jahre Haft wegen Unterschlagung in vier Fällen hat er im Zentralgefängnis von Neumünster abgesessen.

Man hat selten Gelegenheit, einem Gefängnis dankbar zu sein. Doch diesem hier ist nicht nur der Roman ›Wer einmal aus dem Blechnapf frißt‹ zu verdanken, mehr noch: Als Gefängnisinsasse gelang es Fallada – wenn auch nur für vorübergehende Zeit – sich von seinen vielseitigen Süchten zu lösen. Er, der auf nüchternen Magen vier Cognac trank, er, der sich vor Arbeitsbeginn mit Morphium oder Kokain präparierte und während der Schreibtischarbeit unablässig Zigaretten drehte – Tabakmarke »Schwarzer Krauser« –, nutzte die zwei Jahre Abstinenz, wurde sozusagen ausgenüchtert entlassen, kehrte sogar nach kurzem Aufenthalt in Hamburg, nunmehr verheiratet, an den Ort seiner Haftstrafe zurück und arbeitete hier ein knappes Jahr lang, zunächst als Annoncenwerber, später als Lokalreporter des ›General-Anzeiger für Neumünster‹.

Und schon ist das Szenarium für ein weiteres Buch entworfen, das in Neumünster und schleswig-holsteinischer Umgebung während der Zeit der Landvolkrevolte spielt. Die derzeitige Feuilletonbesorgnis: Es verderbe die Politik den literarischen Stil; der Autor solle und müsse sich reinlich nur der Ästhetik verschreiben, kümmerte Fallada nicht. Schon im Jahr drauf, 1930, schrieb Fallada, nunmehr als Angestellter beim Rowohlt-Verlag, den Roman ›Bauern, Bonzen und Bomben‹.

Mit anderen Worten: Nicht nur das Kleinbürgertum, auch die Stadt Neumünster ist literaturträchtig. Nicht jede urbane Ansammlung, die über ein Zentralgefängnis verfügt, konnte und kann sich eines solchen Erfolges sicher sein. Doch da sich die Literatur und ihre Urheber gelegentlich eine harte und einprägsame Schule suchen, fällt Neumünster diese Gunst zu.

Hans Falladas Leben war reich an solchen Prägungen. Bürgerlich preußisch erzogen, einem der Beamtenpflicht verdingten Vater konfrontiert, zum Versager bestimmt und bis zum Lebensende immer wieder den Drogen ausgeliefert, schrieb er zwanghaft und seinen Reserven ein tägliches Pensum abfordernd gegen sich an. In dreiundfünfzig beängstigend wechselvollen Lebensjahren war er Zeitzeuge des Wilhelminismus und des Ersten Weltkrieges, der Weimarer Republik, des zwölf Jahre anhaltenden Dritten Reiches, also auch des Zweiten Weltkrieges und der ersten zwei Nachkriegsjahre in der sowjetisch besetzten Zone. Erfolg und Depression in raschem Wechsel, Aufbäumen und Anpassung: eine deutsche Biographie.

Diesem fragilen, diesem so zarten wie zähen und dennoch zerbrechlichen Autor verdanken wir eine Reihe widerstandsfähiger Bücher, die uns geblieben sind – der Fallada-Preis ehrt mich.

# Von der Überlebensfähigkeit der Ketzer

*Rede zur Verleihung des Sonning-Preises in Kopenhagen*

Ich kann über die eigenen Bücher, wie sie gedruckt Rücken neben Rücken stehen, nicht oder nur sprunghaft herumirrend reden. Mir fehlt zur wägenden Übersicht die Distanz. Ich könnte, aus Gründen nachwirkender Detailbesessenheit, ausschweifend werden oder gar ins Stottern geraten. Die mir gestern noch greifbar zu sein schienen, meine literarischen Helden und Antihelden, sind alle fremdgegangen. Sie folgen mir nicht mehr aufs Wort. Auch hat man mir mein schriftlich fixiertes Personal in Dimensionen weginterpretiert, in denen ich nicht zu Hause bin.

Mit anderen Worten: Die Bücher sind komplexer und gewiß reicher, wenn nicht klüger als der Autor, der zwar an ihrem Entstehen ausdauernd und oft wie unter Zwängen der Leibeigenschaft stöhnend beteiligt gewesen ist und der sich gleichwohl erinnert, daß das Buchmanuskript, besonders, wenn es zu gelingen scheint, sich selbst erzählt und Antriebskräfte kennt, die fordernder sind als des Autors Ehrgeiz, dieser einzig für Kurzstrecken hochgezüchtete Motor.

Deshalb nichts Tiefschürfendes über meine Romane, Erzählungen oder gar meine Gedichte, doch will ich das Autoren-Ich und dessen Verletzlichkeit augenblicksweise bloßstellen, seine Fluchtbewegungen nachzeichnen, aber auch einiges über Schreibbedingungen berichten, zum Beispiel über das Stehpult an wechselndem Ort, zumal ich während mehr als zwanzig Jahren Dänemark, genauer die Insel Møn, als einen wunderbar gastlichen Ort erfahren habe, in dessen abseitiger Lage sich, anfangs aus Kisten improvisiert, doch mittlerweile recht stabil, eines meiner drei Stehpulte angesiedelt hat. Es steht in einem eher winzigen Raum mit Blick auf ein weitläufiges, den Stranddünen vorgelagertes Weideland, auf dem, außer einer das Gras und die Zeit wiederkäuenden Rinderherde, kleine und größere Völker von Wildgänsen bei unermüdlichen Start- und Landemanövern ihre herbstliche Abreise proben.

Møn hat viel zu bieten. Zum einen erlaubt mir diese unsensationelle Insel, mich Sommer für Sommer von meinem gelegentlich anstrengenden Vaterland zu erholen, zum anderen sind hier, zwischen Wald, Heide und Stranddünen, erste Romanentwürfe, zweite und dritte Fassungen entstanden. Zwar war in Møns Hauptstadt Stege Jahr für Jahr unveränderlich »Udsalg« angesagt, doch ich reise mit wechselnden Manuskripten an: Vom ›Butt‹ über ›Das Treffen in Telgte‹, ›Kopfgeburten‹, ›Die Rättin‹ und ›Unkenrufe‹ bis hin zu meinem letzten Roman ›Ein weites Feld‹ habe ich dort mein Stehpult bedient, sei es als Unterlage für handschriftliche Fassungen oder für meine alte Olivetti-Reiseschreibmaschine, die, unruhig wie ich, mit dem Klima verschiedener Schreiborte zurechtkommt; auf einen Computer oder Anschluß ans Internet sind wir nicht angewiesen, wohl aber auf das Geräusch einer imaginären Quelle, die unentwegt Silben lispelt, Kiesel zu Wörtern rollt, mit Umlauten gurgelt und so die Sprache in Fluß hält.

Welch eine von Mücken und Fröschen gesegnete Idylle! Welch ein in Fachwerkbauweise errichteter Elfenbeinturm! Doch im letzten Sommer, als ich mich gänzlich ausgeschrieben hatte und so erschöpft wie erleichtert ohne Manuskript anreiste, erwies mir unser Zufluchtsort eine besondere Gunst: Aus schonender Distanz erlebten meine Frau und ich auf Møn, wie in Deutschland bildhaft und auflagenstark mein Roman buchstäblich einer Zerreißprobe ausgesetzt wurde. Und auch der Autor sollte, als sei er ein Boxer, der zwölf Runden durchzustehen habe, im Sportreporterjargon überprüft werden: Wie viele Schläge kann er einstecken? Zeigt er schon Wirkung? Geht er demnächst oder erst während vorletzter Runde in die Knie?

Zum Glück erwies sich der Roman ›Ein weites Feld‹ als haltbar. Zum Glück bestanden die Leser darauf, meinem Erzählfaden ins Labyrinth geschichtlicher Verschlingungen zu folgen. Und eine weitere glückliche Fügung: Ahnungsvoll hatte ich nach Ende der Manuskriptarbeit meinen alten Aquarellkasten entstaubt. Er mußte gesucht werden, denn zuletzt war ich in den sechziger Jahren mit wasserlöslichen Farben meiner Sucht nachgegangen, mir von allem – und gegen jedes Bildverbot – Bilder zu machen. Mit fließenden Übergängen und bei Verzicht auf graphisches Beiwerk ist das Aquarell der Lyrik in Farbe gehende Schwester. Wie beschwörend und um mich zu ermutigen, flüsterte ich: lichter Ocker, Kobaltblau, Siena gebrannt, Neapelgelb, Zinnober, Umbra, Indigo, Saftgrün ... Etwas bänglich stellte ich mir die Frage, ob ich mit sattem Pinsel auf feuchtem Papier noch mutig genug sein könne, ob mir diese Rückkehr als Flucht nach vorne gelingen werde.

Zumindest der Absprung gelang. Ich wechselte die Disziplin, war – und sei es für Stunden nur – nicht mehr faßbar und also gegen druckfrische Anschläge immun, indem ich mich, gerüstet mit ausreichend Wasser in zwei alten Tuborgflaschen, mit Pinseln, Farben und Papier der Natur stellte; das heißt, ich verflüchtigte mich seitwärts in den Wald und fand Motive in Überfülle. Wenn Brecht sich vor Jahrzehnten in Zeiten begreifen mußte, in denen, angesichts der vielen politischen Verbrechen, ein Gespräch über Bäume wie unter Verbot stand, hatte ich vor wenigen Jahren noch (im Erzgebirge wie im Oberharz und so auch im Ulfshale skov) mit knisternd bröckelnder Kohle ›Totes Holz‹ gezeichnet – so heißt mein Buch über das Waldsterben, das 1990 erschien. Ein düsterer Ausblick, den nur wenige Wörter akzentuierten.

Doch diesmal belohnte ich mich mit noch heiler Natur. Ich porträtierte Bäume, mit Vorliebe Buchen. Sie sind körperhaft und großer Gesten fähig. Ob mit einzig aufstrebendem Stamm oder von der Wurzel her vielstämmig, immer sind sie sich ihrer Schönheit bewußt. Oft stehen sie wie im Gespräch miteinander. Ihre glatte, nur sparsam gerunzelte Haut ist vom matten Blau bis zum schimmeligen Grün vieler Farbtöne mächtig, selbst violetter. Und jede Buche, die ich feucht in feucht porträtierte, hielt still. Aber auch ich war, während ich aquarellierte, für den Streit dieser Welt und dessen Nebengeräusche verloren.

Erstaunlich, was alles von mir abfiel, sobald ich mit meinen Malutensilien, begleitet einzig von unserem Hund, im Wald verschwand. Zuallererst verblaßte der Wust feuilletonistischer Schnellschreiberei. Und dann schwand jenes Ekelgefühl, mit dem mich ein kompakter Vernichtungswille infiziert hatte. Das war nicht mehr Kritik, wie ich sie in schönster Heftigkeit seit Jahren und ›Blechtrommel‹-Tagen gewohnt war, nein, diesmal sollte der Buchrücken übers politische Knie gebrochen werden. Da mein Roman vom Fall der Berliner Mauer und dessen Folgen erzählt, konnten ihm leicht und mutwillig ungenaue, das heißt falsche Zitate abgezweigt werden. Die sich als Sieger der Geschichte sehen, taten so, als hätte nicht die Politik in ihrer Machtfülle, sondern der Autor die Möglichkeiten einer deutschen Einheit verschüttet. Nun läßt sich sagen, es war schon immer üblich, den Boten, der mit schlechter

Nachricht kommt, zu bestrafen; doch gleichfalls ist richtig, daß solche Abstrafung noch keine schlechte Nachricht widerlegt hat.

Den Sportreportern, die meinten, am Boxring zu stehen, sei zugegeben: Ich war verletzt; aber die Bäume, voran die Buchen in ihrem Saft, heilten mich zusehends. Mit aller Verstiegenheit, zu der sich ein Autor steigern kann, sagte ich mir rumpelstilzchenhaft: Ach, wie gut, daß niemand weiß, wie selbstvergessen du aquarellieren kannst. Welch ein Glück, daß niemand dir zuschaut und kein noch so lausig unfehlbarer Papst ahnt, wie überlebensfähig Ketzer sind.

Gewiß, ich war und bin es gewohnt, aus Lust und Notwendigkeit im Verlauf meiner Arbeit immer wieder die Disziplin zu wechseln, zwischen dem Manuskript auf dem Stehpult und den Zeichnungen an der Staffelei zu pendeln, von der Ätzradierung, die zur Perfektion verführen kann, zum Risiko der Kaltnadelradierung zu finden, mich nach dem Wortaufwand erzählender Prosa der Lyrik als Radikalkur zu unterwerfen, das geschriebene Gedicht zeichnend zu überprüfen, mich nach politischem Streit in der Tretmühle Demokratie – also verseucht vom Müll der Sekundärsprache – mit Hilfe von leisen Bleistiftzeichnungen zu reinigen, mit schnellen Skizzen ein Komplott Personen zu erfinden, die dann, in dieser und jener Konstellation, langsam ins Gespräch kommen und sich tätigschuldig in epischem Gelände verlaufen, mehr noch: dieser Wechsel künstlerischer Disziplinen und Werkzeuge nährt sich aus ein und demselben Tintenfaß; doch diesmal war und kam es anders. Man hatte mich in eine mir unverkennbare deutsche Enge getrieben. Indem ich dem ersten, täuschenden Anschein glaubte, sah ich nur noch gesenkte Daumen. Mir blieb, wie im Märchen, nur ein Ausweg, der Wald: Also rettete ich mich ins Aquarell.

Heute, im Rückblick, frage ich mich: Was war denn so entscheidend anders? Was hatte sich so grundsätzlich und irritierend geändert? Waren denn in Zeiten der zum Programm erklärten Beliebigkeit erkennbare Veränderungen noch möglich?

Ich glaube bemerkt zu haben, daß sich seit dem Untergang und Verschwinden des östlichen, kommunistisch genannten Machtsystems das westliche, demokratisch genannte Machtsystem erschöpft, indem es seiner eigenen Grundwerte verlustig geht. Wir haben erlebt, wie im Verlauf weniger Jahre der uns von der Aufklärung überlieferte Toleranzbegriff verschlissen worden ist. Wir erleben zur Zeit, wie sich der Kapitalismus freimacht von sozialen und zivilisierenden Bindungen und sich ungehemmt, wie in der Zeit seiner Anfänge, austobt. Wir sind Zeugen eines beschleunigten Vorgangs, in dessen Verlauf sich Europa, obgleich weltweit nach Absatzmärkten gierig, gegen Flüchtlinge, Einwanderer, Asylanten abschirmt und nichtswürdig zu einer bloßen Festung verkommt. Wir haben den Völkermord im ehemaligen Jugoslawien, wennzwar beschwichtigend anwesend, dennoch geschehen lassen, weil es dort kein Öl gibt. Wir haben nicht laut genug widersprochen, als das gute, wenn auch oft mißbrauchte Wort »Solidarität« dem Müll der Geschichte zugerechnet wurde. Wir tun so, als dürfe sich die Politik und mit ihr im Geschirr die Wirtschaft allen ethischen Kriterien entziehen, weil moralische Bedenken angeblich Arbeitsplätze gefährden, weil die Marktwirtschaft nur jenseits aller Moral funktioniert, weil Korruption ein Teil dieses Systems ist und weil ohnehin die Zeiten klarer Entscheidungen vorbei sind, spätestens seitdem der Kommunismus, gegen den zu sein als klare Entscheidung galt, tot oder so gut wie tot ist.

Nun, ich bleibe – ein wenig altmodisch und dem Zeitgeist abspenstig – anderer Meinung. Zum Beispiel sind im

Bereich der Literatur und der mit ihr Schritt haltenden Gefahren nach wie vor klare Entscheidungen notwendig und möglich: Von der Antike an gilt es, Partei für Ovid zu ergreifen und sich gegen jene Mächtigen zu stellen, die den Dichter der Metamorphosen ans Schwarze Meer verbannten, wo er gestorben ist; und so heutzutage, denn seit sieben Jahren sind wir Schriftsteller, nein, alle, denen die vielberufene »Freiheit des Wortes« kein bloßer Wegwerfartikel ist, dazu verpflichtet, Salman Rushdie in seiner erzwungenen Einsamkeit beizustehen und denen ins Wort zu fallen, die das mörderische Urteil über diesen Schriftsteller entweder aus wirtschaftlichem Interesse relativieren oder als Hohepriester der Religionswissenschaft mit bedauerndem Verständnis beweihräuchern.

Gleiches gilt für den nigerianischen Schriftsteller Ken Saro-Wiwa, der mit neun anderen Oppositionellen erhängt wurde, während sich der Weltkonzern Shell – wie einst Pilatus in Unschuld – die Hände in Öl wusch.

Wollten wir auf diese Parteinahme, sei es aus Ermüdung, sei es aus Einsicht in unsere Ohnmacht, verzichten, müßten wir uns selbst aufgeben; allein dem Zeitgeist wäre Tribut gezollt. Und diesem Zeitgeist entspricht, daß neuerdings – besonders in deutschen Journalen – ein dem Zynismus abgezapftes Schimpfwort Konjunktur hat: Von »Gutmenschen« ist wegwerfend die Rede, sobald Protest gegen Unmenschlichkeit laut wird.

Alle drei hier von mir beispielhaft genannten Schriftsteller waren und sind Opfer der Politik. Ob Ovids Traktat ›Über die Liebeskunst‹ oder Rushdies ›Satanische Verse‹ und schließlich Ken Saro-Wiwas literarischer Protest gegen die ökologische Zerstörung seiner Heimat, des Nigerdeltas, und die Unterdrückung des Volkes der Ogoni: in allen drei Fällen sah sich die politische Macht gefährdet und schlug zu.

Dieser Konflikt ist der Literatur mitgegeben. Ihm auszuweichen hieße, die Bücherregale zu räumen. Und schon sind wir bei einem uferlosen Thema, das sich zwischen zwei Maximalforderungen immer wieder als Pausenfüller, aber auch in gestrengen Richtlinien gefällt. Wenn sich in den siebziger Jahren die Kunst und mit ihr die Literatur – ganz gegen Trotzkis frühe Warnung – als »Magd der Revolution« zu verdingen hatte, so soll sich ab Beginn der neunziger Jahre die Kunst – und mit ihr die Literatur – reinlich aller Politik enthalten. So dummdreist und wie ohne Kenntnis der Kunst- und Literaturgeschichte beide Richtlinien als Weisungen ausgegeben wurden und so gültig sie durch Bilder und Bücher, sei es durch Picassos ›Guernica‹, sei es durch Orwells ›1984‹, in jeder einengenden Hinsicht zunichte wurden: die Doktrinen überlebten dennoch, und das Aufstellen von Verbotstafeln will kein Ende nehmen.

Dabei weiß der Künstler, wissen die Schriftsteller, daß sie ganz anderen Gesetzen und Zwängen zu folgen haben. So ist es mir, trotz listigster Versuche, nie gelungen, dem mir sperrig querliegenden Erzählstoff, den Themen meiner Zeit auszuweichen. Wer in den zwanziger Jahren dieses Jahrhunderts geboren wurde, wer, wie ich, das Kriegsende nur zufällig überlebt hat, wem die Mitschuld – bei all seiner Jugend – an dem übergroßen Verbrechen nicht auszureden ist, wer aus deutscher Erfahrung weiß, daß keine noch so unterhaltsame Gegenwart die Vergangenheit wegschwätzen kann, dem ist der Erzählfaden vorgesponnen, der ist nicht frei in der Wahl seines Stoffes, dem sehen beim Schreiben zu viele Tote zu.

Die Bücher entstehen nicht aus dem Nichts. Ihnen wurde vorgelebt. Und die Geschichte ihres Entstehens ist weit länger, als die Zeitspanne ihrer Niederschrift mißt. Was sich als vermeintlich zündender und eine Erzählflut auslösender Einfall meldet, hebt sich oft selbsttätig auf, gerät in Vergessenheit, klopft in anderer Verkleidung abermals an, erweist sich nach erster Prüfung als zwar hübsche, aber nicht tragfähige Spekulation und zündet plötzlich, weil etwas geschehen ist, weil sich die Wirklichkeiten verändert haben, abermals und stößt nun, nachdem Jahre vergangen sind, einen Schreibprozeß an, in dem der Einfall von einst nicht mehr bloß exquisit und wie abgehoben schwebt, sondern wie selbstverständlich seinen Ort, seine Zeit und sein politisches Klima findet; wie meine jüngsten Helden Fonty und Hoftaller, die mir vor zehn Jahren, weit weg in Calcutta, als vage Idee in den Sinn kamen. Plötzlich, kaum war die Mauer gefallen, traten sie, Schritt nach Schritt, ins Bild. Und nun erst konnte die heitere Mühsal der Niederschrift beginnen.

Doch ab und zu, wenn Kopf und Herz leergeschrieben sind oder sobald der Lärm des heimischen Literaturstreits sogar Dänemarks Grenzen zu überschreiten droht, nehme ich Urlaub von diesen Zwängen und schlage mich seitwärts in die Büsche. Dort, im Ulfshale skov, finde ich Buchen genug, die aufs Aquarellpapier wollen. Dort zählt der Augenblick nur. Nichts muß erinnert werden. Keine Wörter suchen ihr Echo. Ob es aber bei den Buchen und ihrer, wie wir gern sagen möchten, »zeitlosen Schönheit« bleibt, ist schon wieder eine politische Frage, die ich nur schriftlich – und sei es umständlich erzählend – beantworten kann.

Ein neues Buch? Wenn es sein muß, vielleicht. Das hieße abermals, immer wieder den Schreibort zu wechseln, künstlich von Stehpult zu Stehpult Distanz zu schaffen. Von weit weg Anlauf zu nehmen. Ich erinnere mich, im Süden, angesichts hitzeflimmernder Berge, die mir wenig sagten, über die, bei anhaltendem Frost, zugefrorene Ostsee geschrieben zu haben, schwitzend, denn Schreiben strengt an. Diese mir liebe und zugleich zwangsverordnete Freiheit erlaubt dem Autor, unabhängig vom Ort, an dem das Manuskript aufgeschlagen liegt, seinen Obsessionen zu folgen, entschwundene Gegenstände, Landschaften, zumeist verlorene, zu beschwören und sich mit Menschen, die alle vom »krummen Holz« sind, zu umgeben. Menschen, in denen der Autor partikelklein anwesend ist, in deren Geschichten er aufgeht und in denen sich sein Ich, dieser vorlaute Bursche, verkrümelt, bis er kaum noch oder allenfalls dank stilistischer Marotten erkannt werden kann. Hilfreich sind diese gewitzten und keinen Hakenschlag versäumenden Versteckspiele. Wo verbirgt sich der Autor? Natürlich im Detail. Aber in welchem? Wer erzählt hier? Und mit wessen Erlaubnis?

Vor diesem Vexierbild ist lange zu rätseln. Man könnte hoffen, das Ich wäre weg, endlich, wäre nicht mehr zu treffen, zu verletzen, gäbe es nicht jene berufsnotorischen Spürnasen, die in jedem zweiten Nebensatz den Autor zu hören meinen und die dessen Ich schon längst aufgespießt und zwischen anderen Schmetterlingen in Kästchen gesperrt haben.

Erlauben Sie mir nun, gegen Ende meiner Dankesrede, einen Rückblick, der sich von freundschaftlichen Empfindungen nährt. Im Herbst 1961 kamen Hans Magnus Enzensberger und ich als Gäste der Kopenhagener Studentenvereinigung nach Dänemark. Ich zum ersten Mal, Enzensberger, damals mit Norwegen verheiratet, gab sich als gelernter Skandinavier. Wir kamen aus einem schuldbeladenen Land und waren uns dessen bewußt. Auch unsere Gastgeber wußten, doch hielten sie ihr aus immer noch frischer Erfahrung geschärftes Wissen zurück. So kam es, daß wir uns nahezu ungehemmt einigen Autoren unserer Generation näherten: Villy Sørensen, Leif Panduro, Klaus Rifbjerg, Niels Barfoed. So jung wir noch sein mochten, so kurz waren uns die Kopenhagener Nächte. Leif Panduro ist früh gestorben; wie gerne habe ich seine Bücher gelesen. In der Gestalt Villy Sørensens imaginiere ich mir immer noch Andersen und Kierkegaard zugleich und wie in einer Person. Klaus Rifbjerg, so schien es mir, sah mit unglaublich blauen Augen mehr, als jemals schriftlich fixiert werden könnte. Mit Niels Barfoed teile ich heute noch brüderlich eine Riesenportion Unruhe und Neugierde auf kommende Krisen.

So konnte sich über Jahrzehnte Freundschaft halten, die, weil per Distanz gelebt, nicht strapaziert werden mußte. Eine Freundschaft, die mir erlaubt hat, in Dänemark – wenn Sie erlauben – ein wenig heimisch zu werden, was für mich, das unstet und ortlos gebliebene Flüchtlingskind, mehr bedeutet, als sich ein seßhaftes Gemüt vorstellen kann. Also sagt Ihnen kein Fremder Dank. Und Per Øhrgaard, der das alles noch viel genauer weiß, sei besonders bedankt, denn was wären meine Bücher in Dänemark ohne sein übersetzendes Wort.

# Die Fremde als andauernde Erfahrung

*Rede zur Verleihung des Thomas-Mann-Preises
der Stadt Lübeck*


Kürzlich hatte ich in Lübeck das Vergnügen, vor Schülerinnen und Schülern im Katharineum zu lesen. Später führte man mich zu einer Nische, in der mit Hilfe von Plaketten namhafter Gymnasiasten von einst gedacht wird. Die ungleichen Brüder Mann haben dort ihren Platz; und auch zu einer Ehrung Erich Mühsams hat man sich endlich bequemt.

Dennoch soll zu Beginn die Behauptung stehen: Einmal – und wie grundsätzlich – vertrieben, ist Thomas Mann, trotz aller so zögerlichen wie beharrlichen Bemühungen, in Deutschland fremd geblieben. Das trifft zwar gleichermaßen auf einen Großteil der sogenannten Emigrationsliteratur zu, doch in seinem Fall, der mehr unser Fall ist, kommt mir dieses Fremdeln besonders anrüchig vor. Man könnte meinen, es sei der hierzulande virulente Ironieverdacht bündig auf den Meister des distanzierten Erzählens gerichtet, es habe uns Jean Paul mit seinen ironisch verästelten Vieldeutigkeiten vergeblich beschenkt, es gelte die Ironie noch immer als »undeutsch«, weil dieser selbst den Schmerz mit Heiterkeit aufwiegenden Erzählweise jene allen Tiefsinn auslotende Schwere fehle, also das vom germanistisch übergeordneten Eichamt geprüfte Bleigewicht.

Nicht, daß er vergessen ist. Man hört ihn gerne »im Radio vorgelesen«, das heißt durch schauspielernde Könner vermittelt; doch der Vorbehalt bleibt. Bis in meinen Kollegenkreis höre ich immer wieder – und nicht selten mit neidvoll-gehässigem Unterton – Verdikte wie: »Bloß Kunstprosa...«, »Alles Lebendige ist wegironisiert...«, »Und überhaupt: Dieser Großschriftsteller mit seinen Tagebuchwehwehchen und seinen bürgerlichen Allüren...«, »Dieser Möchtegern-Goethe!«

An ihm wetzen schmal ausgestattete Talente gern ihren Stichel. Kleingeister tun sich groß beim Abrechnen. Spießer von akademischem Rang bekritteln sein Familienleben. Und Fliegenbeinzähler klopfen sein Werk nach homoerotischen Nahtstellen ab. Neuerdings sind, außer berufsnotorischen Saubermännern, auch Biographen bemüht, der McCarthy-Ära Dauer zu verleihen, indem sie dem fürs Mittelmaß übergroßen Autor »ideologische Unzuverlässigkeit« ankreiden, ihm leichtfertige Nähe zum Kommunismus und kritiklose Hinnahme des Staates nachsagen, der sich einst Deutsche Demokratische Republik nannte und dessen Entstehen Thomas Mann in der Tat mit skeptischem Wohlwollen beobachtet hat; warum sollte er nicht, zumal ihn die gleichzeitig entstehende Bundesrepublik Deutschland nicht gerade einladend begrüßt hat.

So gegensätzlich Alfred Döblin und Thomas Mann im hier unwegsamen, doch kultivierten Gelände der deutschen Literatur zueinander standen: Als beide Emigranten ihre Rückkehr versuchten, blieb ihnen der westliche Staat gleichermaßen verschlossen, nur Achtlosigkeit und Ablehnung waren zu haben; entsprechend verletzt waren beide für kleine und größere Freundlichkeiten empfänglich, die ihnen der Oststaat aus Taktik oder Respekt erwiesen hat. Sogar ein Zobelpelz aus kommunistischer Produktion wird dem Autor höchstrichterlich und bis heutzutage in Rechnung gestellt.

Ich bin kein Thomas-Mann-Kritiker, auch kein nachweislicher Thomas-Mann-Kenner, wohl aber – von Zeit zu

Zeit – ein immer wieder neu zu begeisternder, verführter und verzauberter Thomas-Mann-Leser. So lieb mir die Erzählungen sind, so unwiderstehlich stark ist meine Neigung, mich auf ein episches Werk einzulassen und für diese Stoffwahl Gründe zu nennen.

Als wir vor demnächst zehn Jahren eine Reise antraten, die uns für längere Zeit nach Calcutta und Westbengalen bringen sollte, gehörte zu unserem Gepäck eine per Seefracht nachgeschickte Bücherkiste, ahnten wir doch, daß diese besondere Fremde nach europäischem Rückhalt verlangen werde. So brachte die Kiste meiner Frau unter anderem viel Fontane und mir, neben Lichtenberg, Schopenhauer und Canetti, im ganzen Umfang die zum Roman geweitete Legende ›Joseph und seine Brüder‹. Weit über tausend Seiten in vier Büchern, die von der Fremde und vom Leben in der Fremde handeln, zudem vier Bücher, deren Niederschrift zwar in München begonnen, aber erst in den Jahren der Emigration, also in der Fremde, vollendet wurde; derweil verging ein Jahrzehnt.

Der Autor und sein Fluchtgepäck. Was ihm nicht zu nehmen war. Was er – hin und zurück – übers Wasser gerettet hat. Deshalb sollen meine Überlegungen diese und andere Entfernungen nachzeichnen. Ich habe sie unter den Titel ›Die Fremde als andauernde Erfahrung‹ gestellt, wohl wissend, daß damit auch die Gegenwart, zum Beispiel das latent gefährdete Fremdsein in Lübeck, angesprochen werden muß; ein Thema, das nicht von uns ablassen will.

In Calcutta las ich an wechselnden Orten: unterm Ventilator, der schwüle Luft quirlte, auf Treppen, die zu maroden Palästen der Kolonialzeit führten, unter einem vielstämmigen und mit Luftwurzeln Grund suchenden Banjangbaum, von einer Dachterrasse über weitflächig geduckte Slumviertel blickend, auf einem armenischen

Friedhof und spät noch unterm Moskitonetz. Nicht merkwürdig kam es mir vor, eher im Völker-, Kasten- und Religionsgemisch Calcuttas naheliegend, wenn mir das im Buch auflebende Ägypten zur Zeit des Pharaos Echnaton und des Fremdlings Joseph so wenig exotisch anmutete; offenbar war es dem Autor gelungen, so gewinnend »auf humoristische Weise mystisch zu sein«, daß seine Josephsgeschichte das Fremdsein an jedem Ort, wenn nicht aufhebt, dann doch als allgemein menschliche Lage deutet.

Er, der Emigrant an kalifornischer Küste, den die Heimatstadt und das Vaterland ausgespien hatten, er, der nur wenig mehr als seine, die deutsche Sprache hinüberzuretten wußte, war mit allen Erfahrungen des geduldeten, gepriesenen, aber auch mißtrauisch überwachten Ausländers ganz auf seiten seines Helden, der von den Brüdern in die Grube gestoßen, der von reisenden Händlern gekauft und weiterverkauft wurde, der, sich langsam hochdienend, die Fremde bestehen mußte; denn selbst in Potiphars Haus blieb er, so sehr ihn der Hausmeister Montkaw begünstigte und so klug er es verstand, sich allseits und über Mißgunst hinweg beliebt zu machen, der Fremde, mehr noch, er war gefährdet: »Dies Schwert schwebte über ihm, und wir haben zu bewundern, daß es nicht auf ihn niederfiel. Es saß lose genug. Joseph war ein nach Ägypten verkaufter Ausländer, ein Asiatensohn, ein Amu-Knabe, ein Chabire oder Ebräer, und der Verachtung, der er als solcher in diesem dünkelhaftesten aller erschaffenen Länder grundsätzlich anheimgegeben war, muß man ins Auge sehen, bevor man dazu übergeht, ihre Abschwächung, ja Aufhebung durch entgegenstehende Einflüsse zu erläutern...«

Die hier erwähnte Abschwächung der Verachtung war nicht nur Josephs Verdienst, sondern rührte mehr noch von jener altägyptischen Liberalität her, die den alltäglichen Fremdenhaß am Nilufer dämpfte: Die dünkelhafte Großmacht, der ringsum alle Völker dienstbar und handelspflichtig waren, leistete sich nach Lust und Laune, das heißt in Grenzen, Toleranz. Die unter den Pharaonen entwickelte Lebensweise galt als überlegen und beispielhaft. Sich zivilisiert zu geben gehörte, wenn auch nicht unangefochten, zum guten Ton. Und wie sich des Autors amerikanische Emigrantenerfahrung der fortschreitenden Niederschrift, dem Großunternehmen ›Joseph und seine Brüder‹, mitgeteilt haben mag, so brachte mir, dem Leser an fremdem Ort, voraneilende Lektüre die indische, in Grenzen vorherrschende Toleranz, aber auch den Schnittpunkt aller denkbaren Aggressionen, die Stadt Calcutta, näher: das berstende Pflaster, die in Slums gepferchten Flüchtlinge aus Bangladesch, die aus den Staaten Orissa und Bihar der Not gehorchenden Zuwanderer, den noch vom gehäuften Müll zehrenden Überlebenswillen, die brüchig werdenden Kastenzwänge, aber auch die so milde wie kalte Gleichgültigkeit der Brahmanen, den auf Messerschärfe gereizten Streit zwischen Hindus und Moslems und das in Westbengalen regierende, streng den allzeit gefährdeten Religionsfrieden bewachende Linksbündnis, das von Kommunisten dominiert wird. Zur Toleranz gezwungen, leben sie nebeneinander und erinnern sich ungern einstiger und jüngster Gemetzel.

Welch aufregendes Leseabenteuer! Vielfenstrige Einblicke ins andauernde Zeitgeschehen. Lektüre, die dazu einlädt, vom Text abzuweichen und textflüchtige Nebenhandlungen einzufädeln. Denn sobald ich den Blick vom Satzspiegel löste, ging die Geschichte weiter, nistete sich die Legende in den Ruinen einst fürstlicher Paläste, im viktorianischen Stuck herrischer Kolonialzeit ein. Und schon vermischten sich die gestrengen Rituale des ägyptischen Oberpriesters Beknechons mit den hinduistischen Opferbräuchen im Tempel der schwarzen, der schrecklichen Göttin Kali. Schon suchte ich ihn inmitten der Pavementdwellers, der Straßenschläfer, die selbst im Slum keinen Platz finden. Ich suchte nach einem Joseph, der dort in Lumpen und doch in ungebrochener Erwartung liegt: Denn schon und plötzlich wird er von zwei Parteifunktionären zum Herrscher über Westbengalen, zum Uraltkommunisten Basu, geführt, der überall in der Stadt nach einem Traumdeuter fahnden läßt, weil ihn marxistische Angstträume quälen, die der kundigen Deutung bedürfen. Sein Chefideologe, der sonst auf alles eine Antwort weiß, hat versagt. Eile ist geboten. Und schon sah ich meinen bengalischen Joseph, der eigentlich kein Bengale, sondern ein Zugewanderter aus verkarsteter Bergregion war und zur Kaste der Kastenlosen, der Unberührbaren, gehörte, zu Füßen des Uraltkommunisten. Und er deutete Basus Traum. Das konnte er immer schon: Träume deuten.

Im Jahr 1986, als der Name Gorbatschow und die schillernden Begriffe Glasnost und Perestroika bereits im Umlauf waren, sagte er, ohne Hokuspokus zu machen, eher freiweg den Zerfall der Sowjetunion und die plötzliche Vereinsamung des Kapitalismus voraus. Doch zugleich bot er in seinen präzisen Deutungen die kleinen Möglichkeiten und Tricks marxistischen Überlebens an, und Basu, der bis heutzutage und immer noch wie unangefochten Westbengalen regiert, folgte Josephs Traumdeutungen aufs Wort, damit, wie geschrieben steht, den mageren Jahren fette in Aussicht stünden.

So – und einzig durch abschweifende Lektüre – übertrug sich mir Josephs Gabe, praxisbezogene Prognosen in die Welt zu setzen. Kaum mehr kann ein Buch erreichen. Es schickt des Lesers Phantasie auf Reise. Seine Offenheit über den Satzspiegel hinweg eröffnet Räume, die in des Buches Index nicht vermerkt sind. Es stiftet eine uferlose und unveröffentlichte Literatur. Mit Hilfe des Lesers eignet das Buch sich die Fremde an, indem es, wie in diesem Fall, des fremden Herrschers Träume kenntlich und nutzbar macht. Freilich muß ein Held wie Joseph abrufbar sein; dessen Fähigkeit, sich anzupassen, ist beispielhaft und erlaubt ihm Auftritte in dieser und jener Gestalt.

Indem wir den Bericht seiner Karriere lesen, sehen wir ihn von Stufe zu Stufe besser gewandet: der Fremde als Aufsteiger. Er, der sich seiner Verluste, was man Heimat, Familie, Stallgeruch, Nestwärme nennt, schmerzlich gewiß ist, hat, dank seiner neugierigen und am Neuen haltsuchenden Augen, den besseren Überblick. Er, in unserem Fall Joseph, ist an fremdem Ort nicht vom altfränkisch Hergebrachten beschwert, kein Besitzdünkel hängt ihm als Klotz am Bein, und seinem Sinn für Komik kommt das Ägypterland »drollig« vor. Lächelnd, weil aus Distanz, schaut er dem kindisch anmutenden Treiben am Nil zu. Selbst unfrei fühlt er sich frei und weiß deshalb gut zu raten.

Ihm, dem Aufsteiger, kommen die klügeren, oft zu kühnen Ideen. Er faßt Gedanken, die der Zeit und ihren Nöten zwar angemessen, aber dennoch, weil die jeweilige Gegenwart nachhinkt, um Meilenschritte voraus sind. Er, der fremde Aufsteiger, entpuppt sich als Nothelfer in katastrophaler Lage. Dieser Einsicht folgend, habe ich einige Jahre später meinen bengalischen Joseph, der als Traumdeuter bereits einige Verdienste zu verbuchen hatte, in eine Erzählung unter dem Titel ›Unkenrufe‹ verpflanzt, selbstverständlich samt Ortswechsel.

In Danzig-Gdańsk, meinem literarischen Fixpunkt, der spekulativ genug ist, um jegliches Weltgeschehen zu bündeln, ist er dabei, alle innerstädtischen Verkehrsprobleme auf so leise wie revolutionäre Art zu lösen. Ihm gelingt es, die asiatische Fahrradriksha zuerst in Gdańsk, dann europa-, schließlich weltweit zu beheimaten und den chaosproduzierenden Autoverkehr auf ein erträgliches Maß zu reduzieren. Indem er die Rikschaproduktion ausbaut und wie nebenbei die berühmt-berüchtigte Leninwerft saniert, deckt er den wachsenden Bedarf an diesem so umweltfreundlichen Verkehrsmittel. Er, der fremde Aufsteiger, ist zwar den ortsansässigen Polen und den aus Gründen der Pietät sowie aus Geschäftsgründen anreisenden Deutschen nicht recht geheuer, aber die Simplizität seiner die Stadt vom Lärm und Gestank befreienden Findung überzeugt und wird schließlich beklatscht. Fremd bleibt er trotzdem. Mißtrauen umgibt ihn wie lästig stehender Geruch. Man fürchtet sich vor ihm, auch wenn man nicht weiß, warum.

Mein Joseph, der die Fahrradrikscha zum zweiten Mal – und diesmal zum Wohl Europas – erfindet, heißt Chatterjee und Subhas Chandra mit Vornamen. Niemand hat ihn in die Fremde verkauft. Sozusagen aus freien Stücken, oder weil es bei ihm zu Hause zu eng wurde, wanderte er aus. Er sieht sich als Vorbote. Viele, nicht nur seine Vettern, werden ihm folgen: der Überschuß aller am Rande lebenden Völker. Da er nicht mit leeren Händen, sondern reich an rettenden Ideen angereist kommt, hofft er, willkommen zu sein. Aber die Einheimischen, oder jene Einheimischen, die ihrer selbst unsicher sind und deshalb alles Fremde hassen, wollen ihn nicht annehmen. Und schon ihr zweites Wort heißt: abschieben.

Wie es Joseph im Verlauf der vier Bücher ergeht. Kaum ist er ein wenig aufgestiegen, gerät er in landesinterne Zwistigkeiten religiöser Art: Hier sehen wir – »ausländisch angehaucht, beweglich und weltfreundlich-allgemein von Neigung« – die höfische Fraktion des Sonnengottes Atum-Rê, die sich lässig in Toleranz gefällt, dort steht die priesterliche Fraktion des Amun-Rê zu Karnak, von dem gesagt wird: »Er war starr und streng, ein verbietender Feind jeder ins Allgemeine ausschauenden Spekulation, unhold dem Ausland und unbeweglich beim nicht zu erörternden Völkerbrauch, beim heilig Angestammten verharrend...«

Entsprechend scheel blicken die Anhänger des Amun zu Karnak auf Joseph, den »ausländischen Leib- und Lesediener« des Höflings Potiphar. Besonders scheel blickt der Hofzwerg und »Vorsteher der Schmuckkästen« Dûdu, so sehr Joseph bemüht bleibt, ihm und seiner Familie zu schmeicheln: »Aber es half nichts, dieser bewies ihm, von unten herauf, Abgunst, wie er nur konnte, und besonders durch die würdig-altsittenstrenge Betonung von Josephs Unreinheit als chabirischen Fremdlings gelang ihm dies. Denn bei Tische, wenn die höheren Diener des Hauses und unter ihnen Joseph mit dem Meier Mont-kaw das Brot aßen, hielt er, indem er seine Oberlippe über der eingezogenen unteren ein würdiges Dach bilden ließ, unerbittlich darauf, daß den Ägyptern besonders aufgetragen werde und dem Ebräer besonders, ja, wenn der Verwalter und die anderen es nach dem Sonnensinne Atum-Rê's nicht so genau damit nehmen wollten, so rückte er amunfrommkundgebungsstreng weitab von dem Greuel, spie auch wohl nach den vier Himmelsgegenden und führte im Kreise um sich herum allerlei exorzisierende und die Besudelung absühnende Zaubereien aus, welchen die Beflissenheit, den Joseph zu kränken, überdeutlich abzumerken war.«

Man möchte ausrufen, nichts Neues unter der Sonne!, denn dieser Ekel vor dem Fremden ist so genau zielend gesehen, daß er peinlich noch auf unsere Gegenwart zutrifft. So verschwenderisch reich Thomas Mann seinen Helden ausgestattet und ihm geschickte Anpassung erlaubt – »Joseph wurde zusehends zum Ägypter nach Physiognomie und Gebärde, und das ging rasch, leicht und unmerklich bei ihm, denn er war weltkindlich-schmiegsam von Geist und Stoff...« –, er blieb dennoch der Ausländer, zudem der Ebräer, aber das fiel in altägyptischer Zeit nicht besonders ins Gewicht. Ausländer reichte. So kommt denn auch im Verlauf eines längeren Gespräches diese prinzipielle Abneigung zu Wort.

Es geht um ein häusliches Fest mit geladenen Gästen und dann um eine reisende Gruppe von babylonischen Tänzerinnen. Potiphar wünscht deren Auftritt beim geplanten Festgelage, denn er ist an allem Fremden interessiert, besonders, wenn es mit Schönheit einhergeht. Mud, seine Frau, hingegen will wissen, ob auch Amuns erster Priester, Beknechons, zum Fest geladen sei. »Unzweifelhaft und unumgänglich...«, heißt die Antwort. Der Dialog spitzt sich zu: »Er wird nicht dulden, daß man den Verborgenen kränke vor seinen Augen.« – »Durch einen Tanz von Tänzerinnen?« – »Von ausländischen Tänzerinnen – da doch Ägypten reich ist an Anmut und selber die Fremdländer damit beschickt.« – »Desto eher kann es sich seinerseits den Reiz gönnen des Neuen und Seltenen.« – »Das ist nicht die Meinung des ernsten Beknechons. Sein Widerwille gegen das Ausland ist unverbrüchlich.«

Hier nun nicht weiter, denn wir wissen ja, daß Potiphars Frau am Ausländischen in Gestalt von Joseph mehr, immer mehr und schließlich heillos mehr Gefallen gefunden hat; das Fremde ist nicht ohne erotischen Reiz. Zwar blieb Josephs sprichwörtliche Keuschheit einigermaßen unangetastet, doch in die Grube mußte er dennoch, und sei es, um abermals, nach Art der überlebenstüchtigen Fremden, aus dem Loch zu finden, sich freizustrampeln und endlich ruhmreich in höchste Stellung zu gelangen. Seiner speziellen Tüchtigkeit als Traumdeuter verdankte sich dieser abermalige Aufstieg. Außerdem war er ein Mann der Vorsorge – er verstand es, der dem Traum abgelesenen und vorausgesagten Notlage den Stachel zu nehmen. Solche Triumphe sind mit Vorzug jenen vergönnt, die von weither und von unten kommen, mögen sie vom Ebräerland stammen oder aus Calcutta und dessen Slums hinter sich gelassen haben.

Doch mit dieser nüchternen Einsicht ist nichts bewegt und keines der Bücher ausgelesen. Mir fehlte es nur an Gelegenheit, wiederum einzusteigen in die Legende: »Tief ist der Brunnen der Vergangenheit...« Doch da manchmal Krankenhausaufenthalte das Schmökern episch ins Kraut schießender Texte begünstigen, bot sich im so lang anhaltenden Winter dieses Jahres die Gunst, im Klinikum Lübeck mein bengalisches Leseabenteuer zu wiederholen. Nach annähernd zehnjähriger Frist nahm mich abermals die biblische Legende gefangen und wiederum in jener Deutung, die alle Register der Ironie zieht: ›Joseph und seine Brüder‹ lagen auf meiner Bettdecke.

Diesmal lasen sich die vier Bücher fremder, denn ringsum heimelte nicht Calcutta an, vielmehr versuchten die Fertigbauteile des sanitären Gebäudes den lesetrunkenen Patienten auszunüchtern. Arztvisiten, Schonkost, die Nachtschwester, Mineralwasser. Draußen fiel Neuschnee.

Nein, so fremd und entrückt las sich die Josephslegende nun doch nicht. Lübeck und Mölln lagen nahe, mein vom Fremdenhaß und dessen Exzessen gezeichnetes Land. Die demagogischen Reden korrekt gescheitelter Politiker sind als böse Saat aufgegangen: Kümmerlich wenig ist vom Recht auf Asyl, diesem hochherzigen Gebot, geblieben. Anstelle herrschen Abschiebehaft und Abschiebepraxis. Joseph, käme er aus Nigeria oder Pakistan zu uns, fände sich in einer Lage, in der seine besondere Begabung, die Traumdeuterei, kaum von Nutzen wäre; weder der Kanzler noch sein Innenminister scheinen von Träumen beschwert zu sein.

Und doch findet immer noch des dekadenzverspielten Echnatons Gegenstimme ihr Echo. Aus Resten mutwillig beschädigter Liberalität lassen sich Fragmente jener Toleranz klauben, die Thomas Mann im Sinn gehabt hat, als er, der aus Lübeck, München, aus Deutschland vertriebene, nunmehr in Amerika geduldete Fremdling, seine »Fleischwerdung des Mythos« im Februar 1943 zum Abschluß brachte.

Nachdem meine literarische Arbeit gepriesen und freundlich gelobt worden ist, habe ich zu antworten versucht. Meine Dankrede hat zwischen den vielen Schichtungen der ›Joseph‹-Bücher nur die eine betonen können: Die Fremde als andauernde Erfahrung. Um meinem Dank ein wenig Nachdruck zu geben, auch um das Fremdeln zu mindern, das den großen Schriftsteller Thomas Mann immer noch isoliert, rate ich an, Abstand vom sekundären Gemäkel zu nehmen und das Gesamtwerk in seiner primären Gestalt neu zu entdecken, sei es auf Reisen und aus Distanz, sei es im heimischen Krankenhausbett. Lassen Sie sich von Thomas Mann entführen, verführen, verzaubern!

# Bibliographischer Nachweis

Bei den Texten, die in die Grass-Werkausgabe (WA) von 1987 aufgenommen wurden, sei auf die Kommentierung dort verwiesen.

*Rede über das Selbstverständliche.* Zur Verleihung des Georg-Büchner-Preises in Darmstadt am 9. 10. 1965. In: ›Süddeutsche Zeitung‹, München, 16./17. 10. 1965. WA IX, S. 136–152.

*Vom mangelnden Selbstvertrauen der schreibenden Hofnarren unter Berücksichtigung nicht vorhandener Höfe.* Rede in Princeton am 25. 4. 1966. In: ›Akzente‹, (Mai) 1966, S. 194 ff. WA IX, S. 153 bis 158.

*Zorn Ärger Wut.* In: ›Ausgefragt‹, Neuwied/Berlin 1967, S. 57–69. WA I, S. 182–191.

*Päpste und Pröpste, Technokraten und Atheisten – ratlos in der Himmelskuppel.* Rede vor der Katholischen Akademie in Bayern, München am 25. 3. 1969. WA IX, S. 347–353.

*Was lesen die Soldaten?* Rede auf einer Jahrestagung von Bibliothekaren in Bremen am 16. 5. 1969. In: ›Weser-Kurier‹, Bremen, 17. 5. 1969. WA IX, S. 365–372.

*Literatur und Revolution oder des Idyllikers schnaubendes Steckenpferd.* Rede auf dem Schriftstellerkongreß in Belgrad, 17. bis 21. 10. 1969. In: ›Der Bürger und seine Stimme‹, S. 67–72. WA IX, S. 411–417.

*Schriftsteller und Gewerkschaft.* Rede auf dem ersten Kongreß des Verbandes deutscher Schriftsteller in Stuttgart am 22. 11. 1970. In: ›Süddeutsche Zeitung‹, München, 23. 11. 1970. WA IX, S. 478–483.

*Ein Gegner der Hegelschen Geschichtsphilosophie.* Günter Grass im Gespräch mit Gertrude Cepl-Kaufmann. Unter dem Titel ›Gespräch mit Günter Grass‹ in: Gertrude Cepl-Kaufmann: ›Günter Grass. Eine Analyse des Gesamtwerks unter dem Aspekt von Literatur und Politik‹. Kronberg/Ts. 1975, S. 295–305. Das Gespräch wurde am 10. 5. 1971 in Bonn geführt. WA X, S. 106–120.

*Rede gegen die Gewöhnung.* In Athen am 20. 3. 1972. In: ›Frankfurter Rundschau‹, 21. 3. 1972. WA IX, S. 562–570.

*Die Meinungsfreiheit des Künstlers in unserer Gesellschaft.* Rede vor dem Europarat-Symposium in Florenz am 29.6.1973. In: ›Frankfurter Rundschau‹, 30.6.1973. WA IX, S. 614–623.

*Der lesende Arbeiter.* Rede zum fünfzigjährigen Bestehen der Büchergilde Gutenberg in Frankfurt am Main am 3.10.1974. In: ›Süddeutsche Zeitung‹, München, 5.10.1974; auch in: ›Der lesende Arbeiter. Bildungsurlaub. Zwei Reden vor Gewerkschaftern von Günter Grass‹. In: ›Schriftenreihe der Industriegewerkschaft Druck und Papier‹, Heft 23, 1974. WA IX, S. 662–672.

*Ein Schwangerenheim für Schriftsteller.* Rede zur Einführung des neuen Stadtschreibers in Bergen-Enkheim am 16.8.1975. Unveröffentlicht.

*Die Erwartungen des Kritikers.* Umfrageantwort zur Aufgabe der Literaturkritik. In: ›Neue Zürcher Zeitung‹, 25.10.1975.

*Das Recht auf Mitbestimmung.* Rede auf der Jahrestagung des Verbandes deutscher Schriftsteller in Darmstadt am 5.6.1976. Gekürzt in: ›Die Zeit‹, Hamburg, 18.6.1976. WA IX, S. 688 bis 693.

*Die Notwendigkeiten eines säkularisierten Berufsstandes.* Rede zur Eröffnung der Autorenbuchhandlung Berlin am 4.9.1976. Unveröffentlicht.

*Im Ausland geschätzt – im Inland gehaßt.* Günter Grass im Gespräch mit Werner Holzer, Karl-Heinz Krumm und Roderich Reifenrath. In: ›Frankfurter Rundschau‹, 5.10.1977. WA X, S. 206–215.

*Die deutschen Literaturen.* Vortrag auf der Südostasienreise im September 1979. In: ›Günter Grass im Ausland. Texte, Daten, Bilder zur Rezeption‹, hg. von Daniela Hermes und Volker Neuhaus, Frankfurt am Main 1990, S. 86–96.

*Von morgens bis abends mit dem deutschen pädagogischen Wahn konfrontiert.* Günter Grass im Gespräch mit Carl-Heinz Evers und Peter E. Kalb. Unter dem Titel ›Literatur in der Schule. b:e-Gespräch mit Günter Grass‹ in: ›betrifft: erziehung‹, Weinheim/Berlin, Nr. 7/8, Juli/August 1980, S. 105 bis 111. Unter dem Titel ›Von morgens bis abends mit dem deutschen pädagogischen Wahn konfrontiert‹ wieder in: Peter E. Kalb (Hg.): ›Einmischung. Schriftsteller über Schule, Gesellschaft, Literatur‹, Weinheim/Basel 1983, S. 11–20. Das Gespräch wurde geführt am 16.5.1980 in Berlin. © Beltz-Verlag, Weinheim. WA X, S. 244–254.

*Literatur und Mythos.* Rede auf dem Schriftstellertreffen in Lahti

(Finnland), 15.–18. 6. 1981. In: ›L 80‹, Nr. 19, 1981, S. 127 ff. WA IX, S. 792–796.

*Sich ein Bild machen.* Vorwort zum Katalog der Ausstellung »Zeitvergleich – Malerei und Grafik aus der DDR« des Kunstvereins Hamburg, November 1982. WA IX, S. 825–829.

*Die Vernichtung der Menschheit hat begonnen.* Rede zur Verleihung des Internaionalen Antonio-Feltrinelli-Preises für erzählende Prosa in Rom am 25. 11. 1982. In: ›Die Zeit‹, Hamburg, 3. 12. 1982. WA IX, S. 830–833.

*Die Zauberlehrlinge.* In: ›Der Orwell Kalender 1984‹, hg. von Johano Strasser, Köln 1983. WA IX, S. 880–885.

*West-östliches Höllengelächter.* Rede auf dem Internationalen PEN-Kongreß in New York, 12.–18. 1. 1986. In: ›L 80‹, Nr. 37, Februar 1986, S. 149–151. WA IX, S. 918–920.

*Als Schriftsteller immer auch Zeitgenosse.* Rede auf dem Internationalen PEN-Kongreß in Hamburg, 22.–28. 6. 1986. In: ›Deutsches Allgemeines Sonntagsblatt‹, 29. 6. 1986. WA IX, S. 921 bis 931.

*Verlegerrede.* In: ›Frankfurter Rundschau‹, 8. 10. 1987.

*Das geschändete Bild.* Rede im Schloß Bellevue, Berlin, am 8. 3. 1991. In: ›Die Zeit‹, Hamburg, 22. 3. 1991.

*Es gibt sie längst, die neue Mauer.* Günter Grass und Christoph Hein im Gespräch mit Ulrich Greiner und Volker Hage. In: ›Die Zeit‹, Hamburg, 7. 2. 1992. Das Gespräch wurde im Herbst 1991 geführt.

*Mein Traum von Europa.* Rede in Sevilla aus Anlaß der bevorstehenden Weltausstellung am 9. 4. 1992. In: ›Wochenpost‹, Berlin, 15. 4. 1992.

*Über das Sekundäre aus primärer Sicht.* Rede zur Verleihung des Großen Literaturpreises der Bayerischen Akademie der Schönen Künste in München am 5. 5. 1994. In: ›Neue Zürcher Zeitung‹, 8./9. 5. 1994.

*Wir sind als Richter nicht tauglich.* Rede zur Verleihung der Hermann Kesten-Medaille in Darmstadt am 19. 11. 1995. Unter dem Titel ›»Wir sind als Richter untauglich!«‹ in: ›Die Woche‹, Hamburg, 24. 11. 1995.

*Eine deutsche Biographie.* Rede zur Verleihung des Fallada-Preises in Neumünster am 26. 2. 1996. Unveröffentlicht.

*Von der Überlebensfähigkeit der Ketzer.* Rede zur Verleihung des Sonning-Preises in Kopenhagen am 19. 4. 1996. Unter dem Titel ›»Kein Papst ahnt, wie überlebensfähig Ketzer sind«‹ leicht gekürzt in: ›Die Woche‹, Hamburg, 26. 4. 1996.

*Die Fremde als andauernde Erfahrung.* Rede zur Verleihung des Thomas-Mann-Preises der Stadt Lübeck am 5. 5. 1996. Unter dem Titel ›Joseph wird abgeschoben‹ leicht gekürzt in: ›Die Woche‹, Hamburg, 24. 5. 1996.

# Personenregister

Adenauer, Konrad 13, 174, 176
Albers, Hans 231
Altenbourg, Gerhard 202
Amery, Carl 50 f.
Andersch, Alfred 25, 175
Andersen, Hans Christian 307
Apollinaire, Guillaume 87
Augustinus 53, 215

Babel, Isaak 209, 227
Bachmann, Ingeborg 175 f., 185
Barfoed, Niels 306 f.
Barlach, Ernst 125
Bartsch, Kurt 179
Basu, Jyodi 313
Baudissin, Graf Wolf 56
Bebel, August 135 f.
Becher, Walter 62
Becker, Jurek 179
Beckmann, Max 206, 243
Beethoven, Ludwig van 280
Benda, Ernst 62 f.
Benn, Gottfried 67, 69, 117, 175, 237
Bernanos, Georges 226
Bernstein, Eduard 86, 95
Beumelburg, Werner 55, 59
Biedenkopf, Kurt 161
Biermann, Wolf 33, 117, 172, 181, 205
Bismarck, Otto Fürst von 129, 136
Bloch, Ernst 205, 210
Böll, Heinrich 24 f., 32, 50 f., 59, 123, 153, 156, 160 ff., 164 ff., 168, 172 f., 175 f., 185, 192, 249
Borchert, Wolfgang 175
Born, Nicolas 137, 179
Brandt, Willy 12–15, 18, 28, 33, 79, 86, 107, 156, 162, 164, 193, 195
Brasch, Thomas 179
Brecht, Bertolt 69, 133 ff., 175, 185, 209, 299
Breytenbach, Breyten 238
Brinkmann, Rolf Dieter 173
Bruyn, Günter de 247
Buch, Hans Christoph 179
Büchner, Georg 11, 13, 15 f., 18–22, 24, 27, 68 f., 134, 180, 184 f.
Byron, George Lord 102

Camus, Albert 175, 199
Canetti, Elias 178, 310
Carossa, Hans 126
Carstens, Karl 60 ff.
Castro Ruz, Fidel 18
Celan, Paul 173, 185
Céline, Louis-Ferdinand 227
Cepl-Kaufmann, Gertrude 81–100
Cervantes Saavedra, Miguel de 275
Coster, Charles de 275

Dickens, Charles 135
Diderot, Denis 275
Dirks, Walter 50 f.
Dix, Otto 206

Döblin, Alfred 87, 131, 135, 209, 228 f., 276, 309
Dos Passos, John Roderigo 228 f., 276
Dregger, Alfred 139, 161, 165
Druon, Maurice 116
Dürer, Albrecht 198
Dürrenmatt, Friedrich 175
Dwinger, Erich 55, 57

Ebersbach, Hartwig 203
Ehrenburg, Ilja 69
Eich, Günter 136, 175
Eisenstein, Sergej 68
Enzensberger, Hans Magnus 137, 176, 306
Erhard, Ludwig 8 f., 12 f., 22 ff., 32, 164
Euringer, Richard 59

Fallada, Hans (d. i. Rudolf Ditzen) 294 ff.
Faulkner, William 136, 175
Felder, Josef 61
Flaubert, Gustave 262
Flex, Walter 55
Flick, Friedrich 235 f.
Fontane, Theodor 134, 190, 192, 236 f., 253, 310
Franco Bahamonde, Francisco 62, 244
Franz von Assisi 52
Freiligrath, Ferdinand 74
Freud, Sigmund 135
Fries, Fritz Rudolf 294
Frisch, Max 136, 175, 237, 278
Fuentes, Carlos 266
Fühmann, Franz 258, 292

Gadda, Carlo Emilio 228 f.
Gandhi, Indira 233 f.

Garcia Lorca, Federico 175
Gehlen, Reinhard 292
George, Stefan 30
Geyer, Guido 63
Gille, Sighard 203
Ginsberg, Allen 33
Globke, Hans 13, 60
Goebbels, Joseph 24 f., 117
Goethe, Johann Wolfgang von 134, 183 f.
Goldwater, Barry 62
Gollwitzer, Helmut 156
Gombrowicz, Witold 276
Gontscharow, Iwan 275
Gorbatschow, Michail 261, 263, 313
Gordimer, Nadine 238
Goya, Francisco José de Goya y Lucientes 243
Grashey, Hellmut 55 f., 59, 62, 64
Grimm, Hans 55, 59 ff.
Grimmelshausen, Hans Jacob Christoph von 133, 227, 275
Grün, Max von der 27
Guevara, Ernesto (»Che«) 86
Guillaume, Günter 159
Gutzkow, Karl 22

Habermas, Jürgen 166
Hacks, Peter 117
Hager, Kurt 162
Hanser, Carl 149
Härtling, Peter 149
Hašek, Jaroslav 276
Haufs, Rolf 152, 179
Hauptmann, Gerhart 30
Hedde, Klaus Peter 58
Hegel, Georg Wilhelm Friedrich 92 f., 95, 221
Heidegger, Martin 69

Hein, Christoph 250–262
Heine, Heinrich 13, 74, 172, 180
Heinemann, Gustav 79, 160, 164, 193
Heisig, Bernhard 203
Heißenbüttel, Helmut 136, 176
Hemingway, Ernest 136, 175, 226
Henze, Hans Werner 27
Hepp, Marcel 62
Herder, Johann Gottfried 21, 172
Herwegh, Georg 74
Hesse, Hermann 175
Heye, Hellmuth 57
Heym, Stefan 178
Hildesheimer, Wolfgang 251
Hirschauer, Gerd 50
Hitler, Adolf 67, 69, 92, 108 f., 226, 235, 252
Höcherl, Hermann 11, 20
Hochhuth, Rolf 237
Hölderlin, Johann Christian Friedrich 102
Honecker, Erich 261

Jean Paul (d. i. Johann Paul Friedrich Richter) 87, 134, 308
Jentzsch, Bernd 179
Jessenin, Sergej 67
Johannes (auf Patmos) 197 f., 208
Johannes Paul II. 222
Johnson, Lyndon B. 33
Johnson, Uwe 64, 176, 205, 230 ff., 283, 287–290
Joyce, James 131, 228, 276
Juds, Bernd 57

Kaffka, Rudolf 60 f.
Kafka, Franz 131, 134 f., 175, 224, 253, 276
Kant, Hermann 117, 173, 176
Kant, Immanuel 95
Kanther, Manfred 318
Kapfinger, Hans 13 f.
Karajan, Herbert von 280
Kennedy, John F. 28
Kerenski, Aleksandr 68
Kernmayr, Erich 60
Kesten, Hermann 288 ff.
Kierkegaard, Søren 307
Kieseritzky, Helma von 154
Kiesinger, Kurt Georg 60, 62
Kirchner, Ernst Ludwig 206
Kirsch, Rainer 179
Kirsch, Sarah 179
Kisch, Egon Erwin 226
Kleist, Heinrich von 134, 180, 207
Klemm, Gustav 19
Klopstock, Friedrich Gottlieb 21, 67
Kluge, Alexander 46, 136, 176
Koeppen, Wolfgang 138 ff., 175, 235
Koestler, Arthur 226
Kogon, Eugen 50
Kohl, Helmut 157, 236, 260 f., 318
Kołakowski, Leszek 135 f.
Kolumbus, Christoph 265, 267
Konstantin I. 92
Kopelke, Wolfdietrich 55 f., 58–64
Krenz, Egon 261
Krolow, Karl 138 ff.
Kühn, Heinz 11
Kühne, Thomas 154
Kunert, Günter 176, 179, 261

Las Casas, Bartolomé de 266
Lebenstein, Jan 11
Lec, Stanisław 134
Ledig-Rowohlt, Heinrich
 Maria 149
Le Fort, Gertrud von 50
Lem, Stanisław 198
Lenin (Wladimir Iljitsch
 Uljanow) 74 f., 86, 92, 266
Lenz, Hans 11
Lenz, Siegfried 8, 27, 161, 166
Lesage, Alain René 276
Lessing, Gotthold Ephraim
 21, 134, 171, 180
Libuda, Walter 203
Lichtenberg, Georg
 Christoph 133 f., 310
Loest, Erich 258
Logau, Friedrich Freiherr von
 171
Luxemburg, Rosa 266

Machiavelli, Niccolò 221 f.
Mahler, Gustav 280
Maizière, Lothar de 261
Majakowski, Wladimir 67,
 175
Malraux, André 226
Mandelstam, Ossip 209
Mangakis, Giorgios 111
Mann, Heinrich 175, 308
Mann, Thomas 13, 30, 134,
 175, 191 f., 237, 282 f.,
 308–312, 315–319
Mao Tse-tung 86
Marcuse, Herbert 53
Marinetti, Emilio 67
Marx, Karl 35, 74, 86, 95 f.,
 215, 222, 261
Mattheuer, Wolfgang 203
Melville, Herman 276
Metaxas, Ioannis 101

Metternich, Klemens Wenzel
 Fürst von 115, 216
Minnigerode, Karl von 16, 19
Modrow, Hans 260 f.
Mohn, Reinhard 149
Molière (d. i. Jean-Baptiste
 Poquelin) 259
Montaigne, Michel de 118,
 199
Montecuccoli, Raimund Graf
 von 57
Moravia, Alberto 209
Morus, Thomas 222
Moser, Friedrich Karl
 Freiherr von 21, 23
Mozart, Wolfgang Amadeus
 280
Mühsam, Erich 308
Münzer, Thomas 205
Musil, Robert 134
Mussolini, Benito 67, 69

Napoleon I. Bonaparte 67,
 134, 216
Neckermann, Josef 18
Neruda, Pablo 226
Nixon, Richard 110
Ngugi wa Thiong'o 234
Nolde, Emil 206

Øhrgaard, Per 307
Orwell, George 117, 218 f., 226,
 304
Ovid 303
Oz, Amos 238

Panduro, Leif 306
Picasso, Pablo 118, 243–247,
 304
Pilatus, Pontius 303
Plato 213
Pompidou, Georges 116

Pound, Ezra 69
Protopappas, Babis 111
Proust, Marcel 262

Racine, Jean 251
Raeder, Erich 59
Regler, Gustav 226
Rehwinkel, Edmund 17
Reich-Ranicki, Marcel 34, 283
Reifferscheid, Eduard 149, 239 f.
Remarque, Erich Maria 227
Renn, Ludwig 226
Richter, Hans Werner 175
Rifbjerg, Klaus 306 f.
Rilke, Rainer Maria 30
Rimbaud, Arthur 30, 67
Rinser, Luise 161
Robespierre, Maximilien de 215
Rosenthal, Philip 10
Rudel, Hans Ulrich 59
Rühe, Volker 249
Rühmkorf, Peter 176
Rushdie, Salman 232 ff., 238, 276, 303

Saro-Wiwa, Ken 293, 303
Sartre, Jean-Paul 175
Schädlich, Hans Joachim 179, 259
Schallück, Paul 11, 27
Schiller, Friedrich von 67, 134, 183 ff., 192 ff.
Schlesinger, Klaus 179
Schleyer, Hanns-Martin 156
Schmidt, Arno 175
Schmidt, Helmut 158, 191 f.
Schneider, Franz Josef 140
Schneider, Peter 179
Schneider, Reinhold 50

Schnell, Robert Wolfgang 152
Schnurre, Wolfdietrich 175
Schoeller, Monika 149
Schopenhauer, Arthur 310
Schröder, Gerhard 60
Schumann, Gerhard 60
Schwarzhaupt, Elisabeth 11
Seebohm, Hans-Christoph 10
Seghers, Anna 69
Shakespeare, William 28, 185, 251, 280
Silone, Ignazio 209
Sitte, Willi 203
Solschenizyn, Alexander 116 f., 123
Sørensen, Villy 306 f.
Sperber, Manès 178
Spranger, Carl-Dieter 156, 167
Springer, Rudolf 202
Stalin (Jossif Dschugaschwili) 31, 67 ff., 92 f., 108, 206, 226
Steffen, Gustav 8, 10
Steguweit, Heinz 59
Stelzmann, Volker 203
Sterne, Laurence 134, 275
Strauß, Franz Josef 13 f., 161 f., 165, 278
Streicher, Julius 25
Süsterhenn, Adolf 20

Theobaldy, Jürgen 179
Tolstoi, Leo Graf 135
Trivulzio, Gian-Jacobo 57
Trotzki, Leo 66, 73 ff.
Tschou En-lai 110
Tübke, Werner 203, 205 f.
Tucholsky, Kurt 251

Ulbricht, Walter 9, 32 f., 174
Unamuno, Miguel de 264 f., 269, 272
Unseld, Siegfried 149

Velásquez, Diego Rodriguez de Silva y 28
Vesper, Will 60
Vittorini, Elio 136
Voltaire (d. i. François-Marie Arouet) 252

Wallraff, Günter 183
Walser, Martin 98, 176
Weidig, Friedrich Ludwig 16, 18
Weiss, Peter 31 f.
Weizsäcker, Richard von 247, 249
Wendt, Olof 56 f.
Wischnewski, Hans-Jürgen 11
Wohmann, Gabriele 149
Wolf, Christa 136, 173, 176, 207, 254, 292
Wolff, Helen 241

Zinn, Georg August 18
Zola, Emile 135

**GÜNTER GRASS BEI STEIDL**

# Günter Grass
# Mein Jahrhundert

*Mein Jahrhundert* ist ein Geschichtenbuch. Zu jedem Jahr unseres zu Ende gehenden Jahrhunderts wird, aus jedesmal wechselnder Perspektive, eine Geschichte erzählt – einhundert Erzählungen, die ein farbiges Porträt unseres an Großartigkeiten und Schrecknissen reichen Jahrhunderts ergeben.

Die verschiedenen Menschen, denen Günter Grass hier seine Stimme leiht, sind Männer und Frauen aus allen Schichten, alte und junge, linke und rechte, konservative und fortschrittliche. Wie unterschiedlich sie alle auch sind, es verbindet sie, daß sie nicht zu den Großen dieser Welt gehören, nicht zu denen, die Geschichte machen, sondern zu denen, die als Zeugen Geschichte erleben und erleiden.

*Das Lesebuch:*
384 Seiten, in Leinen gebunden
farbiger Schutzumschlag, DM 48,00

*Das Bilderbuch mit Aquarellen von Günter Grass:*
416 Seiten, 24 x 31 cm, in Leinen gebunden
durchgehend farbiger Druck
farbiger Schutzumschlag, DM 98,00

Steidl Verlag · Düstere Str. 4 · D-37073 Göttingen

**Editionsplan Günter Grass kostenlos anfordern!**

# Günter Grass im dtv

»Günter Grass ist der originellste und
vielseitigste lebende Autor.«
*John Irving*

**Die Blechtrommel**
Roman · dtv 11821

**Katz und Maus**
Eine Novelle · dtv 11822

**Hundejahre**
Roman · dtv 11823

**Der Butt**
Roman · dtv 11824

**Ein Schnäppchen
namens DDR**
Letzte Reden vorm
Glockengeläut
dtv 11825

**Unkenrufe**
Eine Erzählung
dtv 11846

**Angestiftet, Partei zu
ergreifen**
dtv 11938

**Das Treffen in Telgte**
dtv 11988

**Die Deutschen und
ihre Dichter**
dtv 12027

**örtlich betäubt**
Roman · dtv 12069

**Ach Butt, dein Märchen
geht böse aus**
Gedichte und
Radierungen
dtv 12148

**Der Schriftsteller als
Zeitgenosse**
dtv 12296

**Der Autor als
fragwürdiger Zeuge**
dtv 12446

**Ein weites Feld**
Roman
dtv 12447

**Die Rättin**
dtv 12528

**Mit Sophie in die Pilze
gegangen**
Gedichte und
Lithographien
dtv 19035

Volker Neuhaus
**Schreiben gegen die
verstreichende Zeit
Zu Leben und Werk von
Günter Grass**
dtv 12445

# Heinrich Böll im dtv

»Man kann eine Grenze nur erkennen, wenn man sie zu überschreiten versucht.«
*Heinrich Böll*

**Irisches Tagebuch**
dtv 1

**Zum Tee bei Dr. Borsig**
Hörspiele
dtv 200

**Ansichten eines Clowns**
Roman · dtv 400

**Wanderer, kommst du nach Spa…**
Erzählungen · dtv 437

**Ende einer Dienstfahrt**
Erzählung · dtv 566

**Der Zug war pünktlich**
Erzählung · dtv 818

**Wo warst du, Adam?**
Roman · dtv 856

**Billard um halb zehn**
Roman · dtv 991

**Die verlorene Ehre der Katharina Blum oder: Wie Gewalt entstehen und wohin sie führen kann**
Erzählung
dtv 1150

**Das Brot der frühen Jahre**
Erzählung · dtv 1374

**Ein Tag wie sonst**
Hörspiele · dtv 1536

**Haus ohne Hüter**
Roman · dtv 1631

**Du fährst zu oft nach Heidelberg und andere Erzählungen**
dtv 1725

**Fürsorgliche Belagerung**
Roman · dtv 10001

**Das Heinrich Böll Lesebuch**
dtv 10031

**Was soll aus dem Jungen bloß werden? Oder: Irgendwas mit Büchern**
dtv 10169

**Das Vermächtnis**
Erzählung · dtv 10326

**Die Verwundung und andere frühe Erzählungen**
dtv 10472

# Heinrich Böll im dtv

**Frauen vor Flußlandschaft**
Roman · dtv 11196

**Eine deutsche Erinnerung**
dtv 11385

**Rom auf den ersten Blick**
Landschaften · Städte · Reisen · dtv 11393

**Nicht nur zur Weihnachtszeit**
Erzählungen · dtv 11591

**Unberechenbare Gäste**
Erzählungen · dtv 11592

**Entfernung von der Truppe**
Erzählungen · dtv 11593

**Gruppenbild mit Dame**
Roman · dtv 12248

**Die Hoffnung ist wie ein wildes Tier**
Briefwechsel mit Ernst-Adolf Kunz 1945-1953
dtv 12300

**Der blasse Hund**
Erzählungen · dtv 12367

**Der Engel schwieg**
Roman · dtv 12450

**Und sagte kein einziges Wort**
Roman · 12531

**In eigener und anderer Sache. Schriften und Reden 1952-1985**
9 Bände in Kassette
dtv 5962
In Einzelbänden:
dtv 10601-10609

H. Böll/H. Vormweg
**Weil die Stadt so fremd geworden ist ...**
dtv 10754

**NiemandsLand**
Kindheitserinnerungen an die Jahre 1945 bis 1949
Herausgegeben von Heinrich Böll
dtv 10787

*Über Heinrich Böll:*

Marcel Reich-Ranicki:
**Mehr als ein Dichter Über Heinrich Böll**
dtv 11907

Bernd Balzer:
**Das literarische Werk Heinrich Bölls**
dtv 30650